国宏智库青年丛书

贸易对中国经济发展和生产率的影响

基于全球价值链视角

孔亦舒◎著

中国社会科学出版社

图书在版编目（CIP）数据

贸易对中国经济发展和生产率的影响：基于全球价值链视角 / 孔亦舒著 .
—北京：中国社会科学出版社，2021. 10
（国宏智库青年丛书）
ISBN 978 - 7 - 5203 - 9259 - 4

Ⅰ . ①贸⋯　Ⅱ . ①孔⋯　Ⅲ . ①对外贸易—影响—中国经济—经济发
展—研究　Ⅳ . ① F124

中国版本图书馆 CIP 数据核字（2021）第 205061 号

出 版 人　赵剑英
责任编辑　喻　苗
特邀编辑　崔芝妹
责任校对　任晓晓
责任印制　王　超

出　　　版　中国社会科学出版社
社　　　址　北京鼓楼西大街甲 158 号
邮　　　编　100720
网　　　址　http://www.csspw.cn
发 行 部　010 - 84083685
门 市 部　010 - 84029450
经　　　销　新华书店及其他书店

印　　　刷　北京明恒达印务有限公司
装　　　订　廊坊市广阳区广增装订厂
版　　　次　2021 年 10 月第 1 版
印　　　次　2021 年 10 月第 1 次印刷

开　　　本　710×1000　1/16
印　　　张　15
字　　　数　224 千字
定　　　价　79.00 元

　　20 世纪 90 年代以来，经济全球化、贸易便利化一度成为世界各国对外政策的主旋律，对外贸易和投资壁垒大幅度减弱，为各国发挥自身比较优势把握技术革命机遇参与全球分工创造了良好的条件。随着贸易便利化程度的提高，国际产业分工不断深化、范围也逐步扩大，工业制成品的生产分工越来越广，生产工序不断细化，生产链条逐渐拉长，产品生产跨越多个国界的现象越来越普遍，全球化产业链国际分工模式逐步兴起，并形成了由"资源型国家提供资源或资源型产品、东亚经济体从事最终产品制造加工环节、欧美发达国家从事核心研发和提供最终需求"组成的大三角全球价值链分工格局。

　　随着改革开放进程的不断推进，中国参与全球价值链的程度不断加深，对外贸易规模快速扩张，有效推动了这一时期中国经济的快速增长和就业的增加。然而对外贸易在多大程度上推动了中国的经济增长，对中国带来了多少新增就业，对外贸易是否带动了生产率的提升，这些问题仍有待回答，因此，本书基于投入产出分析方法和计量模型，量化了外贸发展对中国经济、就业、生产率领域的影响。考虑到中美经贸摩擦常态化对中国外贸的重要影响，本书对中美经贸摩擦的起因、影响进行了深入分析，并在关税领域对中国"十四五"时期的外贸政策提出了相关建议。

　　本书共分为 4 篇 7 章，各部分主要内容如下。

　　第一篇为绪论，第一章引言包括本书研究的背景和意义，并介绍了本书研究中使用的最主要的方法——投入产出分析方法，对书中 7 章的主要研究内容和存在的不足进行了总结梳理。

第二篇为外贸实证研究，包括第二至四章。第二章基于投入产出方法，测算了外贸对中国经济和就业的带动作用，回答了外贸在多大程度上推动了中国的经济增长、带来了多少新增就业的问题。第三章，基于结构分解分析方法，从需求侧和供给侧两方面研究了出口对中国劳动生产率的影响，回答了出口是否带动了生产率提升的问题。第四章，借助投入产出表相关数据，建立了进口中间投入品对生产率影响的计量模型，回答了进口是否带动了生产率提升的问题。

第三篇为中美贸易热点问题，包括第五章和第六章。2018年以来美国单方面挑起的中美经贸摩擦，成为当前影响中国外贸的最大不确定性因素，第五章的研究从特朗普声称的挑起中美经贸摩擦的原因——"美中贸易逆差过大"展开，利用香港转口贸易、服务贸易对中美双边统计口径进行了统一，并结合第二章的研究方法和结果，测算了增加值口径下的美中真实贸易差额。第六章则对美国单方面对华进口商品加征关税产生的负面影响进行了测算。

第四篇为政策建议，包括第七章。在美国以关税措施对华开展经贸摩擦的背景下，对中国关税政策进行了探讨，并就中国当前关税水平与美欧日等发达经济体、印越等发展中经济体进行国际比较，提出了"十四五"时期中国进一步降低关税的政策建议。

本书的研究尚存在许多不足之处，主要有以下三点。一是鉴于投入产出表编制的时滞性，基于投入产出分析框架的外贸对经济、就业和劳动生产率影响测算的时效性仍有待进一步提升。二是基于投入产出表建立的进口中间投入与劳动生产率之间的计量模型，不包括进口资本品、进口消费品对劳动生产率的影响，不同进口商品类别、不同进口模式对中国经济和生产率产生影响的大小和路径有待进一步探讨。三是海关征收关税时使用的税率多元化，最惠国关税税率的实际覆盖范围有限，并不能完全反映中国进口关税的真实状况，且关税税率只是关税政策执行中的一项标准，未来仍需以更贴近现实的角度剖析中国关税政策的优缺点并提出相关政策建议。

本书以本人在中国科学院数学与系统科学研究院攻读博士期间参与导师杨翠红研究员和陈锡康研究员主持的多项课题研究工作为基础，

因此在书中引用部分相关课题成果，并在此基础上做了进一步的分析和延伸，特此感谢杨翠红研究员和陈锡康研究员、祝坤福教授对我及本书相关研究工作的指导和帮助。我谨向所有对本书撰写、编辑和出版提供支持和帮助的老师、同事和同学表示衷心的感谢！

　　囿于时间和作者水平，本书难免有疏漏或不足之处，敬请各位专家和读者批评指正。

孔亦舒

2020 年 6 月于北京

目　录

Contents

◆ 第四篇 政策建议 ◆

第一篇

绪　论

第一章

引 言

第一节　研究背景及意义

得益于经济全球化、贸易便利化的全球外部环境，加入世界贸易组织（WTO）后，中国参与全球价值链分工的进程快速推进，对外贸易规模快速扩张，有效推动了这一时期中国经济社会的快速发展。WTO 发布的《全球价值链发展报告 2019》中指出，在过去二十多年时间里，国际运输成本的快速下降、信息沟通的全球联通以及贸易壁垒的普遍性减少推动了全球价值链的国际分工，当前国际贸易有三分之二与全球价值链有关，价值链的全球分工也就意味着贸易所得不再集中于出口国自身，而是由价值链分工的各个参与方共同获得，由此产生了传统贸易总值口径统计数据对真实贸易所得代表性的质疑。

进入 21 世纪以来，中国对外贸易规模快速提升，2018 年进出口总额达到 4.6 万亿美元，是 2000 年的 9.7 倍，年均增速高达 13.5%，2018 年出口总额约为 2000 年的 10 倍，年均增速 13.6%，然而在以加工贸易为代表的全球价值链参与方式下，中国真实贸易所得却远没有出口总额那么大。加工贸易占比高是长期以来中国出口的一大特点，2010 年中国货物出口中加工贸易出口约占 46.9%，虽然近几年逐步在下降，但 2016 年中国货物出口中加工贸易的比重仍然高达 34.1%。加工贸易出口品生产过程与其他类型产品的生产在投入结构等方面具有重大差异，它生产所需的大部分原材料及零部件来自国外，对进口品中间投入的依赖程度远大于其他类型产品的生产。在中国深度参与全球价值链分工的背景下，中国与美国等主要贸易伙伴之间的巨额贸易顺差，实为东亚生产链的最终出口地与进口国之间的贸易顺差，传统总值口径下的贸易差额严重扭曲了中国在贸易中的真实所得，因此，必须厘清在全球价值链分工下中国出口获取的实际增加值，还原贸易的真实现状，同时，测算中国在出口中获得的增加值和就业，能够回答"出口在多大程度上带动了中国的经济增长、创造了多少就业"的问题。

另外，得益于各国良好的内部和外部发展环境，世界主要国家和经济体的劳动生产率都在不断提升，中国劳动生产率增速略快于欧美日等发达国家和经济体，但这种提升是否与外贸有关、多大程度上与外贸有关在学术界仍存在争议。在不考虑对外贸易的情况下，各国国内受教育水平、科技水平、工人操作熟练程度不断提高，生产国内消费品的效率也在不断提升，国内消费品与国外消费品在生产方式、生产结构、生产技术、生产投入等方面都存在着一定的差异，究竟哪种生产方式更有利于劳动生产率的快速提高？准确回答这一问题，对于中国未来制定产业结构改革方向有着重要的现实指导意义。因此，本文在第三章中借助投入产出模型的结构分解分析方法，区分加工贸易、一般贸易和国内消费品生产，比较了三种不同的生产方式对中国劳动生产率提高的作用，在第四章中，则借助计量经济模型，探究进口对中国劳动生产率提高中的学习效应、技术溢出效应、竞争效应等哪种效应是主导。

随着美国对华策略明显转变，从以合作为主转向以竞争为主，中美经贸摩擦成为影响中国对外贸易发展和参与全球价值链的最重要外部因素，作为特朗普发动中美经贸摩擦的起因，美中巨额贸易总额逆差对美中贸易所得存在严重扭曲，修正双边统计口径的差异并以增加值角度核算美中双边贸易真实所得的差额，有助于中国在对美经贸谈判中占据主动地位，因此，在本书第五章深度剖析了中美巨额贸易差额的来源，并测算了统一口径下的美中贸易增加值差额，事实证明，美中贸易逆差被严重高估。在外贸对中国经济和就业的影响测算基础上，本书进一步测算了美国对中国商品加征关税措施对中国的负面影响，为中国制定对美经贸谈判策略提供了重要的参考依据。

当前投入产出分析是国际上研究全球价值链问题最重要的研究方法之一，相关国际投入产出数据库相继建立起来，使用较为广泛的主要有亚洲国际投入产出表（Meng et al., 2013）、世界投入产出数据库 WIOD（Dietzenbacher et al., 2013）、GTAP 数据库（Andrew et al., 2013）、Eora MRIO 数据库（Lenzen et al., 2013）以及 OECD-WTO Tiva 数据库等。在本章第二节中对投入产出分析的基本方法进行了简要介绍，具体测算模型则在第二章和第三章中详细描述。

第二节　投入产出分析方法

投入产出分析（Input-Output Analysis）是由诺贝尔经济学奖获得者 Wassily Leontief（1936 / 1941）于 20 世纪 30 年代所创立的，其思想最初来源于 19 世纪 20 年代苏联编制的国民经济平衡表，在第二次世界大战后，以 Leontief 模型为核心的投入产出分析很快传播到世界上许多国家，后经过几十年的发展，已成为经济分析中使用非常广泛的研究工具之一。投入产出分析为研究社会生产各部门之间相互依赖关系，特别是系统地分析经济内部各产业之间错综复杂的交易提供了一种实用的经济分析方法。同时，投入产出模型也是本书最主要的分析方法和数据来源之一。

投入产出表是进行投入产出分析和模型建立的依据和基础，又称部门联系平衡表，是反映一定时期各部门间相互联系和平衡比例关系的一种平衡表。表中通常包含四个象限，第Ⅰ象限反映部门间的生产技术联系，是表的基本部分；第Ⅱ象限反映各部门产品的最终使用；第Ⅲ象限反映国民收入的初次分配；第Ⅳ象限反映国民收入的再分配，一般的投入产出表表式见表 1.1。

表 1.1　　　　　　　　　一般的投入产出表表式

投入 ＼ 产出		中间需求	最终需求			总产出
		1, 2, …, n	消费	资本形成	净出口	
中间投入	1, 2, …, n	I Z_{ij}	Ⅱ F_i			X_i

投入＼产出		中间需求	最终需求			总产出
		1, 2, …, n	消费	资本形成	净出口	
最初投入	固定资产折旧	Ⅲ	Ⅳ			
	劳动者报酬					
	生产税净额					
	营业盈余	V_j				
	总投入	X_j				

注：投入产出表表式参见陈锡康、杨翠红等著《投入产出技术》，科学出版社2011年版。

投入产出表能够反映国民经济各部门之间的生产和使用关系，从列项来看，反映部门生产活动中的投入情况，包括原材料的投入，也包括劳动力、资本等其他生产要素的投入。从行向来看，则反映了部门所生产出的产品被用于国民经济各部门的分配情况，又可以进一步区分为中间使用和用于消费、投资和出口的最终需求。

在经过多年实践经验的基础上，结合国民经济发展的实际情况以及研究分析的需要，众多学者对投入产出分析框架进行了扩展和延伸，例如用于对外贸易研究的非竞争型投入产出模型、考虑资本和劳动等要素占用的投入占用产出模型、反映加工贸易的非竞争型投入占用产出模型（DPN模型）等。本书研究内容关注对外贸易和中国劳动生产率，文中所使用的投入产出数据均来自中国科学院数学与系统科学研究院全球价值链课题组编制的反映加工贸易的投入占用产出表，该表由非竞争型投入产出模型和投入占用产出模型延伸而来，非竞争型投入产出表和投入占用产出表的表式见表1.2和表1.3，DPN表的表式和模型将在第二章中具体介绍。

表1.1所示一般的投入产出表也称竞争型投入产出表，第Ⅰ象限各部门之间产品的投入和使用不区分该商品是由国内生产还是从国外进口，列项上来看，假设生产活动中对某部门产品的投入不区分是国内产品还是进口产品，该表依然能够反映一国国民经济各部门之间的经济联系，但在研究国际贸易问题时，这一假设就显得不够合理，由于

国家间资源禀赋、生产技术水平的不同，同一种产品在国内生产和国外生产投入结构必然存在一定差异，同时，进口的中间投入产品并不由本国生产，这部分价值增值也不是本国获取，因此，有必要将国内产品和进口产品的投入区分开来，区分进口（非竞争型）的投入产出表表式见表1.2。

表 1.2 非竞争型投入产出表表式

投入 \ 产出		中间需求	最终需求				总产出 / 总进口
		生产部门	最终消费	资本形成	出口	合计	
		部门 1，部门 2，…，部门 n					
国内品中间投入	部门 1，部门 2，…，部门 n	Z^D	F^{DC}	F^{DI}	F^{DE}	F^D	X^D
进口品中间投入	部门 1，部门 2，…，部门 n	Z^M	F^{MC}	F^{MI}	0	F^M	X^M
最初投入		V					
总投入		$X^{D'}$					

注：投入产出表表式参见陈锡康、杨翠红等著《投入产出技术》科学出版社，2011年版。

该表将中间投入部分剖分为国内品中间投入和进口品中间投入，体现了中间需求和最终需求对本国产品和进口品消耗的不完全替代性。基于该表的非竞争型投入产出模型能将各部门生产中的进口品进行区分，从而能更为准确地计算出产品中真正所含的国内增加值。

各部门在生产过程中除了投入原材料等中间产品，还需要投入相应的劳动力、固定资产、自然资源等生产要素，对于这些生产要素的投入在一般的投入产出表中并未能体现出来，为解决这一问题，陈锡康（1990）提出了占用的概念，并结合列昂惕夫模型，建立了投入占用产出模型，基本表式见表1.3。

表 1.3 投入占用产出表基本表式

			中间需求与中间占用			最终需求与最终占用					总产出与总占用
			部门1	部门2	…	部门n	消费	固定资本形成	存货增加	出口	进口	
								1，…，n	1，…，n			
投入部分	中间投入	部门1，部门2，…，部门n		z_{ij}				f_i				x_i
	最初投入	从业人员报酬 固定资产折旧 生产税净额 营业盈余										
		总投入		x_j								
占用部分	固定资产	部门1，部门2，…，部门n										
	存货	部门1，部门2，…，部门n		r^o_{ij}				f^o_i				r^o_i
	金融资产	通货和存款 债务性证券 贷款 股权和投资基金份额 其他应收款 期权 其他										
	从业人员	未上学者 小学 中学 大学 研究生及以上										
	自然资源	土地 水资源 已探明可供开采的矿产 森林 其他										

续表

		中间需求与中间占用			最终需求与最终占用					总产出与总占用
		部门1	部门2	… 部门n	消费	固定资本形成	存货增加	出口	进口	
						1, …, n	1, …, n			
其他	商标 专利 其他									

注：投入产出表表式参见陈锡康、杨翠红等著《投入产出技术》，科学出版社2011年版。

中国对外贸易的一大特点是加工贸易占比高，2017年中国加工贸易出口占总出口的比重为34%，在2003年前一度超过50%。加工贸易[1]，是指经营企业进口全部或者部分原辅材料、零部件、元器件、包装物料（以下简称料件），经加工或装配后，将制成品复出口的经营活动，包括进料加工、来料加工。由加工贸易的定义可知，加工贸易生产需要投入大量的中间进口品，而这部分中间进口品所带来的价值增值是由国外获取而非本国，因此，与一般贸易生产投入结构有着非常大的区别。考虑到加工贸易生产投入结构的特殊性以及中国加工贸易占比高的现实特点，陈锡康等（2007）将非竞争型投入产出表进一步拆分为反映加工贸易的非竞争型投入产出表（Non-competitive input-output table capturing processing trade），具体表式及模型将在第二章中详细介绍。反映加工贸易的非竞争型投入产出表是本书最重要的分析工具和数据来源之一。

第三节　主要研究内容

本书旨在全球价值链框架下，研究进出口贸易对中国经济和劳动生产率的影响，并在当前紧张的外部形势下，研判中美经贸摩擦对中

---

[1]　https://baike.baidu.com/item/加工贸易/258243?fr=aladdin，加工贸易的定义。

国贸易、经济、就业的影响，为中国制定"十四五"乃至更长时期的对外开放政策提供参考依据，因此，本书的主要内容和章节设计如下。

第二章在中国加工贸易占比高的背景下，系统测算了出口对中国经济增长和创造就业的贡献。作为世界上最大的货物贸易国家，中国的对外贸易在改革开放以来的四十多年时间里，实现了前所未有的飞速发展，进出口规模和产品范围不断扩大。考虑到中国加工贸易占比高的现实特点，在第二章中引入反映加工贸易的非竞争型投入产出模型，与一般的非竞争型投入产出模型相比，能够更准确地反映出用于国内消费的生产、一般贸易出口生产、加工贸易出口生产方式之间投入结构的差异，从而可以更精确地测算出口对中国经济和就业的实际贡献。测算结果表明：出口对中国经济的增长发挥着重要的推动作用，对中国 GDP 的贡献度一度在 15% 以上。出口每年为中国创造 8000 多万个就业岗位，一般贸易是主力，同时中国单位出口拉动的就业在逐年下降，反映出中国出口中的劳动生产率是在不断提高的。跟欧盟、美国、日本、韩国等发达国家相比，中国出口生产的劳动生产率还有待进一步提高。随着中国供给侧结构性改革等一系列经济改革措施的推行，中国出口结构也将进一步优化，未来单位出口拉动的就业有望进一步减少，但就现阶段而言，出口对缓解国内就业、促进社会稳定有着重要的意义。随着中国国际竞争力的提高、技术水平的改进、贸易结构的优化，未来，出口仍将是推动中国经济快速发展的重要动力。前期中国主要通过低端生产工序融入全球价值链，加工贸易比重高，导致中国在出口中获取增加值的能力与欧美日等发达经济体相比仍有巨大差距，中国应进一步提高科技创新水平，从全球价值链低端向设计、研发等高端环节转移，提高中国在国际贸易中的竞争力和话语权，提升对外贸易对经济增长的贡献度。

第三章在第二章测算出口对经济和就业贡献的基础上，通过计算得到各部门在不同生产和贸易方式下的劳动生产率，提出了供给侧就业结构分解分析模型和不同生产方式下劳动生产率的结构分解分析模型，探究就业和劳动生产率的驱动因素。近三十年来，中国劳动生产率实现了远高于世界平均水平和欧美日等主要发达国家的增长速度，劳动生产率的快速提高得益于国内外和平、稳定的经济发展大环境，各国专注于经济增长和增加就业，使得科技水平、劳动力受教育水平快速提升，这是世界各国劳动生产率提升的根本原因。由于中国在加入WTO之后进入对外贸易的繁荣发展期，出口生产的投入结构、就业结构与用于国内消费的生产有着明显的不同，因此，在第三章中对中国2002—2012年的劳动生产率驱动因素进行了结构分解分析。对劳动生产率的结构分解分析结果表明：2002—2012年，出口生产促进了中国劳动生产率的提高，且与用于国内消费的生产相比，拥有更高的劳动生产率，加入WTO、全面融入全球价值链分工体系不仅促进了中国经济的快速发展、增加了就业，也提高了整体的劳动生产率，出口对中国整体经济社会的发展发挥了重要的作用。2002—2012年对中国劳动生产率变动贡献最大的是劳动力投入强度效应，即中国整体经济单位产出所需要投入的劳动力有快速的下降，劳动力投入强度的降低是中国劳动生产率提升的关键因素。且相比较内需而言，外需对中国劳动生产率的提高有更强的促进作用。用于国内消费、加工贸易出口和一般贸易出口三种生产和贸易方式最终消费的产品结构在2002—2007年第一阶段都表现出了较高的贡献率，这一阶段是中国经济发展呈现高速增长的时期，也是经济多样化加速的时期，在中国资源丰富、劳动力充足的背景下，生产产品的种类和规模的能力得到快速扩张，劳动力和资本要素利用率提高，比如农村剩余劳动力向城镇房地产等行业的转移。在2007—2012年，最终消费的产品结构对劳动生产率提高的贡献度快速下降，体现出中国在新的发展阶段对经济结构转型的需要，保持以往的扩大产品规模、增加产品多样性来发展经济、扩大就业已不能发挥像之前那么大的作用，中国应由重数量和种类转向重产品质量，由满足人民的基本需求转向满足人民的美好生活需要。

第四章建立了进口中间品投入对中国劳动生产率影响的计量模型，测算了进口中间品投入对中国劳动生产率的真实影响。在中国出口快速扩张的同时，进口也呈现了同样的快速增长，且扩大进口，可以获取更多的有关技术进步的最新信息，通过模仿学习，可以刺激这些国家的技术进步，而进口高技术的商品或者直接购买技术和相应设备则是更为直接的技术扩散方式。近几年关于进口与劳动生产率的研究多集中于微观企业层面，从宏观经济层面出发的研究相对较少，同时未能体现中国对外贸易中加工贸易占比高的特点。因此，在第四章中区分了用于国内需求的生产、加工贸易出口生产和一般贸易出口三种生产方式，分别对劳动生产率与进口中间投入之间的关系建立了计量经济学模型，考虑到部门间生产结构的巨大差异，加入了部门固定效应。计量回归结果显示，无论是总体经济层面，还是从三种生产方式层面，进口在中间投入中比重的升高均有利于中国劳动生产率的提升。

第五章基于香港转口和服务贸易数据对中美贸易总值差额和贸易增加值差额进行了修正，深入分析了中美双边贸易差额的真实状况。随着中国参与全球价值链分工程度的不断提升，中国作为东亚生产链最终出口地，与全球第一大消费国美国之间的双边贸易规模快速增长，与此同时，从美国角度看，美中贸易逆差持续扩大，巨大的贸易逆差看似"中国在中美双边贸易中获取了巨额利益"，因此，持续扩大的美中贸易逆差成了影响两国经济贸易发展和政治关系的重大问题，也使中国长期以来面临各方施加的人民币汇率升值压力、对出口导向型外贸政策的指责。然而，加工贸易占比长期维持高位的中国，在对美出口中获取的真实收益并不像出口总值体现的那么高，加之双边统计口径存在明显差异，中美真实贸易所得的差额被明显高估，因此，第五章利用中美经香港转口贸易数据对中美双边统计口径进行调整的基础上，利用投入产出表核算了增加值口径下中美货物贸易的差额，考虑到服务贸易在国际贸易中重要性持续上升，进一步将中美贸易差额由单一的货物贸易领域扩展至包含货物和服务的全口径贸易领域，并测算了全口径的贸易增加值差额。研究结果表明：经统计价格、香港转口和利润以及服务贸易数据的调整，中美官方两套数据衡量的美中逆差差距缩小为降为 674 亿美元，缩小了 36.4%，仅占 2015 年中美贸易总量的 9.7%（中方）、10.4%（美方）。增加值视角下，美中逆差差距则仅为 544 亿美元；从贸易数据的商品结构来看，由于国际产业分工较细的机械、计算机、通信设备以及仪器仪表类工业制成品价值链的全球化程度远高于其他商品，是中美两国货物贸易差异的最主要来源，出口国出口至中国香港等第三方进行进一步加工生产，出口国统计计入对第三方的出口额，而商品在第三方加工后再出口至进口国，进口国则根据原产地原则，将转口而来的部分商品来源统计为出口国而非第三方。在对中美两套官方数据进行调整后发现，美中货物贸易确实存在较大逆差，但此逆差的存在有着多方面的原因：中国加工贸易出口中包含了日本、韩国和各东南亚地区的零部件利润；美国经济具有高消费、高投资和低储蓄的特点；美国在高技术产品领域对中国的限制出口政策等。美中货物贸易互补性强于竞争性，若要缩小美中贸易逆差，美国可以通过进一步放开对中国的高新技术产品出口、促进服务贸易出口等多种方式，有效调节双边贸易结构。

第六章在中美经贸摩擦转向常态化模式的背景下，测算了 2018 年以来美国对中国三批清单商品加征关税对中国经济和就业的影响。长期以来，美国政府出于维护自身经济利益的目的，频繁运用反倾销、反补贴等手段限制中国对美国出口商品。但在特朗普政府上台之前，这种贸易争端主要集中于钢铁等极少数中国对美出口商品，对中美贸易整体的影响并不大。然而，特朗普政府上台以来，奉行"美国优先"政策和"极限施压"理念，对外采取一系列单边主义和保护主义措施，对我输美商品多次威胁提高进口关税，严重影响了中美正常双边贸易往来。因此，第六章利用第二章中出口增加值测算方法，对美国三批对华商品加征关税带来的经济和就业损失进行了测算。研究结果表明：此次美国对中国发动经贸摩擦可谓"有计划、分步骤、步步紧逼、层层加码"，从加征关税商品种类来看，由特定领域逐步到全覆盖，从发动争端的手段来看，模式多样，关税"边境"措施配合安全审查等系列边境后措施。美方提高关税已经对中国出口造成了明显的负面影响。从历史数据看，"抢出口"阶段过去之后，多数商品被征收 25% 关税之后，出口增速降幅在 25 个百分点左右，少数商品甚至能够达到 40 个百分点以上。中美第一阶段经贸协议签订后，仍有众多企业的出口商品要承受高额关税的压力。受影响较大的是电气机械及器材制造业，通信设备、计算机及其他电子设备制造业，通用、专用设备制造业等行业。中美经贸摩擦使得全球消费和投资市场面临更大的不确定性，由悲观预期带来的间接影响大于中美双边贸易所带来的直接影响，美中作为全球前两大经济体，双边经贸关系的稳定性不仅是双边贸易的指示器，也是全球经贸合作的风向标，中美经贸摩擦带来的贸易保护主义和逆全球化情绪蔓延，对全球消费和投资市场带来的悲观预期和全球化进程的不确定性，阻碍了全球经济复苏的整体进程。

第七章在美国以关税措施对华开展经贸摩擦的背景下，对中国关税减让进程进行了梳理，并就中国当前关税水平与美欧日等发达经济体、印越等发展中经济体进行国际比较，提出了"十四五"时期中国进一步降低关税的政策建议。研究结果表明："入世"后中国积极履行关税减让承诺，整体关税税率尤其是实际关税水平大幅下降，中间品与资本品实际进口税率已降至4%以下；与发达经济体税率水平相比，中国整体进口关税水平仍较高，且中国出口商品面临的实际境外关税水平较低，中国进口关税尤其是非农产品的进口关税仍有较大下降空间。结合以上分析，笔者提出以下建议："十四五"时期中国应分层次、分步骤进一步降低以中间品为主的部分商品进口税率，逐步放宽进口配额在国营和民营之间的比例限制，充分发挥边境政策的有效性；在英国脱欧的关键时刻加快中英、中欧双边贸易谈判，助力中国扩大开放；有理、有利的使用非关税壁垒，实现"关税放开、灵活管住"的贸易政策。

第四节　存在的不足

本书研究的不足主要有以下三点。

第一，当前出口对经济、就业和劳动生产率的时效性有待进一步提升。第二章和第三章中，出口对经济就业以及生产率的影响均是基于中国区分加工贸易的非竞争型投入产出表，由于相关投入产出表的编制需要统计部门对大量数据资料进行详细的整理，投入产出表的年份是逢2、逢7编制，逢0、逢5则是延伸表，且公布通常具有较长时间的时滞，因此，文中对出口增加值等相关指标的测算无法做到年年及时更新，时效性有待进一步提升。

第二，关于进口对中国经济和生产率产生的影响机制分析有待进一步完善。第四章主要基于投入产出表数据，建立了进口中间投入与劳动生产率之间的计量模型，不包括进口资本品、进口消费品对劳动生产率的影响，三种不同类型的进口对中国经济和生产率的传导路径不同、影响程度存在差异，未来将进一步深入研究不同进口商品类别、不同进口模式对中国经济和生产率产生影响的大小和路径。

第三，中国当前关税政策的分析有待进一步深化。书中对于关税政策的分析主要侧重于最惠国关税税率，但海关征收关税时使用的税率多元化，最惠国关税税率的实际覆盖范围有限，并不能完全反映中国进口关税的真实状况，且关税税率只是关税政策执行中的一项标准，未来将进一步扩展关税政策的研究范围，以更贴近现实的角度剖析中国关税政策的优缺点并提出相关政策建议。

第二篇
外贸实证

第二章

出口对中国经济与就业的贡献测算 [①]

第一节　研究背景

自 2009 年以来，中国连续保持全球货物贸易第一大出口国和第二大进口国地位。中国出口国际市场份额从 2013 年的 11.7% 升至 2016 年的 13.2%。对外贸易发展成为促进国民经济和社会发展的重要支撑力量。然而，自中华人民共和国成立以来，进出口贸易在很长一段时间处于低迷状态，直至 1978 年中国进口额才首次突破 100 亿美元大关，次年中国出口额也顺利超过 100 亿美元，至 2001 年中国加入 WTO，才正式开启了中国对外贸易的腾飞发展时代（如图 2.1 所示）。中国进出口额与 GDP 的比率在 2006 年达到峰值 64% 后逐步回落，近两年稳定在 34% 左右。

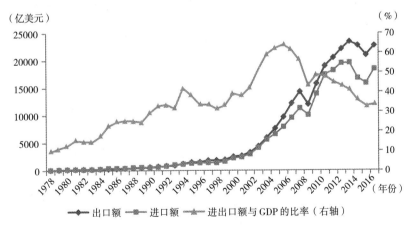

图2.1　改革开放以来中国对外贸易情况

数据来源：国家统计局网站，www.stats.gov.cn。

---

① 本章研究和测算内容为作者攻读博士期间参与中国科学院数学与系统科学研究院杨翠红研究员"全球价值链与中国贸易增加值核算"项目的部分成果。

进入 21 世纪以来，中国对外贸易总体保持了良好、平稳的发展趋势。根据中国进出口增速，可将加入 WTO 以来，即 2001—2016 年中国的贸易发展状况划分为四个发展阶段：

（1）2001—2008 年，国际金融危机前的这一时期，中国对外贸易处于繁荣发展期，进口额与出口额[①]增速（除 2001 年外）均保持在 15% 以上（如图 2.2 所示）；

（2）2009 年危机冲击期，受国际金融危机的影响，中国进出口贸易总额下降 14%，其中出口下降幅度较大，达到 16%；

（3）2010—2014 年为恢复期，2010—2011 年中国对外贸易迅速从金融危机的影响中恢复，但此后进口与出口均未能重现金融危机前的高速增长，2013、2014 年进口与出口增速均在 10% 以内；

（4）2015—2016 年贸易低迷期，全球经济增速放缓、有效外需不足，加之英国脱欧、意大利修宪失败等一系列大国黑天鹅事件的发生，全球贸易整体下行，中国受外需低迷影响，进口和出口也呈现负增长。

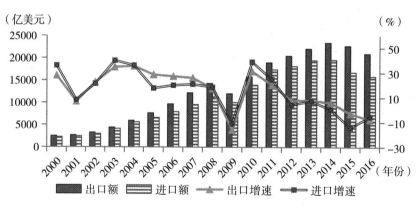

图 2.2　2000—2016 年中国进口与出口变动趋势[②]

数据来源：国家统计局网站，www.stats.gov.cn。

从世界范围内来看，中国货物贸易进出口额占世界货物贸易进出口额的比重从 2000 年的 3.6% 持续稳步提高至 2016 年的 12.0%（图 2.3）。

---

①　由于美元兑人民币汇率的变动，美元计价的进出口增速与人民币计价的增速略有不同，为便于与世界其他国家对比，本报告中所涉及的进口额、出口额数据均以美元计价。

②　货物贸易数据来自联合国 Comtrade 数据库。

即使在 2008—2009 年的金融危机影响比较严重的时期，中国货物贸易进出口占世界的比重依然提高了将近 1 个百分点。2015 年、2016 年全球贸易再次受到冲击，2015 年全球货物贸易总额下降 13%，中国货物贸易总额下降 8%，形势略好于全球总体水平。从过去十几年中国货物贸易与世界贸易发展的对比来看，中国货物贸易总额占世界货物贸易总额的比重稳步提升。与此同时，中国已具备一定的应对国际贸易市场风险的能力，为中国未来贸易强国发展之路奠定了坚实基础。

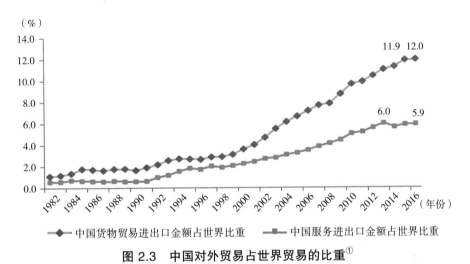

（%）

图 2.3　中国对外贸易占世界贸易的比重[①]

数据来源：联合国 Comtrade 数据库，服务贸易数据来自 WTO 数据库。

　　在中国货物贸易占世界比重不断扩大的同时，中国服务贸易也实现了快速增长。自采用 BPM6 统计标准以来，2005—2016 年中国服务出口额年均增速为 9%，占世界服务贸易额的比重从 2000 年的 2.3% 逐步提高至 2013 年的 6.0%，2013 年后略微下降，但仍维持在 5.9% 的水平。与贸易大国美国相比，2016 年中国货物贸易占世界贸易的水平与美国相当，但服务贸易占世界贸易的比重（5.9%）（图 2.3）仍远低于美国服务贸易占比 13.3% 的水平。可见，中国服务贸易发展与美国等世界贸易大国相比还存在着较大差距。

---

　　①　此处服务贸易数据来自 WTO 数据库，2005 年之前采用 BPM5 统计标准，2005 年及以后采用 BPM6 统计标准。

　　为探究不同贸易方式对中国劳动生产率的影响，首先，要计算本书中最重要的指标，即劳动生产率。劳动生产率水平既可以用劳动人员在单位时间内生产某种产品的数量来表示，单位时间内生产的产品数量越多，劳动生产率就越高，也可以用生产单位产品所耗费的劳动时间来表示，生产单位产品所需要的劳动时间越少，劳动生产率就越高。考虑到增加值比产出更能够准确衡量一国在经济生产活动中所获取的真实利益，本书将劳动生产率定义为单位就业人员创造的增加值，因此，本章将引入反映加工贸易的非竞争型投入产出模型，并测算出口对中国经济和就业的贡献，在厘清出口对中国经济和就业影响的基础上，才能进一步分析出口对中国劳动生产率的影响，同时，为后续计算不同生产方式下中国的劳动生产率做前期数据准备工作。

　　同时，考虑到中国加工贸易占比高的特点，利用反映加工贸易的非竞争型投入占用产出模型，测算出口对中国经济和就业的影响，纠正贸易总值统计口径下各国贸易利益分配之间的偏差有着必要性。从本章的测算结果中将看到，出口为中国带来的经济和就业贡献并没有出口总值看起来的获益那么大，原因在于中国仍主要从事全球价值链分工的低端环节，通过加工、组装等简单生产活动融入全球价值链底端，最直接的影响就是出口中隐藏了大量的国外进口增加值，中国出口实际体现为"东南亚生产链"出口。

第二节　反映加工贸易的非竞争型投入占用产出模型

　　随着国际产业分工的深入和范围的扩大，工业制成品的生产分工愈来愈广，生产工序不断细化，生产链条逐渐拉长，产品生产跨越多个国界的现象越来越普遍，很多产品的价值实际上被很多国家分享，而不是仅由最终出口该产品的国家占有。然而现行的国际贸易统计无法准确描述整个生产过程，只能统计跨境时的进出口总值，造成了不同程度的重复计算问题，无法直接反映一国或地区的贸易利益，并有可能导致贸易决策的误判和宏观经济政策抉择的失误。特别是对于中国这一类贸易结构比较特殊的国家来说，这种重复计算问题更加严重。

贸易增加值，即一个国家/经济体在对外贸易中所得到的增加值或实际利益所得，与传统的进出口总值相比，能更为准确地衡量国家/经济体间的贸易利益。

在第一章中，我们介绍了基本的投入产出分析方法。投入产出模型以棋盘式平衡表的格局研究经济活动的投入与产出之间的数量关系，能够详细反映出各个国家/经济体的各个产业间错综复杂的生产消耗关系，为分析全球价值链、核算贸易中的增加值含量提供了有力工具。目前，投入产出模型已成为学术界和相关国际机构核算贸易中的增加值含量的主要工具，如 OECD 和 WTO 在 OECD 投入产出数据库中的单国投入产出表的基础上，结合 OECD 双边贸易数据库[①]、国际服务贸易统计和 STAN 产业数据库，联合发起并构建了 OCED-WTO TiVA（Trade in Value Added）数据库[②]。

一　中国出口中加工贸易占比较高

然而中国加工贸易占比高是长期以来的典型特点，2010 年中国货物出口中加工贸易出口约占 46.9%（见图 2.4），虽然近几年逐步在下降，但 2016 年中国货物出口中加工贸易的比重仍然高达 34.1%。加工贸易出口品生产过程中与其他类型产品的生产在投入结构等方面具有重大差异，它生产所需的大部分原材料及零部件均来自国外，对进口品中间投入的依赖程度远大于其他类型产品的生产。如果笼统地将加工贸易出口、一般贸易出口和满足国内需求的产品生产混为一谈，将会严重夸大中国出口对增加值的贡献。因此非竞争型投入产出模型并不能完全反映出中国贸易结构的特殊性。

为进一步准确衡量并核算中国的出口增加值，陈锡康等在 2001 年将加工贸易从国内生产中分离出来，提出了一种适用于中国等加工贸易比重较高国家/地区的投入产出模型：反映加工贸易的非竞争型投入

---

① http://www.oecd.org/trade/bilateraltradeingoodsbyindustryandend-usecategory.htm.

② http://www.oecd.org/industry/ind/measuringtradeinvalue-addedanoecd-wtojointinitiative.htm.

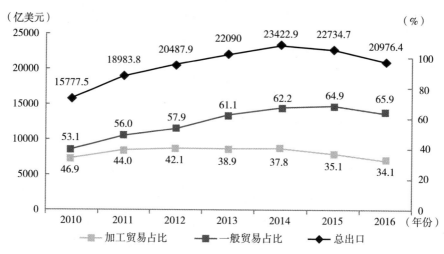

图 2.4　2010—2016年中国货物出口总值及结构

数据来源：海关总署。

产出模型（DP 模型，Chen 和 Cheng 等，2001）[①]，该模型将中国国内生产分为两大类型，即加工贸易出口生产（P）、其他类型生产（D），简称 DP 模型；实际上，不仅加工贸易出口品的生产投入结构和用于国内需求产品的生产结构不同，一般贸易出口品和用于国内需求产品的投入结构也不相同，前者对进口品中间投入的依赖程度明显高于后者，鉴于此，2006 年陈锡康等将加工贸易和一般贸易进一步细分，提出了改进的反映加工贸易的非竞争型投入产出模型，即 DPN 模型。DPN 模型将国内生产分为三个部分：内资企业满足国内需求的生产、加工贸易出口生产、一般贸易出口生产及外资企业为满足国内需求的生产（Lau 和 Chen 等，2006）。陈锡康等基于该模型，提出了一套系统地核算中国出口增加值的模型体系（Lau 和 Chen 等，2010）。反映加工贸易的非竞争型投入产出模型是国际上最早且最全面地反映了中国加工贸易的投入产出模型，也是现阶段研究中国出口增加值最合适的模型。国际上其他学者随后也开展了反映加工贸易的投入产出模型的研究（Koopman，et al.，2008 & 2014）。反映加工贸易的非竞争型投入占用产出表表式（DPN 表）见表 2.1。

　　[①]　XiKang Chen, Leonard K.Cheng, K.C. Fung, Lawrence J.Lau. The Estimation of Domestic Value-Added and Employment Induced by Exports: An Application to Chinese Exports to the United States. Department of Economics, Stanford University. Working Paper, 2001.

表2.1

反映加工贸易的非竞争型投入占用产出表表式（DPN表）

投入 \ 产出		中间使用				最终使用					总产出/进口
		用于国内需求的生产 $1,2,\cdots,n$	加工出口生产 $1,2,\cdots,n$	一般贸易出口生产及其他 $1,2,\cdots,n$	中间使用合计	消费	资本形成总额	出口	其他	最终使用合计	
国内产品中间投入部分	用于国内需求生产 $(1,\cdots,n)$	Z^{DD}	Z^{DP}	Z^{DN}		F^{DC}	F^{DI}	0		F^{D}	X^{D}
	加工贸易出口生产 $(1,\cdots,n)$	0	0	0		0	0	F^{PE}		F^{P}	X^{P}
	一般贸易出口生产及其他 $(1,\cdots,n)$	Z^{ND}	Z^{NP}	Z^{NN}		F^{NC}	NI	F^{NE}		F^{N}	X^{N}
投入占用部分	进口产品中间投入 $(1,\cdots,n)$	Z^{MD}	Z^{MP}	Z^{MN}		F^{MC}	F^{MI}			F^{M}	X^{M}
	中间投入合计										
	增加值	V^{D}	V^{P}	V^{N}							
	总投入	X^{D}	X^{P}	X^{N}							
	资金 其中：外资	K^{D}	K^{P}	K^{N}							
	劳动力	L^{D}	L^{P}	L^{N}							
	自然资源等 其中：耕地、水										

注：表式参见中国科学院数学与系统科学研究院全球价值链课题组《全球价值链与中国贸易增加值核算研究报告》（2016年度）。

二 利用 DPN 表测算出口对经济和就业拉动作用的模型

在 DPN 模型中将中国的整个国内生产活动分为三个部分：用于满足国内需求的生产（D）；加工贸易出口生产（P）；一般贸易出口生产以及外商投资企业其他生产（N），简称为一般贸易出口生产及其他。DPN 表的基本表式如表 2.1 所示。在该表中，上标 D、P、N 和 M 分别表示国内产品、加工贸易出口、一般贸易出口和进口。X^D、X^P 和 X^N 分别表示 D、P 和 N 总产出的列向量；Z^{DD}、Z^{DP} 和 Z^{DN} 分别表示国内产品作为 D、P 和 N 的中间投入矩阵；Z^{ND}、Z^{NP} 和 Z^{NN} 分别表示一般贸易出口及其他部门产品作为 D、P 和 N 的中间投入矩阵。F^{DC} 和 F^{DI} 表示作为消费和资本形成总额的国内产品的列向量；F^D 表示作为最终需求的国内产品的列向量，并且 $F^D = F^{DC} + F^{DI}$。F^P 表示加工贸易出口产品作为最终需求的列向量；F^{PE} 表示加工贸易出口产品用作为出口的列向量，并且 $F^P = F^{PE}$。加工贸易出口生产全部用于出口，故中间需求及其他最终需求均为零。F^{NC}、F^{NI} 和 F^{NE} 分别表示一般贸易出口生产及其他作为消费、资本形成总额和出口的列向量；F^N 表示一般贸易出口产品及其他作为最终需求的列向量，并且 $F^N = F^{NC} + F^{NI} + F^{NE}$。$Z^{MD}$、$Z^{MP}$ 和 Z^{MN} 分别表示进口产品作为 D、P 和 N 的中间投入的矩阵；F^{MC} 和 F^{MI} 表示进口产品作为消费和资本形成总额的列向量；F^M 表示进口产品作为最终需求的列向量；X^M 表示进口产品的列向量。

水平方向有如下平衡方程：

$$Z^{DD} + Z^{DP} + Z^{DN} + F^D = X^D$$
$$F^P = X^P \tag{2.1}$$
$$Z^{ND} + Z^{NP} + Z^{NN} + F^N = X^N$$

令 $\overline{X} = \begin{bmatrix} X^D \\ X^P \\ X^N \end{bmatrix}$，$\overline{Z} = \begin{bmatrix} Z^{DD} & Z^{DP} & Z^{DN} \\ 0 & 0 & 0 \\ Z^{ND} & Z^{NP} & Z^{NN} \end{bmatrix}$，定义扩展的直接消耗系矩

阵为：

$$\overline{A} = [\overline{A}_{ij}] = [\overline{Z}_{ij}/\overline{X}_j] := \begin{bmatrix} A^{DD} & A^{DP} & A^{DN} \\ 0 & 0 & 0 \\ A^{ND} & A^{NP} & A^{NN} \end{bmatrix}$$

由方程（2.1）可推导出：

$$\begin{bmatrix} (I-A^{DD}) & -A^{DP} & -A^{DN} \\ 0 & I & 0 \\ -A^{ND} & -A^{NP} & (I-A^{NN}) \end{bmatrix} \begin{bmatrix} X^D \\ X^P \\ X^N \end{bmatrix} = \begin{bmatrix} F^D \\ F^P \\ F^N \end{bmatrix},$$

即 $(I-\overline{A})\overline{X}=\overline{F}$，$I$ 为单位矩阵。

进一步地，可以写成：$\overline{X}=\overline{B}\overline{F}$，其中 $\overline{B}=(I-\overline{A})^{-1}$ 是扩展的列昂惕夫逆。

定义增加值行向量为：$V'=[V^{D'} \quad V^{P'} \quad V^{N'}]$，其中 V^D、V^P、V^N 分别表示用于国内需求生产、加工贸易出口生产和一般贸易出口及其他生产的增加值列向量，$'$ 表示向量的转置。定义增加值率行向量为 $A'_v=V'(\hat{X})^{-1}$，则出口产生的国内增加值，即出口增加值为

$$V^E = A'_v \overline{B} E = A'_v (I-\overline{A})^{-1} E \tag{2.2}$$

其中 $E=\begin{bmatrix} 0 \\ F^{PE} \\ F^{NE} \end{bmatrix}$ 为出口列向量。

令 $E^P=\begin{bmatrix} 0 \\ F^{PE} \\ 0 \end{bmatrix}$、$E^N=\begin{bmatrix} 0 \\ 0 \\ F^{NE} \end{bmatrix}$，则加工贸易出口和一般贸易出口产生的国内增加值 V^{PE} 和 V^{NE} 可分别由 $V^{PE}=A'_v\overline{B}E^P$，$V^{NE}=A'_v\overline{B}E^N$ 计算。

定义就业人数行向量为 $L'=[L^{D'} \quad L^{P'} \quad L^{N'}]$，其中 V^D、V^P、V^N 分别表示用于国内需求生产、加工贸易出口生产和一般贸易出口及其他生产的就业人数列向量，$'$ 表示向量的转置。定义就业系数行向量为 $A'_l=L'(\hat{X})^{-1}$，则出口拉动的就业人数为：

$$L^E = A'_l \overline{B} E = A'_l (I-\overline{A})^{-1} E \tag{2.3}$$

若分别计算加工贸易出口和一般贸易出口拉动的就业，则将公式（2.3）中出口向量 E 分别替换成 E^P 和 E^N 即可。

由于编制投入产出表需要耗费大量的人力物力和时间，投入产出

表通常具有滞后性，中国自 1980 年起，开始筹划编制投入产出表，1987 年 3 月国务院办公厅出台了《国务院办公厅关于进行全国投入产出调查的通知》，明确规定每 5 年（逢 2、逢 7 年度）进行全国投入产出调查，并编制投入产出表，逢 0、逢 5 更新延长表，目前最新的投入产出表年份为 2012 年，中国科学院数学与系统科学研究院全球价值链课题组在 2002 年、2007 年、2010 年和 2012 年全国投入产出表（竞争型）的基础上，结合国家统计局提供的数据，编制了相应年份反映加工贸易的非竞争型投入产出表，并编制了就业占用向量。

考虑到数据的可得性，本书主要以 2002 年、2007 年、2012 年三个年度的反映加工贸易的非竞争型投入占用产出表为分析工具和数据来源，在本章中主要介绍基于海关提供的 2010—2016 年 HS8 位编码的贸易数据，结合 2010 和 2012 年 DPN 表测算的出口对中国经济和就业的拉动作用，其中 2010 年和 2011 年的结果是基于 2010 年 65 部门反映加工贸易的非竞争型投入产出表核算的，而 2012—2016 年的结果是基于 2012 年 139 部门反映加工贸易的非竞争型投入产出表核算的，本章将系统的展示 2010 年以来出口对中国经济发展和扩大就业方面的真实贡献，有助于厘清对外贸易对中国社会经济发展的重要作用。

第三节　出口对中国经济的贡献

中国自 2001 年底加入 WTO 以来，对外贸易增长迅速。出口总额[1]与中国国内生产总值（GDP）的比例一度超过 30%，2006 年的比例高达 38.8%。进出口总额与 GDP 的比例在 2005—2007 年间超过了 60%，甚至一度引起了中国外贸依存度是否过高的争论。受 2008 年国际金融危机的影响，2009 年中国总出口及出口与 GDP 的比率均骤降，之后出口逐渐恢复，总出口额持续稳定提高，2009—2014 年均增速 13.7%，2015、2016 年受全球经济放缓，国际需求不振的影响，中国出口持续下降，且自 2010 年以来出口与 GDP 的比例持续下滑，2016 年这一比

---

[1]　即总值统计的出口总额。为便于与国际数据协调，如无特别说明，本报告中的贸易数据均以美元表示。

例仅为 20.4%，中国对外贸易发展速度逐渐放缓（图 2.5）。

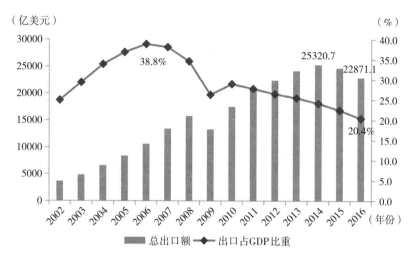

图 2.5　2002—2016年中国总出口额及出口与GDP的比例

数据来源：中国国家统计局网站，http://data.stats.gov.cn/workspace/index?m=hgnd。

一　出口对中国经济总量的贡献

但事实上，出口商品在生产过程中使用了从其他国家进口的原材料和零部件作为中间投入品，出口额中包含的并不完全是中国的增加值。尤其是加工贸易，需要进口大量的中间投入品，在中国进行组装、加工然后再出口制成品。而很长一段时间以来，加工贸易在中国出口中的比重都处于较高水平，如图 2.6 所示，在同时考虑货物贸易和服务贸易的情况下，2010 年加工贸易占中国总出口的 42.4%，之后逐年略有下降，但 2016 年加工贸易的比重仍然高达 31.3%，对美国和欧盟这些发达国家和地区的出口中，加工贸易比重更是高于总出口中加工贸易占比的水平，2016 年中国向美国出口中加工贸易占比为 45%。考虑到加工贸易中大量的中间投入品来自国外进口，同时一般贸易出口中也会投入部分进口中间产品，这部分价值增值是由国外获取，并不能成为中国的 GDP，因此，使用 DPN 表从贸易增加值视角，重新对中国的出口效益进行测算，具体结果见表 2.2。

（亿美元）

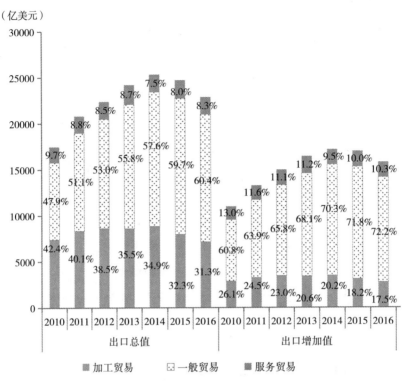

图 2.6　2010—2016年中国分贸易类型出口总值和出口增加值

数据来源：中国海关总署，出口增加值数据来自本书计算。

　　如表 2.2 所示，以贸易增加值角度测算的中国出口增加值与总值口径下相比有明显降幅，2010 年中国出口总额为 17480 亿美元，以贸易增加值口径核算，出口增加值降为 10984.4 亿美元，与 GDP 的比率由总值口径下的 28.9% 将至增加值口径下的 18.2%，降幅超过 10 个百分点，可见，中国在出口中的真实获益并不像出口总值显示的那么大。随着中国加工贸易占比的降低和劳动生产效率的提高，2016 年中国出口增加值 15780 亿美元，占 GDP 的比率为 14.1%，与总值口径下的 20.4% 相比，降幅在 6 个百分点以内，可见中国出口获取增加值的能力有所提高。同时从表 2.2 中最右侧一列与 GDP 的比率可以看出，中国社会经济发展对出口的依赖程度逐渐在降低，中国已经开始由出口主导型发展方向转为依靠内需拉动国内经济增长，有助于提高中国规避来自国外政治或经济事件导致需求变动带来冲击的能力。

表 2.2　　　　2010—2016 年中国货物和服务出口总值及相应的出口增加值 [①]

年份		货物出口			服务贸易出口（亿美元）	总出口（亿美元）	与 GDP 比率（%）
		加工贸易出口（亿美元）	一般贸易出口（亿美元）	货物出口合计（亿美元）			
2010	出口总值	7402.8	8374.7	15777.5	1702.5	17480.0	28.9
	出口增加值	2867.8	6683.5	9551.3	1433.1	10984.4	18.2
2011	出口总值	8345.3	10638.5	18983.8	1820.9	20804.7	27.8
	出口增加值	3239.7	8467.2	11706.9	1537.7	13244.6	17.7
2012	出口总值	8626.9	11860.9	20487.8	1904.4	22392.2	26.5
	出口增加值	3448.5	9850.3	13298.8	1638.9	14937.7	17.7
2013	出口总值	8600.4	13489.6	22090.0	2105.9	24195.9	25.5
	出口增加值	3391.7	11190.4	14582.1	1817.0	16399.1	17.3
2014	出口总值	8842.2	14580.7	23422.9	1897.8	25320.7	24.1
	出口增加值	3472.7	12058.0	15530.7	1632.4	17163.1	15.7
2015	出口总值	7975.3	14759.4	22734.7	1973.5	24708.2	22.4
	出口增加值	3093.7	12189.9	15283.6	1698.3	16981.8	15.4
2016	出口总值	7153.5	13822.9	20976.4	1894.7	22871.1	20.4
	出口增加值	2751.8	11395.5	14147.3	1632.7	15780.0	14.1

注：出口总值数据来自中国海关总署，出口增加值数据来自课题组计算。

分货物贸易类型来看，2010—2016 年间，中国货物出口结构变动较大，加工贸易出口占货物出口的比重逐年降低，从 2010 年的 46.9% 下降到 2016 年 34.1%，6 年期间降低了 12.8 个百分点。由于加工贸易需要投入大量的进口中间品，单位出口中获取的增加值份额相对较低，因此，单从加工贸易占比的降低这一出口结构的变动来看，有利于中国出口增加值率的提升，即从增加值的获取能力角度来看，中国货物贸易出口结构正在逐步改善。

---

① 按照《国际收支和国际投资头寸手册（第六版）》BMP6，2014—2016 年服务贸易统计口径有所调整，BOP 口径下的服务贸易包含了来料加工等所有权未转移的货物交易，与海关统计数据有重叠，因此，本报告中所指的服务贸易数据，均是在国家外汇管理局提供的"国际收支口径服务贸易数据"基础上减去了加工服务项。

二　单位出口对中国经济的贡献度

从中国每 1000 美元出口拉动的国内增加值（单位出口增加值，见表 2.3）一方面可以看出，进口中间品投入比重较高的加工贸易，其单位出口增加值非常低，仅有不到 400 美元，加之中国加工贸易出口占比较高，是拉低中国货物贸易单位出口增加值最主要的原因。但另一方面，应该看到，中国货物贸易出口获取增加值的能力在逐步提升，中国总出口的单位出口增加值从 2010 年的 628 美元提高至 2016 年的 690 美元，货物出口的单位出口增加值也有明显提升，6 年间提高了 69 美元，服务贸易单位出口增加值由于基数较高，提升潜力比货物贸易小，但也实现了 20 美元的提升。单位出口增加值的变化不仅是由出口结构变化和加工贸易所占比重下降引起的，还有一部分是由于反映加工贸易的非竞争型投入产出表中投入结构的变化（特别是进口品的投入所占比重的逐步下降[①]）引起的。

表 2.3　　2010—2016 年中国分贸易类型每 1000 美元出口增加值[②]　单位：美元

年份	总出口	货物出口			服务贸易出口
		货物总出口	加工贸易	一般贸易	
2010	628	605	387	798	842
2011	637	617	388	796	845
2012	667	649	400	830	861
2013	678	660	394	830	863
2014	678	663	393	827	860
2015	687	672	388	826	861
2016	690	674	385	824	862

注：表中数据来自全球价值链课题组计算，相关结果详见《全球价值链与贸易增加值核算报告》（2017 年度），下同。

[①]　进口品投入系数占总投入的比重平均下降了 0.8%，从 65 部门来看，有 36 个部门进口品投入系数下降，29 个部门的进口品投入系数略有提高。

[②]　从具体数值上来看，2012—2016 年单位出口增加值（基于 2012 年反映加工贸易的非竞争型投入产出表计算）和 2010—2011 年单位出口增加值（基于 2010 年反映加工贸易的非竞争型投入产出表计算）相比出现了比较大的变化，如文中所提到的，这主要是因为除了出口结构的变化以外，生产的国内品投入和进口品投入的结构均发生了变化。

在中国单位出口增加值逐渐提升的同时，需要认识到中国在出口中获取增加值的能力与欧美等发达国家和经济体相比仍存在一定的差距，本节选取了中国前八大贸易伙伴，测算了中国从贸易伙伴国的单位进口增加值（见表2.4），从而与中国货物贸易的单位出口增加值进行明确对比。2010—2016年中国从美国每1000美元进口拉动的美国增加值从871美元降低至814美元，这主要源于产品生产过程中国际分工的深化，更加专注于自身具有比较优势的生产环节，因此进口品投入的比重有所提升，但中美两国在双边贸易中获取增加值的能力之悬殊可见一斑，2016年中国货物贸易出口增加值690美元，比从美国单位进口增加值814美元低124美元。中国货物贸易的单位出口增加值与欧盟和日本相比，也处于较低水平，甚至低于同为发展中国家的印度。

表2.4　　　　　中国每1000美元进口为贸易伙伴带来的增加值[①]　　　　单位：美元

年份	美国	欧盟	日本	韩国	印度	澳大利亚	新西兰
2010	871	725	795	491	815	—	—
2011	853	726	794	540	798	—	—
2012	860	740	786	512	796	—	—
2013	861	712	784	534	786	—	—
2014	818	727	760	625	745	883	745
2015	814	736	762	635	732	864	748
2016	814	735	764	634	746	863	754

注：表中数据来自全球价值链课题组计算。

总体来看，出口对中国经济的增长发挥着重要的推动作用，对中国GDP的贡献度一度在15%以上，且从近几年中国对外贸易与世界贸易状况对比来看，即使在2015、2016年世界贸易发展低迷的情况下，中国进出口的表现情况仍好于世界其他国家，2017年中国进出口更是实现了快速恢复，全年货物进出口增速达到14.2%，其中出口增速

---

① 从贸易伙伴的进口增加值是基于伙伴国最新年份的投入产出表测算得到。其中美国每年均会公布供给和使用表，可以用于编制相应年份的投入产出表，已更新至2015年。欧盟、日本和韩国的官方统计机构公布自身的投入产出表，印度、澳大利亚和新西兰的结果则是基于WIOD数据库的单国表测算。

10.8%，中国对外贸易抵抗国际冲击的稳定度明显提高。随着中国国际竞争力的提高、技术水平的改进、贸易结构的优化，未来，出口仍将是推动中国经济快速发展的重要动力。但也应认识到，前期中国主要通过低端生产工序融入全球价值链，加工贸易比重高，导致中国在出口中获取增加值的能力与欧美日等发达经济体相比仍有巨大差距，中国应进一步提高科技创新水平，从全球价值链低端向设计、研发等高端环节转移，提高中国在国际贸易中的竞争力和话语权，提升对外贸易对经济增长的贡献度。

第四节　出口对中国就业的贡献

一　出口对中国就业的贡献

出口不仅能够为中国带来经济收益，还能够为国内劳动力提供众多类型的就业岗位。基于中国科学院数学与系统科学研究院全球价值链课题组编制的 2010 年、2012 年以及 2015 年与 DPN 表相对应的就业向量，本书测算了出口为中国创造的就业数量。不同贸易类型对就业的需求存在较大差异，区分加工贸易和一般贸易对就业拉动的测算结果如表 2.5 所示。

表 2.5　　　　　　2010—2016 年中国货物出口带来的就业情况

年份	每百万美元出口拉动的就业（人次）			总出口拉动的就业（万人次）		
	货物出口	加工贸易	一般贸易	货物出口	加工贸易	一般贸易
2010	61.8	29.1	90.8	9760	2153	7607
2011	60.1	27.5	85.7	11399	2298	9101
2012	45.9	29	58.1	9401	2506	6895
2013	46.5	28.9	57.8	10277	2485	7792
2014	37.8	23.8	46.2	8842	2102	6741
2015	37.9	23.1	45.9	8611	1840	6771
2016	38.1	22.8	46.1	8000	1632	6368

注：表中数据来自全球价值链课题组计算。

从表 2.5 中的测算结果可以看出，每年中国货物贸易出口能为国内创造近亿个就业岗位，2011 年货物贸易出口拉动的国内就业量达到了 1.1 亿人次，近几年来，随着中国整体劳动生产率水平的提升和侧重国内需求导向的经济结构性改革，货物贸易出口拉动的中国就业量有所减少，但 2016 年货物出口仍为国内创造了 8000 万个就业岗位，一般贸易是最主要的拉动力量，带动的就业量超过 6000 万人次，占总货物出口拉动就业的比重高达 80%。

二 单位出口对中国就业的贡献

从每百万美元出口拉动的就业来看，加工贸易对就业的拉动作用最小，在 30 人次以下，而一般贸易对就业的拉动作用约是加工贸易的两倍，原因在于中国的加工贸易以组装、装配为主，核心零部件的生产均源自国外，中国在加工贸易产品中所从事的生产多属于流水化程度较高的环节，从而对就业的需求量与一般贸易相比较小。综合来看，中国每百万美元货物出口拉动的就业 2016 年为 38.1 人次。每百万美元货物出口拉动的就业在 2010—2016 年间逐渐减少，并不代表出口对扩大中国就业的促进作用在减小，而是反映出中国在出口生产活动中劳动生产效率的提升。

同样的，基于美国、欧盟、日本等主要贸易伙伴的投入产出表和相应的就业数据，可以测算出中国从贸易伙伴国进口对其就业的拉动作用，具体结果见表 2.6，从而可以与中国出口就业拉动相比较。中国每百万美元出口拉动的国内就业 2016 年约为 38.1 人次，远高于美国的 5.2 人次、欧盟和日本的 11.0 人次以及韩国的 10.5 人次，这在另一个方面反映出中国的劳动生产率与这些发达国家相比仍处于非常低的水平，提高中国劳动生产率水平任重而道远。

从投入产出部门层面来看，不同部门对就业的需求存在明显差异，例如纺织服装制造业属于劳动密集型部门，劳动力需求量相对较大，而大部分机械制造部门机械化程度较高、生产作业流水化，单位产出的劳动力需求量相对较小，因此，分别测算了国民经济各部门出口对

表 2.6　　　　　　2010—2016 年中国进口对贸易伙伴就业拉动作用

		美国	欧盟	日本	韩国	印度	澳大利亚	新西兰
2010 年	百万美元进口拉动就业（人次）	5.9	9.8	7.5	10.1	177.2	–	–
	拉动的总就业人数（万人次）	54.7	164.3	127.1	134.9	361.0	–	–
2011 年	百万美元进口拉动就业（人次）	5.6	9.4	6.8	9.8	177.0	–	–
	拉动的总就业人数（万人次）	62.3	197.8	127.6	153.7	404.6	–	–
2012 年	百万美元进口拉动就业（人次）	5.5	10.0	8.9	7.9	192.8	–	–
	拉动的总就业人数（万人次）	66.5	197.4	152.4	129.1	349.5	–	–
2013 年	百万美元进口拉动就业（人次）	5.5	9.5	8.8	7.7	213.3	–	–
	拉动的总就业人数（万人次）	76.6	194.0	138.2	136.3	349.1	–	–
2014 年	百万美元进口拉动就业（人次）	5.3	8.8	11.0	8.9	174.3	6.9	14.3
	拉动的总就业人数（万人次）	84.5	215.3	171.0	163.7	285.1	82.5	18.8
2015 年	百万美元进口拉动就业（人次）	5.2	10.1	11.0	10.1	167.8	7.3	15.7
	拉动的总就业人数（万人次）	76.6	211.9	150.5	170.7	224.3	70.8	17.5
2016 年	百万美元进口拉动就业（人次）	5.2	11.0	11.0	10.5	150.0	7.3	15.4
	拉动的总就业人数（万人次）	69.9	229.5	153.9	161.1	176.5	70.0	17.6

注：表中数据来自全球价值链课题组计算。

就业的拉动作用。在出口拉动的就业总量中，纺织针织制成品及服装鞋帽制造、通信设备及雷达制造业、食品制造等部门均位居前列。2016年出口拉动就业量最高的前15个部门及就业总量见图2.7，2014—2016年纺织服装服饰是出口拉动就业量最高的部门，2016年出口拉动的就业量为917万人次，占当年总出口拉动就业量的1.1%，其次为通讯设备部门，拉动就业量为461万人次，前15个部门拉动的就业量占总出口（139个部门）拉动就业量的5.9%。可以看出，出口拉动就业量前15的部门主要是两类：一类是纺织服装、纺织制成品、皮革毛皮制品、鞋、棉、化纤纺织以及家具等劳动密集型部门，这类部门单位出口拉动的就业相对较高；另一类则是通信设备、计算机、电子元器件、电气设备等技术密集型的电子产品制造业，这类产品主要依靠出口规模较大，拉动了较多的国内就业。

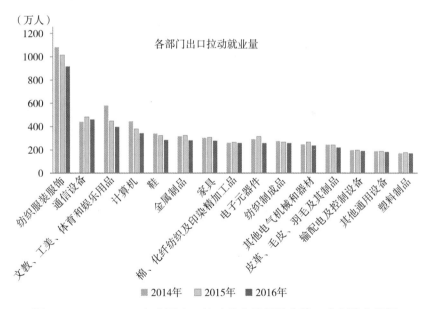

图 2.7　2014—2016年中国出口拉动就业总量最高的15个制造业部门

综上所述，出口每年为中国创造8000多万个就业岗位，一般贸易是主力，同时中国单位出口拉动的就业在逐年下降，中国单位就业创造的出口在逐年增加，反映出中国出口中的劳动生产率是在不断提高的。跟欧盟、美国、日本、韩国等发达国家相比，中国出口生产的劳动生产率还有待进一步提高。随着中国供给侧结构性改革等一系列经济改革措施的推行，中国出口结构也将进一步优化，未来单位出口拉动的就业有望进一步减少，但就现阶段而言，出口对缓解国内就业、促进社会稳定有着重要的意义。

第五节　小结

为探究不同贸易方式对中国劳动生产率的影响，首先要明确出口对中国经济和就业的贡献，在此基础上测算不同出口类型下的中国劳动生产率。考虑到中国加工贸易占比高的现实特点，本章引入反映加工贸易的非竞争型投入产出模型，系统地测算了出口对中国经济和就业的实际贡献，为第三章中国不同生产方式下的劳动生产率结构分解分析提供数据支撑。本章的主要结论有：

出口对中国经济的增长发挥着重要的推动作用，对中国 GDP 的贡献度一度在 15% 以上。随着中国国际竞争力的提高、技术水平的改进、贸易结构的优化，未来，出口仍将是推动中国经济快速发展的重要动力。但也应认识到，前期中国主要通过低端生产工序融入全球价值链，加工贸易比重高，导致中国在出口中获取增加值的能力与欧美日等发达经济体相比仍有巨大差距，中国应进一步提高科技创新水平，从全球价值链低端向设计、研发等高端环节转移，提高中国在国际贸易中的竞争力和话语权，提升对外贸易对经济增长的贡献度。

第三章

出口对中国就业和劳动生产率的影响分析

第一节　研究背景

劳动生产率是决定一国经济是否具有未来增长性的标志性指标，反映劳动生产要素的投入产出效率，由社会生产力的发展水平决定，同时劳动生产率的高低还取决于生产中的各种经济和技术因素。

根据国际劳工组织[①]对世界及各国劳动生产率的数据，以 2010 年不变价格计算的单位劳工产出来衡量劳动生产率这一指标，2017 年中国劳动生产率为 13084 美元（见图 3.1），比 1991 年提高了 8 倍，是 2000 年中国加入 WTO 之前的 4 倍。中国劳动生产率在过去三十年里实现了飞速提升，除 2017 年外，增长率均保持在 6% 以上，2000 年以来的平均增速约为 8.8%，远高于世界同期劳动生产率平均增速的 1.4%，也高于美国同期的 1.2% 平均增速。劳动生产率的高增速反映出中国经济增长的强劲活力，也预示着中国仍拥有着巨大的未来发展潜力。

但在劳动生产率快速提升的背后，一个不可忽视的重要方面是中国劳动生产率仍处在较低的水平，原因在于中国劳动生产率基数非常低。从 1991 年来看，中国当时劳动生产率为 1423 美元，同年世界平均劳动生产率水平为 16999 美元，中国劳动生产率仅相当于世界平均水平的 8.4%，与发达国家相比差距更大，同年美国和日本的劳动生产率水平分别为 74949 美元和 75377 美元，中国的劳动生产率仅相当于欧美的 1.9%，可见，中国社会整体劳动生产水平与当时的世界先进国家相

---

① 国际劳工组织网站，http://www.ilo.org/global/statistics-and-databases/lang--en/index. htm。

比，存在着非常大的差距，1991—2017年中国与世界主要经济体劳动生产率的对比见图3.2。

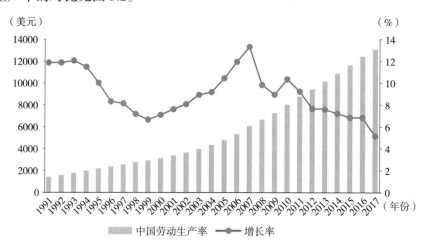

图3.1　1991—2017年中国劳动生产率变动情况

数据来源：国际劳工组织数据库，http://www.ilo.org/global/statistics-and-databases/lang--en/index.htm。

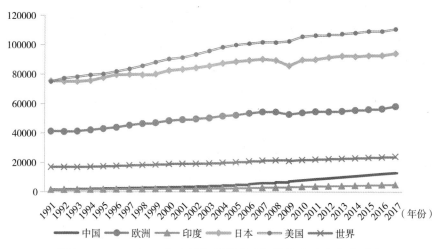

图3.2　1991—2017年中国与世界主要经济体劳动生产率对比

数据来源：国际劳工组织数据库，http://www.ilo.org/global/statistics-and-databases/lang--en/index.htm。

在经历了近三十年的快速提升后，2017年中国劳动生产率提升至13084美元，但同年美国的劳动生产率水平已提高至110800美元，相当于中国的8.5倍。与欧洲和日本相比，中国劳动生产率水平也仅相当于它们的 22.4% 和 13.9%。根据国际劳工组织的预测，2022 年中国劳动生产率将有可能进一步提高至 17687 美元（2010 年不变价），美国、欧洲、日本和印度等国家乃至世界的劳动生产率也将继续提升，2022 年中国劳动生产率水平约相当于美国的 15%、欧洲的 17%。可见，中国在提高劳动生产率的道路上仍任重而道远。只有将中国自身的劳动生产率提高到国际领先水平，才能使中国从经济大国、贸易大国真正转变为经济强国和贸易强国，因此探究中国在全球经济一体化的复杂大环境下，劳动生产率的影响因素具有重要的现实意义，为中国更准确地制定稳步提高劳动生产率政策提供理论和实证依据。

第二节　研究意义

改革开放四十多年来，随着中国对外开放程度和范围的不断扩大，进出口贸易的飞速发展在促进中国社会经济发展和增加就业方面发挥了强有力的推动作用，可以说，对外贸易是中国改革开放以来经济高速前进的巨大动力之一。因此，探究对外贸易对中国劳动生产率的影响，剖析中国近些年的研发投入对劳动生产率的提升是否发挥了重要作用，对未来中国制定提高劳动生产率政策、确定全面开放的速度和形式有着重要的理论和现实意义。

从上一节中劳动生产率的国际对比中可以看出，过去三十年中，虽然中国劳动生产率增速略快于欧、美、日等发达国家和经济体，但世界主要国家和经济体的劳动生产率都在不断提升，这得益于各国良好的内部和外部发展环境。首先，20 世纪 90 年代苏联解体以来，欧、美、日等发达经济体和中国、印度等发展中国家，内部政治环境稳定，各国致力于发展自身经济、提高生产技术水平。其次，贸易自由化思想受到大多数国家的推崇，全球经济一体化进程快速推进，为国际贸易的繁荣发展提供了世界环境，加之国际运输成本的降低，全球价值链在国家间的任务分工不断深化，各国充分发挥自身在贸易中的比较优势，专注于从事自身有优势的分工和生产程序，世界整体生产效率得到提升。与此同时，世界贸易组织（WTO）、经济合作与发展组织

（OECD）、亚洲太平洋经济合作组织（APEC）等国际贸易组织做了大量协调工作以推动贸易自由化、扩大全球贸易总量，北美自由贸易区等多边贸易合作体系应运而生，为促进世界经济的整体繁荣发展发挥了重要作用，各国在参与全球价值链国际分工的生产活动中均得到了经济的快速发展和就业的增加。

但在 2008 年国际金融危机之后，国际贸易形势发生了明显的变化，欧美等发达国家受金融危机的影响经济恢复乏力，对中国而言，国外需求低迷不利于中国出口额的增加，而中国出口中加工贸易比重曾一度高达 40% 以上，这样就意味着中国出口的减少势必会带来中间进口投入品的减少，体现为进口的减少。加之 2015 和 2016 年意大利修宪失败、英国脱欧等一系列政治黑天鹅事件的发生，国际贸易环境呈现多变趋势，不确定性增强，中国必须一改往日粗放型经济增长模式以应对多变的国际贸易环境和可能的外部冲击。党的十九大报告中提出，推进全面开放新格局的背景下，必须认清中国的国际贸易、全球价值链分工中的真实地位，探明不同贸易类型的进口和出口对中国劳动生产水平的真实作用，才能有重点、有选择地实施进一步扩大开放的策略，以保证对外贸易对中国经济长足发展和劳动率水平提高的正面作用。

另外，在不考虑对外贸易的情况下，各国国内受教育水平、科技水平、工人操作熟练程度不断提高，生产国内消费品的效率也在不断提升，国内消费品与国外消费品在生产方式、生产结构、生产技术、生产投入等方面都存在着一定的差异，究竟哪种生产方式更有利于劳动生产率的快速提高？为回答这一问题，本书在探究进口和出口对劳动生产率影响的过程中，区分了加工贸易和一般贸易两种贸易方式，同时将用于国内使用的产品生产也考虑在内，从而可以对比用于国内消费和用于国外消费商品在生产过程中对于劳动生产率的不同影响。本书第三章将基于投入产出模型的结构分解分析方法，区分加工贸易、一般贸易和国内消费品生产，比较了三种不同的生产方式对中国劳动生产率提高的作用。通过对比分析，厘清刺激国内消费、扩大何种形式的对外贸易，哪种方式更有助于中国劳动生产率的提高，从而实现经济的长足稳定高速发展。在第四章中，本书将借助计量经济模型，探究进口对中国劳动生产率提高中的学习效应、技术溢出效应、竞争效应等哪种效应是主导。

就业是考察劳动生产率的前提，因此本章在第三节中先考察了近年来中国就业的主要驱动因素，不同于以往列昂惕夫模型的需求侧分解分析方法，本书借助于 Ghosh 模型从供给侧对中国就业进行了结构分解分析。在就业分解分析的基础上，第三节中对同一阶段的中国劳动生产率进行了结构分解分析，由于投入产出表的滞后性，本章的结构分解分析均是基于 2002 年、2007 年和 2012 年三张中国反映加工贸易的非竞争型投入占用产出表完成。

第三节　Ghosh 模型下就业的结构分解分析[①]

近二十年来，在中国经济高速发展的宏观环境以及一系列有力的宏观政策调控下，中国的就业量一直保持在较高水平。从非农就业数据[②] 来看，1997—2002 年这 5 年间中国非农就业人数年均增速在 1.3% 左右，2003—2008 年这期间年均增速达到了 4%，但是，在近几年中国经济增速放缓的情况下，中国的非农就业人数增速也有所放缓。

显然，经济增速放缓是就业增速放缓的一个重要原因。目前，不少学者（李红松，2003；李俊峰等，2005；陈桢，2008；王仕军等，2009）对 GDP 和就业的关系进行了广泛的探讨分析，然而，我们发现经济增速变化与就业变化并没有表现出稳健的一致性，由此可知，就业变化还有其他驱动因素值得我们深入探究。进一步地，不少学者利用结构分解分析技术（Structural Decomposition Analysis, SDA）探讨了消费、投资、出口等 GDP 的构成因素对就业发挥的作用。比如，李景华（2004）利用 SDA 技术对中国第三产业经济增长进行分析，得出第三产

---

① 本节研究内容已在《系统工程理论与工程》2018 年第 5 期刊出。

② 中国统计数据中，农业部门一直是就业人数的"大蓄水池"，凡是非农产业未能吸纳的就业都被计入农业，所以非农就业人数被认为是观察社会经济发展的重要指标，因此本书研究中只考察非农就业的变动。

业经济增长主要依赖国内消费，其次是投资和出口。吴小松等（2007）和欧阳艳艳等（2016）对中国产业结构演变对就业的影响进行了分析。王会娟等（2011）利用 SDA 对中国 1997—2002 年以及 2003—2008 年非农就业人数进行了分析，得出消费、投资等最终需求构成项的总量变动对就业的拉动效果在两个阶段均很明显。

综合文献中的研究可以发现，目前探究就业变化的驱动因素主要是从需求侧出发，认为消费、投资、政府采购和净出口决定了经济增长，进而拉动就业增长，主张从需求侧对经济增长加以管理和干预。长期以来，因经济全球化，外需强劲，中国形成投资推动出口，出口带动进口，以贸易为代表的经常项目顺差带动 GDP 增长的模式。这种模式确实给中国经济带来了四十多年的高速增长，但是，随着全球经济进入新常态，外需疲软，以往的需求管理模式并不能解决长期中的经济增长问题，事实上，需求侧管理已经产生了一系列的问题，其中最为突出的是产能过剩和结构性供给短缺并存。需求侧管理容易使得政府和企业对哪些产业更有发展前景产生共识，由此形成投资的"潮涌现象"，进而出现某些行业的产能过剩（林毅夫，2007）。目前，中国的煤炭、钢铁等行业出现了较严重的产能过剩。在这种背景下，中国学界和政府部门提出进行供给侧结构改革，强调新增资本、新增劳动力、技术进步等要素投入决定经济增长，以技术创新和制度创新为前提，以效率改变为条件，通过供给侧改革实现经济增长。

供给侧改革主要有三个方面：一是化解过剩产能，二是传统产业的转型升级，三是新兴产业的支持和培育。这三方面改革都与中国的就业变化密切相关，首先，对煤炭、钢铁等重工业去产能势必会减少这些行业的从业人员，其次，传统制造业的转型升级也可能会增大相关行业人员的失业风险，与此同时，新兴产业的蓬勃发展开拓了就业新领域，可以为中国在经济转型过程中带来新的就业需求。因此，在供给侧结构调整的背景下，从供给侧探讨中国就业变化的驱动因素有助于更好地解读供给侧改革与就业变化之间的关联。

投入产出 Ghosh 模型（Dietzenbacher，1997）是一种很好地从供给侧反映投入对经济增长贡献的工具。投入产出模型利用棋盘式的格局能很好地反映国民经济各部门之间的投入结构，在非竞争型投入产出模型的基础上，本书引入各部门对劳动力的占用（陈锡康等，2011），进而探讨中间投入结构变化、进口投入以及最初投入变化等因素对劳动力占用的影响。

目前，中国一般的非竞争型投入产出表没有考虑到中国加工贸易生产比重较高这一问题，表中没有区分加工贸易的异质性，即认为满足国内需求生产、加工贸易生产以及一般贸易生产具有相同的投入结构，即这三种生产方式的平均投入结构。一方面，通常情况下，加工贸易生产只是对进口原材料及零部件进行加工和组装，需要大量进口投入，使用的国内中间投入比例很低，但另一方面，加工贸易生产却需要国内的劳动力投入。因此，从理论上讲，对于加工贸易生产比重高的部门，对就业变化影响较大的应该是进口供给，而非国内中间投入。如果不将加工贸易区分开来，我们将无法对其异质性进行考察，也无法探讨这三类不同生产方式就业变化的驱动因素，而对这三类不同生产方式就业驱动因素的认识不清有可能误导相关产业和就业政策的制订。

根据以上分析，本书将利用区分加工贸易的非竞争型投入占用产出 Ghosh 模型来对就业变化的驱动因素进行分析。在陈锡康、杨翠红等研究组（刘遵义等，2007；Chen et al.，2012；段玉婉等，2013；Yang et al.，2015）和国家统计局投入产出处合作编制的 2002 年、2007 年和 2012 年反映加工贸易的非竞争型投入产出表的基础上，我们编制了三类不同生产方式的就业向量。接着本书利用 Ghosh 模型和结构分解分析方法，将 2002—2007 年和 2007—2012 年两阶段的就业变化驱动因素分解为技术发展、分配结构调整、进口投入变化以及经济增长因素，并将经济增长因素拆分成部门结构变化、生产方式结构变化和经济总量增长因素。结果显示，不同生产方式对应的就业变化驱动因素贡献有所不同，进口投入变化在很大程度上影响着加工贸易生产的就业变动，特别是对于加工贸易生产比重高的技术密集型部门，进口投入变化是就业变化的最大影响因素。与此同时，我们可以看到经济增长与就业密切相关，经济增速放缓将对就业增长造成不小的压力。技术进步使劳动生产率得以提高，加大了各部门的失业风险，另外，分配结构的调整和部门结构的变化都对就业变化产生重要影响。2002—2007 年，分配结构和部门结构调整主要对第二产业就业带来积极影响，2007—2012 年，这种积极影响则转向第三产业，说明中国在经济转型过程中就业需求已逐步向生产性和生活性服务业转移。

本章余下部分安排如下：本节第一部分介绍反映加工贸易的非竞争型投入占用产出 Ghosh 模型和结构分解分析，第二部分介绍数据的来源与处理，第三部分为结果分析，最后为结论与讨论。

一 反映加工贸易的非竞争型投入占用产出 Ghosh 模型

本书将利用反映加工贸易的非竞争型投入占用产出模型（以下简称 DPN 模型）来对中国就业变化进行结构分解分析，在第二章第二节中对 DPN 模型做了详细介绍，该模型将国内的生产活动分成三种，可以很好地反映不同类型的生产活动对劳动力的占用，这三种生产活动为：用于满足国内需求的生产（D）；用于加工出口的生产（P，以下简称加工出口），加工出口品全部用于出口，并不作为中间投入品和国内最终消费品；用于非加工出口的生产和外商投资企业的其他生产（N），简称为一般贸易出口生产及其他，具体表式见表 2.1。

以第 i 种国内产品对第 j 种产品的投入为例，它们的直接分配系数分别可以表示为 h_{ij}^{DD}、h_{ij}^{DP} 和 h_{ij}^{DN}，分别表示第 i 种国内产品（D）分配（或投入）到第 j 产品部门 D、P、N 部分的分配系数，其含义是第 i 部门的单位产出中第 j 部门所能分配到的产品份额。因此，DPN 模型的直接分

配系数矩阵可表示为 $H = \begin{pmatrix} H^{DD} & H^{DP} & H^{DN} \\ 0 & 0 & 0 \\ H^{ND} & H^{NP} & H^{NN} \end{pmatrix}$，其中加工贸易出口品只用

于出口，不用于中间投入，故第二行为 0。类似地，进口产品中间投入列向量可写成 $M = (M^D \quad M^P \quad M^N)'$，其中 M^D、M^P、M^N 分别表示进口产品投入 D、P、N 部分的量，右上角 $'$ 表示对向量或矩阵进行转置（下同）。增加值（最初投入）列向量可写成 $V = (V^D \quad V^P \quad V^N)'$，其中 V^D、V^P、V^N 分别表示生产国内产品、加工出口产品及一般贸易出口产品创

造的增加值行向量。

DPN 模型垂直方向上存在均衡方程，即国内中间投入加上进口中间投入与最初投入等于总投入，总投入又等于总产出，令 X 为总产出列向量，则垂直方向上的均衡方程可写成以下矩阵形式：

$$H'X + M + V = X \qquad (3.1)$$

通过简单的矩阵变换得到

$$X = (I - H')^{-1}(M+V)$$
$$X' = (M+V)'(I-H)^{-1} = (M+V)'\tilde{G} \qquad (3.2)$$

此式为拓展的 Ghosh 模型，其利用直接分配系数反映了最初投入和进口中间投入与总产出之间的关系，其中 $\tilde{G} = (\tilde{g}_{ij})$ 为完全感应系数矩阵，$\tilde{g}_{ij}$ 表示第 i 个部门增加一单位最初投入引起的第 j 部门总产值的增加量。

进一步地，定义就业系数行向量 A_L，其元素表示某个部门直接就业人数与部门总产出的比值，令 $\hat{A}_L$ 为 A_L 生成的对角阵（其中上标 ^ 表示对向量进行对角化），则得到各部门的就业可以表示成：

$$L = \hat{A}_L X = \hat{A}_L \tilde{G}'(M+V) \qquad (3.3)$$

其中 L 表示非农就业列向量，其元素表示各个部门的就业量。此式可以很好地从供给侧反映最初投入、进口中间投入以及国内中间投入对就业总量以及各部门就业量的影响，因此，本书接下来将利用结构分解技术对此式进行分解，以分析直接就业系数、完全感应系数矩阵以及最初投入等因素对就业量的影响。

二 就业的供给侧结构分解分析

结构分解分析技术是一项广泛应用于经济、贸易和环境等研究领域的重要工具。其基本思想是通过将经济系统中某因变量的变动分解为与之相关的互相独立的自变量变动之和，以测度其中每一个自变量变动对因变量贡献的大小。由于投入产出模型能够分析部门间完全联系的特性，SDA 测算中不但包含了直接贡献，还包含了间接贡献。

在进行结构分解时，若模型中有 n 个独立变量，就会有 n! 种等价的分解方式。但研究发现，n！种分解结果的平均值与两极分解结果的平均值非常接近，因此实际中经常采用两极分解的方法。下面给出（3.3）式的两极分解公式，用下标"0"表示基期，"1"表示目标期，则（3.3）式可分解为：

$$\Delta L = \frac{1}{2}(\Delta \hat{A}_L) \left[\tilde{G}'_0 (M_0 + V_0) + \tilde{G}'_1 (M_1 + V_1) \right]$$

$$+ \frac{1}{2} \left[\hat{A}_{L0} (\Delta \tilde{G}') (M_1 + V_1) + \hat{A}_{L1} (\Delta \tilde{G}') (M_0 + V_0) \right]$$

$$+ \frac{1}{2} (\hat{A}_{L0} \tilde{G}'_0 + \hat{A}_{L1} \tilde{G}'_1) \Delta M \tag{3.4}$$

$$+ \frac{1}{2} (\hat{A}_{L0} \tilde{G}'_0 + \hat{A}_{L1} \tilde{G}'_1) \Delta V$$

其中，ΔL、ΔA_L、$\Delta \tilde{G}'$、ΔM、ΔV分别代表从基期到目标期的劳动力向量、就业系数向量、感应系数矩阵、进口投入向量和增加值向量的变化值。等式右边第一项为就业系数变动对就业量的影响，就业系数表示的是单位产出占用的劳动力，它往往随着技术的进步（包括机械化水平的提高、管理模式的优化等）而下降，因此本书将其命名为技术发展因素；第二项为完全感应系数变动对各部门就业量的影响，完全感应系数的变动与完全分配系数的变动相等，因此可理解为供给侧分配变动对就业量的影响，本书命名为分配结构调整因素；第三项为进口投入变化对就业量的影响；第四项为增加值变化对就业量的影响，可理解为经济增长对就业量的影响，本书命名为经济增长因素。

进一步地，为了区分不同生产方式最初投入结构对就业的影响，

需要对增加值列向量进行分解。记 $\overline{V} = \begin{bmatrix} V^{D'} & 0 & 0 \\ 0 & V^{P'} & 0 \\ 0 & 0 & V^{N'} \end{bmatrix}$ 为扩展的最初投入

矩阵，v为增加值总量，则 $v = \mu' \overline{V} \mu$，其中 $\mu' = (1, L, 1)$ 为列向求和向量。令行向量 $Y = \mu' \overline{V}$，则最初投入的结构矩阵可以定义为 $S = \overline{V} (\hat{Y})^{-1}$。令 $R = \frac{Y'}{v}$，R 为一个包含三个元素的列向量，三个元素分别表示三种不同生产方式（满足国内需求生产、加工生产、一般贸易生产及其他）的最初投入占总增加值的比重。由此，增加值列向量可以写成：

$$V = v \cdot \overline{V}(\hat{Y})^{-1} \cdot \frac{Y'}{v} = v \cdot S \cdot R \qquad (3.5)$$

同样地，可以对增加值列向量进行结构分解为：

$$\Delta V = \frac{1}{2}(\Delta v)(S_0 R_0 + S_1 R_1)$$
$$+ \frac{1}{2}\left[v_0(\Delta S)R_1 + v_1(\Delta S)R_0\right] \qquad (3.6)$$
$$+ \frac{1}{2}(v_0 S_0 + v_1 S_1)(\Delta R)$$

将式（3.6）代入式（3.4），可以将式（3.4）中第四项经济增长的影响进一步拆分为三项，分别为增加值总量变化、最初投入（增加值）部门结构变化以及不同生产方式结构变化对就业的影响。

三　数据来源与处理

本书探究的是 2002—2007 年及 2007—2012 年两个阶段就业变化的驱动因素，为此，所需要的数据有：陈锡康、杨翠红等领导的课题组与国家统计局合作编制的 2002 年、2007 年 42 部门 DPN 表以及 2012 年 139 部门 DPN 表，2004 年、2008 年以及 2013 年的《中国经济普查年鉴》中的分部门就业数据，《中国经济普查年鉴》中规模以上工业企业中内资企业和外资企业的从业人员数和总产值数据，规模以上服务业部门的内资企业和外资企业的从业人员数，海关统计的分贸易方式的贸易数据（HS8 位码）以及《中国工业统计年鉴》。

通过对比 2002 年、2007 年和 2012 年三个年份的投入产出表可以看出，部门分类在不同年份上均有变化，综合考虑部门拆分或合并的难度以及基础就业数据的部门分类，本书最终选用了 2007 年的部门分类为统一的部门分类，然后依据多合并少拆分的部门分类办法将 2002 年和 2012 年的部门分类统一成 2007 年的 42 部门分类。

各部门就业人数的编制是本书数据处理的重要组成部分，我们首先编制 42 部门的就业人数，然后将各个部门的就业拆分成 D、P 和 N 三类。在 42 部门分类中，农业部门被归为一类，即为第一产业就业人数，可以从《中国统计年鉴》中获取相关的数据，本书考虑非农就业的变化，在实际核算中，不考虑农业部门的就业。各年鉴中均无第二、第三产业全口径的详细部门就业数据，因此，本书依据统计口径较全、部门分类较细的《中国经济普查年鉴》，将2004年、2008年、2013年的《中国经济普查年鉴》中分部门就业数据按42部门分类合并或拆分，得到2004年、2008年、2013年42部门的经济普查就业数据，再按照第二、第三产业分类，计算得到2004年、2008年、2013年的第二、第三产业的就业结构。假设2002年、2007年和2012年的就业结构分别与2004年、2008年和2013年的就业结构相同[①]，进而利用2004年、2008年和2013年这三个年份的就业结构对《中国统计年鉴》中2002年、2007年和2012年第二、第三产业的就业总人数进行拆分，获得这三个年份细分部门的就业向量，至此三个年份42部门的就业向量编制完成。

最后需要将各个部门的就业按照生产方式拆分成三类。对于工业部门，我们需要进行四步处理。

第一步，《中国经济普查年鉴》提供了规模以上工业企业中内资企业和外资企业的从业人员数和总产值数据，据此我们可以分别得到各工业部门内资企业和外资企业的就业系数（从业人员数与产值之比），其中内资企业就业系数即为D的就业系数。

第二步，将海关提供的区分贸易方式并且区分内、外资的HS8位码出口数据与投入产出部门进行匹配，然后核算出各部门加工贸易和一般贸易出口中的内资企业出口和外资企业出口。由于加工贸易不用于国内需求，其出口额即为产出值，加工出口中的内、外资出口之比即为内、外资产出之比，利用内、外资的产出比例作为权重对第一步得到的内、外资企业就业系数进行加权求和，计算得出P中各部门的就业系数。

第三步，在DPN模型中，一般贸易生产（N）包括两部分，一部

---

① 由于全国经济普查的年份分别为2004年、2008年、2013年（此后为每5年一次），《中国经济普查年鉴》也只有这三个年份。因此在测算2002年就业结构时采用的是2004年的就业结构。

分是内资企业的一般贸易出口生产（内资企业满足国内需求的生产在模型中被归于 D 中），另一部分则包括外资企业的一般贸易出口生产和满足国内需求的生产。因此，在处理 N 的就业系数时，我们首先根据《中国工业统计年鉴》中外资企业总产值和出口值，得到外资企业用于国内需求的生产占外资企业出口的比例 L1。然后通过海关统计数据，计算得到各工业部门外资企业非加工出口占外资企业总出口的比例 L2 和内资企业非加工出口与外资企业非加工出口之比 L3，由此可以计算得到 N 中内、外资产出之比为 L2 × L3/（L1+L2）。同第二步，利用该比值对第一步得到的内、外资企业就业系数进行加权求和，计算得出 N 中各部门的就业系数。

第四步，利用前三步求得的 D、P、N 各部门的就业系数乘以对应产出，得到初始的 D、P、N 分部门的就业向量，最后利用核算的各部门的总从业人员数作为控制数，对各部门的就业人数进行比例放大或缩小，测算得到工业部门最终的 DPN 就业向量。

对于服务业各部门，《中国经济普查年鉴》提供了相邻年份规模以上服务业部门的内资企业和外资企业的从业人员数和企业个数，据此我们可以分别得到各服务业部门内资企业和外资企业的单位企业就业人数。《中国第三产业统计年鉴》提供了测算年份规模以上服务业部门的内资企业和外资企业的企业个数，假定相邻年份单位企业就业人数不变，我们可以计算得服务业各部门内资企业和外资企业的初始就业数据，再利用核算的各部门的总从业人员数作为控制数，测算得服务业各部门内资企业和外资企业的就业数据。

由于服务业没有加工出口，因此服务行业 P 部分的就业为 0，外资企业的就业人数全部归到 N 中，同时需要将内资企业中从事贸易生产的就业人数剥离出来放入 N 中，也就是说，N 中就业人数等于外资企业就业人数加上内资企业就业人数乘以内资企业出口与内资企业总产出的比值。然而，由于服务业部门出口并没有细分内、外资企业的出口数据，且同时服务业的产出主要来自内资企业，因此，在实际测算中，我们利用各服务业部门出口与总产出的比例来代替该部门内资企业出口与内资企业产出之间的比例。

投入产出表中提供了服务业各部门的出口和总产值的数据，为了剥离流通费用的影响，我们用投入产出表中的服务业出口数据减去对应的出口流通费，便得到服务业各部门的实际出口，再除以对应部门的总产出便可以得到服务业各部门出口与总产出的比值，进而利用该比例可以计算得到服务业各部门 N 的就业量，而剩余的就业人数即为服务业各部门 D 的就业量。

关于建筑业，由于内资企业产出占比达到 99% 以上，基本可认为全部由内资企业构成，因此我们直接用 DPN 的产值比例来拆分 DPN 的就业。关于其他数据缺失的部门，由于这些部门的产值占比不大，且基本由内资企业构成，我们也直接用 DPN 的产值比例来拆分 DPN 的就业。至此，2002 年、2007 年和 2012 年 42 部门的区分生产方式的劳动力占用向量编制完成。

四 结构分解分析结果

（1）对总量结果的分析

2002—2007 年和 2007—2012 年间，中国非农就业稳定增长，增长量分别为 7917.3 万人和 6372.6 万人。分生产方式来看，出口生产对就业增长的贡献有所上升，而满足国内需求生产的贡献率在降低。2002—2007 年间，满足国内需求生产、加工贸易生产以及一般贸易生产的就业增量分别为 7134.6 万人、66.2 万人和 716.4 万人，分别占总增量的 90.1%、0.8% 和 9.0%。2007—2012 年间，这三类生产方式的就业增量分别为 4636.8 万人、257.7 万人和 1478.1 万人，分别占总增量的 72.8%、4.0% 和 23.2%。

由上述分析可知，在不同阶段，三类不同的生产方式在拉动非农就业增长时发挥着不同作用，因此，在探究就业增长的驱动因素时，区分这三类生产方式并分别剖析它们驱动因素的不同显得尤为重要。本书利用结构分解技术对 2002—2007 年以及 2007—2012 年间这三类生产方式的就业变化进行了驱动因素分解分析，详细的分解结果见表 3.1。

表 3.1　　　　　　　　各因素变化对非农就业变动的影响　　　　　　　单位：万人

	就业量变化	技术发展	分配结构调整	进口投入变化	经济增长			
					增加值部门结构变化	生产方式结构变化	经济总量增长	合计
2002—2007 年	7917.3	−28395.7	2469.8	5433.7	−1807.4	−467.6	30684.5	28409.5
满足国内需求生产	7134.6	−21287.0	1412.5	3940.5	−179.8	−2562.3	25810.8	23068.7
加工贸易生产	66.2	−425.1	−15.9	209.0	−238.5	169.4	367.3	298.2
一般贸易生产	716.4	−6683.5	1073.1	1284.1	−1389.2	1925.3	4506.5	5042.6
2007—2012 年	6372.6	−33124.2	2302.6	3275.1	1858.1	298.3	31762.6	33919.0
满足国内需求生产	4636.8	−24403.0	−676.1	2689.9	512.0	−54.0	26567.9	27026.0
加工贸易生产	257.7	138.9	−98.0	64.2	−29.9	−111.9	294.5	152.6
一般贸易生产	1478.1	−8860.1	3076.7	521.1	1376.0	464.2	4900.2	6740.5

　　从表 3.1 可以看出，中国非农就业增长主要依靠经济增长，尤其依赖经济总量的增长。2002—2007 年和 2007—2012 年间，中国就业总增长分别为 7917.3 万人和 6372.6 万人，经济增长带来的正面贡献分别高达就业增长总量的 3.6 倍和 5.3 倍，其中经济总量增长的贡献分别高达 3.9 倍和 5 倍。2002—2007 年间，增加值的部门结构变化和生产方式结构变化对就业总量的贡献为负，2007—2012 年间，这两个因素的影响为正向贡献。生产方式结构变化的贡献由负向转为正向主要得益于一般贸易生产的正向贡献。部门结构变化贡献的转变则与两个阶段的部门结构调整方向以及部门的就业系数有关。2002—2007 年间，中国的生产重心偏向第二产业，而第二产业部门的就业系数普遍小于第三产业，因此，部门结构调整在这一阶段对非农就业总量的贡献为负。反观 2007—2012 年，中国的生产重心转向第三产业。同时，第三产业的就业系数普遍较高，部门结构的调整有效地带动了第三产业的就业增长，进而带动了非农就业总量的增长，故而部门结构调整在这一阶段对就业的增长贡献为正。这一结论也论证了第三产业具有更强的吸收劳动力的能力。

　　区分生产方式来看，2002—2007 年间，生产方式的结构变化对加工贸易生产和一般贸易生产的就业量表现出正向贡献，主要是因为这一阶段加工贸易和一般贸易生产的最初投入（增加值）比重都有所上升。2007—2012 年间，加工贸易生产的增加值比重下降，一般贸易生产的增加值比重继续上升，因此，生产方式结构变化在这一阶段对加工贸易生产就业的贡献转为负向，对一般贸易生产的贡献保持为正向。

技术发展因素对两个阶段的非农就业总量增长都起着较大的负向贡献，说明技术发展与进步使得中国劳动生产率提高，单位产出所需的劳动力明显下降。2002—2007 年和 2007—2012 年间，技术发展因素给就业带来的负向贡献量分别为实际就业总增长量的 3.6 倍和 5.2 倍。除了 2007—2012 年间的加工贸易生产以外，技术发展因素对这两个阶段的三类生产的就业量都起着负向贡献。分配结构调整对两个阶段的非农就业总量增长以及一般贸易生产的就业增长都起着正向促进作用，对加工贸易生产的就业有一定的弱负向影响，对满足国内需求生产的就业贡献由弱正向转为弱负向。

进口投入变化也是中国非农就业增长的重要促进因素。2002—2007 年和 2007—2012 年间，进口投入变化对非农就业增量的正向贡献率分别为 68.6% 和 52%，进口投入变化对三类不同生产方式的就业贡献都为正向。合理的进口投入有利于改善中国的生产结构，从而有利于就业增长。加入 WTO 以来，中国的加工贸易出口一直占据着比较高的比重，而加工贸易生产需要大量的进口投入，如果进口投入受到阻碍，显然中国的加工贸易生产将受阻，相关行业的就业将明显受影响。近年来，随着加工贸易比重的不断降低，中间品投入中进口品的投入比重有所降低，取而代之的是国内品的中间投入，国内配套率有所提高，因此进口投入的对促进就业的贡献率有所下降。

（2）部门层面的分析

本书接下来选取了一些本书重点关注的部门并对其就业变动的驱动因素进行了分析，首先是加工贸易生产占比较高的通信设备、计算机及其他电子设备制造业，其次是产能严重过剩、供给侧改革重点调整的煤炭、钢铁部门，最后是建筑业以及部分服务行业。

通信设备、计算机及其他电子设备制造业中贸易生产发挥着重要作用。2007 年，加工贸易生产以及一般贸易生产创造的增加值分别占该行业总增加值的 41.6% 和 33.3%，2012 年，两者的比重分别变化为 36.2% 和 53.4%。就业方面，2002 年和 2007 年，加工贸易生产的就业占该行业总就业量的比重都在 20% 左右，到了 2012 年，该比重进一步上升至 30% 左右。由此可见加工贸易生产对于该行业的增加值创造和就业拉动的重要性。2002—2007 年间，通信设备、计算机及其他电子设备制造业的就业总量增长了 349 万人，进口投入是最大的正向贡献因素，其次是经济总量增长因素。该制造业中加工生产的占比很高，而加工生产主要依赖于进口的原材料、零部件等，因此进口投入变化对该行业的就业拉动以及增加值创造有着显著的影响。2007—2012 年间，该行业的就业总量进一步增长了 44.9 万人，此增长主要依赖于加工贸易生产就业人员的增长，满足国内需求生产的就业人员下降。这一阶段，经济总量增长成为最大的正向影响因素，进口投入的正向贡献有所下降，因为加工贸易的比重在这一阶段有所下降，导致进口投入比例下降。

对于煤炭开采和洗选业，2002—2007 年间的就业量下降了 99 万人，技术发展因素对此下降影响最大，经济增长因素较大程度上缓和了下降态势，分配结构调整因素也起到了一定的缓和作用。2007—2012 年间，就业量增加了 35.7 万人，技术发展因素是最大的负向影响因素，经济总量增长、部门的最初投入结构以及分配结构对这个阶段的就业增长起到了较大的正向促进作用。2002—2012 十一年间，煤炭行业的就业量整体呈现下降态势，随着供给侧改革的推进，对煤炭行业的去产能化势必将调整对煤炭行业的最初投入，从而继续减少煤炭行业的从业人员。

对于钢铁行业所属的金属冶炼及压延加工业，2002—2007 年间的就业量增加了 234 万人，经济增长、分配结构调整以及进口投入对这个阶段的就业增长有着突出的正向促进作用，技术发展因素是影响最大的负向抑制因素。2007—2012 年间，就业量减少了 118 万人，主要的影响因素与 2002—2007 年间的相同。钢铁行业也是产能过剩严重、供给侧改革去产能化的重点行业之一，调整钢铁行业的投入势必将继续减少钢铁行业的从业人员。

建筑业在这两阶段的就业量都有所增加，总共增加了 3000 万人左右，对其就业量增长贡献最大的都是经济增长因素，技术发展是主要的负向抑制因素。部门的分配结构和最初投入结构变化在两个阶段都带来正面影响，过去十几年，随着部门结构的调整，大量农村剩余劳动力向建筑业转移，导致建筑业从业人员大幅增加。

最后，服务业在这两个阶段的就业量都大幅增加，分别增加了 3418.5 万和 3313 万人。对就业量增加贡献最大的是经济总量的增长，其次是部门间的最初投入结构变化以及分配结构调整。除了信息传输、计算机服务和软件业，研究与试验发展业和综合技术服务业，技术发展因素对其他服务业的就业都带来了负向抑制作用。2002—2007 年间，分配结构和增加值结构重心偏向第二产业，因此，这一阶段，结构变化对第三产业就业的正向促进作用较弱，对第二产业的作用较强。结构调整对就业产生正向促进作用的 29 个部门中，有 22 个属于第二产业。而在 2007—2012 年间，经济结构重心偏向第三产业，结构变化对第三产业就业的促进作用增强。这一阶段，结构变化带来正向促进效应的 16 个部门中有 10 个属于第三产业。

五 结论与讨论

近几十年来，中国的宏观经济管理主要偏重需求管理，需求侧管理在给中国经济带来四十多年的高速增长的同时，也带来了产能过剩和结构性短缺并存等一系列问题。因此，2015 年以来，中央多次提及供给侧结构性改革，以推动经济的进一步发展。目前研究就业变化驱动因素的文献大多数是从需求侧出发，得出需求侧 GDP 各项构成因素对就业变化的影响。在供给侧结构改革的背景下，本书首次从供给侧出发研究国内中间投入、进口投入、最初投入等投入因素对非农就业变化的影响。此外，考虑到中国加工贸易生产比重高这一问题，我们利用区分加工贸易异质性的非竞争型投入产出表对驱动因素进行结构分解分析，并编制了满足国内需求生产、加工贸易生产和一般贸易生产及其他这三类不同生产方式的劳动力占用向量。最后，利用 2002 年、

2007 年和 2012 年的 DPN 表和就业向量，我们将就业变化的驱动因素定性定量地分解为技术发展、分配结构调整、进口投入变化、经济增长四个因素，并进一步把经济增长因素细分为增加值部门结构变化、生产方式结构变化和经济总量增长三个子因素。

结构分解分析主要有以下结论：1）经济总量增长与就业密切相关，经济总量增长对各部门就业增长有着重要的积极作用，经济增速的放缓将对就业造成不小的压力；2）技术发展因素对两个阶段的就业总量增长都起着较大的负向贡献，说明技术发展与进步使得中国劳动生产率提高，单位产出所需的劳动力明显下降；3）进口投入变化也是中国就业增长的重要促进因素，特别是对于加工贸易生产比重高的技术密集型部门，进口投入变化是就业变化的最大影响因素；4）技术进步使得劳动生产率得以提高，加大了各部门的失业风险，与此同时，技术进步和科技革命加快了分配结构的调整。2002—2007 年，分配结构变化主要对第二产业就业带来积极影响，2007—2012 年，这种积极影响则转向第三产业，说明中国在经济转型过程中就业需求已逐步向生产性和生活性服务业转移。

中国特殊的经济发展模式决定了需求方面的问题单靠需求管理的手段是不能消除的，要想从根源上解决这一问题，还是要从供给侧入手，通过"自主创造"的经济增长模式优化产业结构，减少经济中的结构性失衡问题，保障就业，提高居民收入。然而，供给侧结构性改革在实践中依然面临着一系列的阻力，最大挑战之一是深受产能过剩困扰的重工业（钢铁、煤炭等产业）的就业转移和员工安置问题。另外，一些地方政府对这些重工业的改革不是很热衷，因为这些行业为地方经济提供了可观的就业机会和税收。如何解决这些问题，将是推进供给侧结构性改革道路上的重要命题。

第四节　不同生产方式下中国劳动生产率的差异及驱动因素分析

在第二章中展示了不同贸易类型的出口对中国经济和就业的影响，

结果表明，一般贸易和加工贸易无论是在中间产品投入结构、对经济的拉动作用、对就业的需求等方面都存在着明显的差异，可见一般贸易和加工贸易的劳动生产率也必然存在着不同，同时，用于国内消费的生产又与出口生产不同，对产品的需求量、需求结构就存在着显著差异，生产的投入结构更是异于出口。在前一节中，本书对中国就业（尤其是非农就业）的驱动因素从总量和部门进行了分析，本节将在此基础上，进一步对中国不同生产方式（用于国内消费的生产、加工贸易出口生产和一般贸易出口生产）下的劳动生产率进行差异对比，并根据定义式进行结构分解分析，探寻不同生产方式下中国劳动生产率变动的驱动因素。

考虑到不同生产方式劳动生产率可能存在的差异，因此利用区分了国内消费品、加工贸易出口和一般贸易出口三种生产方式的中国DPN 表，测算并比较中国在 2002 年、2007 年和 2012 年三种生产方式的劳动生产率，所使用的数据与前一节中介绍的相同，本节不再赘述。同时在投入产出理论的框架下，利用结构分解分析方法拆分出各驱动因素对劳动生产率的贡献程度。

一　劳动生产率的结构分解分析模型

根据列昂惕夫提出的投入产出理论[①]，一国的增加值总量可以用下式表示：

$$VA = A_v \, (I - A^d)^{-1} Y$$

总就业量可以表示为：

$$EMP = A_l \, (I - A^d)^{-1} Y$$

其中，A_v 表示分部门增加值系数行向量，其元素表示相应部门单位产出所产生的增加值；A_l 表示分部门劳动力投入强度行向量，其元素表示相应部门单位产出的劳动力投入量；A^d 表示国内中间品投入系数矩阵，其元素 a_{ij} 表示 j 部门单位产出对 i 部门国内产品的消耗量，$L = (I - A^d)^{-1}$ 为列昂惕夫逆矩阵，Y 为最终使用（或最终需求）列向量。

---

① 详见陈锡康、杨翠红等著《投入产出技术》，科学出版社 2011 年版。

劳动生产率是指劳动者在一定时期内创造的劳动成果与其相适应的劳动消耗量的比值，因此，本书以最终需求拉动的增加值除以最终需求拉动的总就业量表示劳动生产率（Labour Productivity，LP），即：

$$LP = \frac{A_v (I-A^d)^{-1} Y}{A_l (I-A^d)^{-1} Y} \tag{3.7}$$

将式中的 Y 替换为国内最终需求列向量 F 或加工贸易出口列向量 P 和一般贸易出口列向量 N，则分别表示国内最终需求（FLP）、加工贸易出口（PLP）和一般贸易出口（NLP）拉动的中国劳动生产率：

$$FLP = \frac{A_v (I-A^d)^{-1} F}{A_l (I-A^d)^{-1} F} \tag{3.8}$$

$$PLP = \frac{A_v (I-A^d)^{-1} P}{A_l (I-A^d)^{-1} P} \tag{3.9}$$

$$NLP = \frac{A_v (I-A^d)^{-1} N}{A_l (I-A^d)^{-1} N} \tag{3.10}$$

式（3.7）中，国内中间品投入系数矩阵 A^d 和最终需求 Y 可进一步分解：

$$A^d = A \cdot D \tag{3.11}$$

$$Y = SF \cdot TF + SP \cdot TP + SN \cdot TN \tag{3.12}$$

符号 $\cdot$ 表示矩阵的点乘，A 表示中间品投入系数矩阵（含进口品投入），D 为中间投入品中国内品的比重，SF 为国内最终消费的结构，TF 为国内最终消费的规模，SP 为加工贸易出口的结构，TP 为加工贸易出口的总量，SN 为一般贸易出口的结构，TN 为一般贸易出口的总量。

参考 Erik Dietzenbacher 和 Bart Los（1998，2000a，2000b）的结构分解分析模型以及对劳动生产率的因素分解结果，本书结合中国 DPN 表的特殊结构，在式（3.7）—（3.12）的基础上，将中国劳动生产率的变动逐步进行分解：

$$\Delta LP = \frac{\Delta V}{\Delta E} = \frac{A_{v1}(I-A_1^d)^{-1}Y_1}{A_{1l}(I-A_1^d)^{-1}Y_1} \cdot \frac{A_{l0}(I-A_0^d)^{-1}Y_0}{A_{v0}(I-A_0^d)^{-1}Y_0}$$
$$= \frac{A_{v1}(I-A_1^d)^{-1}Y_1}{A_{l1}(I-A_1^d)^{-1}Y_1} \cdot \frac{A_{l0}(I-A_0^d)^{-1}Y_0}{A_{v0}(I-A_0^d)^{-1}Y_0} \tag{3.13}$$

令 $L_0 = (I-(A_0 \cdot D_0))^{-1}$ $L_1 = (I-(A_1 \cdot D_1))^{-1}$

$$L_{01} = (I - (A_0 \cdot D_1))^{-1} \quad L_{10} = (I - (A_1 \cdot D_0))^{-1}$$

则式（3.13）可进一步写为：

$$\Delta LP = \frac{A_{v1}L_1Y_1}{A_{v0}L_1Y_1} \cdot \frac{A_{l1}L_1Y_1}{A_{l0}L_1Y_1} \cdot \left\{ \frac{A_{v0}L_1Y_1}{A_{v0}L_{01}Y_1} \cdot \frac{A_{l0}L_{01}Y_1}{A_{l0}L_1Y_1} \right\}$$

$$\cdot \left\{ \frac{A_{v0}L_{01}Y_1}{A_{v0}L_0Y_1} \cdot \frac{A_{l0}L_0Y_1}{A_{l0}L_{01}Y_1} \right\}$$

$$\cdot \left\{ \begin{array}{l} \dfrac{A_{v0}L_0(SF_1 \cdot TF_1 + SP_1 \cdot TP_1 + SN_1 \cdot TN_1)}{A_{v0}L_0(SF_0 \cdot TF_1 + SP_1 \cdot TP_1 + SN_1 \cdot TN_1)} \cdot \\[3mm] \dfrac{A_{l0}L_0(SF_0 \cdot TF_1 + SP_1 \cdot TP_1 + SN_1 \cdot TN_1)}{A_{l0}L_0(SF_1 \cdot TF_1 + SP_1 \cdot TP_1 + SN_1 \cdot TN_1)} \end{array} \right\}$$

$$\cdot \left\{ \begin{array}{l} \dfrac{A_{v0}L_0(SF_0 \cdot TF_1 + SP_1 \cdot TP_1 + SN_1 \cdot TN_1)}{A_{v0}L_0(SF_0 \cdot TF_0 + SP_1 \cdot TP_1 + SN_1 \cdot TN_1)} \cdot \\[3mm] \dfrac{A_{l0}L_0(SF_0 \cdot TF_0 + SP_1 \cdot TP_1 + SN_1 \cdot TN_1)}{A_{l0}L_0(SF_0 \cdot TF_1 + SP_1 \cdot TP_1 + SN_1 \cdot TN_1)} \end{array} \right\}$$

$$\cdot \left\{ \begin{array}{l} \dfrac{A_{v0}L_0(SF_0 \cdot TF_0 + SP_1 \cdot TP_1 + SN_1 \cdot TN_1)}{A_{v0}L_0(SF_0 \cdot TF_0 + SP_0 \cdot TP_1 + SN_1 \cdot TN_1)} \cdot \\[3mm] \dfrac{A_{l0}L_0(SF_0 \cdot TF_0 + SP_0 \cdot TP_1 + SN_1 \cdot TN_1)}{A_{l0}L_0(SF_0 \cdot TF_0 + SP_1 \cdot TP_1 + SN_1 \cdot TN_1)} \end{array} \right\}$$

$$\cdot \left\{ \begin{array}{l} \dfrac{A_{v0}L_0(SF_0 \cdot TF_0 + SP_0 \cdot TP_1 + SN_1 \cdot TN_1)}{A_{v0}L_0(SF_0 \cdot TF_0 + SP_0 \cdot TP_0 + SN_1 \cdot TN_1)} \cdot \\[3mm] \dfrac{A_{l0}L_0(SF_0 \cdot TF_0 + SP_0 \cdot TP_0 + SN_1 \cdot TN_1)}{A_{l0}L_0(SF_0 \cdot TF_0 + SP_0 \cdot TP_1 + SN_1 \cdot TN_1)} \end{array} \right\}$$

$$\cdot \left\{ \begin{array}{l} \dfrac{A_{v0}L_0(SF_0 \cdot TF_0 + SP_0 \cdot TP_0 + SN_1 \cdot TN_1)}{A_{v0}L_0(SF_0 \cdot TF_0 + SP_0 \cdot TP_0 + SN_0 \cdot TN_1)} \cdot \\[3mm] \dfrac{A_{l0}L_0(SF_0 \cdot TF_0 + SP_0 \cdot TP_0 + SN_0 \cdot TN_1)}{A_{l0}L_0(SF_0 \cdot TF_0 + SP_0 \cdot TP_0 + SN_1 \cdot TN_1)} \end{array} \right\}$$

$$\cdot \left\{ \begin{array}{l} \dfrac{A_{v0}L_0(SF_0 \cdot TF_0 + SP_0 \cdot TP_0 + SN_0 \cdot TN_1)}{A_{v0}L_0(SF_0 \cdot TF_0 + SP_0 \cdot TP_0 + SN_0 \cdot TN_0)} \cdot \\[3mm] \dfrac{A_{l0}L_0(SF_0 \cdot TF_0 + SP_0 \cdot TP_0 + SN_0 \cdot TN_0)}{A_{l0}L_0(SF_0 \cdot TF_0 + SP_0 \cdot TP_0 + SN_0 \cdot TN_1)} \end{array} \right\}$$

$$（3.14）$$

根据结构分解分析的两极分解方法，另一极分解公式为（3.15）：

$$\Delta LP = \frac{A_{v0}L_0Y_0}{A_{v1}L_0Y_0} \cdot \frac{A_{l0}L_0Y_0}{A_{l1}L_0Y_0} \cdot \left\{ \frac{A_{v1}L_0Y_0}{A_{v1}L_{10}Y_0} \cdot \frac{A_{l0}L_{10}Y_0}{A_{l0}L_0Y_0} \right\}$$

$$\cdot \left\{ \frac{A_{v1}L_{10}Y_0}{A_{v1}L_1Y_0} \cdot \frac{A_{l1}L_1Y_0}{A_{l1}L_{10}Y_0} \right\}$$

$$\cdot \left\{ \begin{array}{l} \dfrac{A_{v1}L_1(SF_0 \cdot TF_0 + SP_0 \cdot TP_0 + SN_0 \cdot TN_0)}{A_{v1}L_1(SF_1 \cdot TF_0 + SP_0 \cdot TP_0 + SN_0 \cdot TN_0)} \cdot \\[4mm] \dfrac{A_{l1}L_1(SF_1 \cdot TF_0 + SP_0 \cdot TP_0 + SN_0 \cdot TN_0)}{A_{l1}L_1(SF_0 \cdot TF_0 + SP_0 \cdot TP_0 + SN_0 \cdot TN_0)} \end{array} \right\}$$

$$\cdot \left\{ \begin{array}{l} \dfrac{A_{v1}L_1(SF_1 \cdot TF_0 + SP_0 \cdot TP_0 + SN_0 \cdot TN_0)}{A_{v1}L_1(SF_1 \cdot TF_1 + SP_0 \cdot TP_0 + SN_0 \cdot TN_0)} \cdot \\[4mm] \dfrac{A_{l1}L_1(SF_1 \cdot TF_1 + SP_0 \cdot TP_0 + SN_0 \cdot TN_0)}{A_{l1}L_1(SF_1 \cdot TF_0 + SP_0 \cdot TP_0 + SN_0 \cdot TN_0)} \end{array} \right\}$$

$$\cdot \left\{ \begin{array}{l} \dfrac{A_{v1}L_1(SF_1 \cdot TF_1 + SP_0 \cdot TP_0 + SN_0 \cdot TN_0)}{A_{v1}L_1(SF_1 \cdot TF_1 + SP_1 \cdot TP_0 + SN_0 \cdot TN_0)} \cdot \\[4mm] \dfrac{A_{l1}L_1(SF_1 \cdot TF_1 + SP_1 \cdot TP_0 + SN_0 \cdot TN_0)}{A_{l1}L_1(SF_1 \cdot TF_1 + SP_0 \cdot TP_0 + SN_0 \cdot TN_0)} \end{array} \right\}$$

$$\cdot \left\{ \begin{array}{l} \dfrac{A_{v1}L_1(SF_1 \cdot TF_1 + SP_1 \cdot TP_0 + SN_0 \cdot TN_0)}{A_{v1}L_1(SF_1 \cdot TF_1 + SP_1 \cdot TP_1 + SN_0 \cdot TN_0)} \cdot \\[4mm] \dfrac{A_{l1}L_1(SF_1 \cdot TF_1 + SP_1 \cdot TP_1 + SN_0 \cdot TN_0)}{A_{l1}L_1(SF_1 \cdot TF_1 + SP_1 \cdot TP_0 + SN_0 \cdot TN_0)} \end{array} \right\}$$

$$\cdot \left\{ \begin{array}{l} \dfrac{A_{v1}L_1(SF_1 \cdot TF_1 + SP_1 \cdot TP_1 + SN_0 \cdot TN_0)}{A_{v1}L_1(SF_1 \cdot TF_1 + SP_1 \cdot TP_1 + SN_1 \cdot TN_0)} \cdot \\[4mm] \dfrac{A_{l1}L_1(SF_1 \cdot TF_1 + SP_1 \cdot TP_1 + SN_1 \cdot TN_0)}{A_{l1}L_1(SF_1 \cdot TF_1 + SP_1 \cdot TP_1 + SN_0 \cdot TN_0)} \end{array} \right\}$$

$$\cdot \left\{ \begin{array}{l} \dfrac{A_{v1}L_1(SF_1 \cdot TF_1 + SP_1 \cdot TP_1 + SN_1 \cdot TN_0)}{A_{v1}L_1(SF_1 \cdot TF_1 + SP_1 \cdot TP_1 + SN_1 \cdot TN_1)} \cdot \\[4mm] \dfrac{A_{l1}L_1(SF_1 \cdot TF_{10} + SP_1 \cdot TP_1 + SN_1 \cdot TN_1)}{A_{l1}L_1(SF_1 \cdot TF_1 + SP_1 \cdot TP_1 + SN_1 \cdot TN_0)} \end{array} \right\}$$

（3.15）

$$\Delta LP = \underbrace{\sqrt{\frac{A_{v0}L_0Y_0}{A_{v1}L_0Y_0} \cdot \frac{A_{v1}L_1Y_1}{A_{v1}L_1Y_1}}}_{\text{增加值系数效应}} \cdot \underbrace{\sqrt{\frac{A_{f0}L_0Y_0}{A_{f0}L_0Y_0} \cdot \frac{A_{f1}L_1Y_1}{A_{f0}L_1Y_1}}}_{\text{劳动力投入强度效应}}$$

$$\cdot \underbrace{\sqrt{\left\{\frac{A_{v1}L_0Y_0}{A_{v1}L_{10}Y_0} \cdot \frac{A_{f0}L_{10}Y_0}{A_{f0}L_0Y_0}\right\} \cdot \left\{\frac{A_{v0}L_1Y_1}{A_{v0}L_{01}Y_1} \cdot \frac{A_{f0}L_{01}Y_1}{A_{f0}L_1Y_1}\right\}}}_{\text{国内中间品投入结构效应}}$$

$$\cdot \underbrace{\sqrt{\left\{\frac{A_{v1}L_{10}Y_0}{A_{v1}L_1Y_0} \cdot \frac{A_{f1}L_1Y_0}{A_{f1}L_{10}Y_0}\right\} \cdot \left\{\frac{A_{v0}L_{01}Y_1}{A_{v0}L_1Y_1} \cdot \frac{A_{f0}L_1Y_1}{A_{f0}L_{01}Y_1}\right\}}}_{\text{中间品投入的国内占比效应}}$$

$$\cdot \sqrt{\left\{\frac{A_{v1}L_1(SF_0 \cdot TF_0 + SP_0 \cdot TP_0 + SN_0 \cdot TN_0)}{A_{v1}L_1(SF_1 \cdot TF_0 + SP_0 \cdot TP_0 + SN_0 \cdot TN_0)} \cdot \frac{A_{f1}L_1(SF_1 \cdot TF_0 + SP_0 \cdot TP_0 + SN_0 \cdot TN_0)}{A_{f1}L_1(SF_1 \cdot TF_0 + SP_0 \cdot TP_0 + SN_0 \cdot TN_0)}\right\}}$$

$$\cdot \underbrace{\sqrt{\left\{\frac{A_{v0}L_0(SF_0 \cdot TF_1 + SP_1 \cdot TP_1 + SN_1 \cdot TN_1)}{A_{v0}L_0(SF_1 \cdot TF_1 + SP_1 \cdot TP_1 + SN_1 \cdot TN_1)} \cdot \frac{A_{f0}L_0(SF_1 \cdot TF_1 + SP_1 \cdot TP_1 + SN_1 \cdot TN_1)}{A_{f0}L_0(SF_1 \cdot TF_1 + SP_1 \cdot TP_1 + SN_1 \cdot TN_1)}\right\}}}_{\text{最终消费中国内需求的产品结构效应}}$$

$$\cdot \sqrt{\left\{\frac{A_{v1}L_1(SF_1 \cdot TF_1 + SP_0 \cdot TP_0 + SN_0 \cdot TN_0)}{A_{v1}L_1(SF_1 \cdot TF_1 + SP_0 \cdot TP_0 + SN_0 \cdot TN_0)} \cdot \frac{A_{f1}L_1(SF_1 \cdot TF_1 + SP_0 \cdot TP_0 + SN_0 \cdot TN_0)}{A_{f1}L_1(SF_1 \cdot TF_1 + SP_0 \cdot TP_0 + SN_0 \cdot TN_0)}\right\}}$$

$$\cdot \underbrace{\sqrt{\left\{\frac{A_{v0}L_0(SF_0 \cdot TF_0 + SP_1 \cdot TP_1 + SN_1 \cdot TN_1)}{A_{v0}L_0(SF_0 \cdot TF_1 + SP_1 \cdot TP_1 + SN_1 \cdot TN_1)} \cdot \frac{A_{f0}L_0(SF_0 \cdot TF_1 + SP_1 \cdot TP_1 + SN_1 \cdot TN_1)}{A_{f0}L_0(SF_0 \cdot TF_1 + SP_1 \cdot TP_1 + SN_1 \cdot TN_1)}\right\}}}_{\text{最终消费中国内需求的规模效应}}$$

$$\cdot \sqrt{\left\{\frac{A_{v1}L_1(SF_1 \cdot TF_1 + SP_1 \cdot TP_0 + SN_0 \cdot TN_0)}{A_{v1}L_1(SF_1 \cdot TF_1 + SP_1 \cdot TP_0 + SN_0 \cdot TN_0)} \cdot \frac{A_{f1}L_1(SF_1 \cdot TF_1 + SP_1 \cdot TP_0 + SN_0 \cdot TN_0)}{A_{f1}L_1(SF_1 \cdot TF_1 + SP_1 \cdot TP_0 + SN_0 \cdot TN_0)}\right\}}$$

$$\cdot \underbrace{\sqrt{\left\{\frac{A_{v0}L_0(SF_0 \cdot TF_0 + SP_0 \cdot TP_1 + SN_1 \cdot TN_1)}{A_{v0}L_0(SF_0 \cdot TF_0 + SP_1 \cdot TP_1 + SN_1 \cdot TN_1)} \cdot \frac{A_{f0}L_0(SF_0 \cdot TF_0 + SP_1 \cdot TP_1 + SN_1 \cdot TN_1)}{A_{f0}L_0(SF_0 \cdot TF_0 + SP_1 \cdot TP_1 + SN_1 \cdot TN_1)}\right\}}}_{\text{最终消费中加工贸易出口的产品结构效应}}$$

$$\cdot \sqrt{\left\{\frac{A_{v1}L_1(SF_1 \cdot TF_1 + SP_1 \cdot TP_0 + SN_0 \cdot TN_0)}{A_{v1}L_1(SF_1 \cdot TF_1 + SP_1 \cdot TP_1 + SN_0 \cdot TN_0)} \cdot \frac{A_{f1}L_1(SF_1 \cdot TF_1 + SP_1 \cdot TP_1 + SN_0 \cdot TN_0)}{A_{f1}L_1(SF_1 \cdot TF_1 + SP_1 \cdot TP_0 + SN_0 \cdot TN_0)}\right\}}$$

$$\cdot \underbrace{\sqrt{\left\{\frac{A_{v0}L_0(SF_0 \cdot TF_0 + SP_0 \cdot TP_1 + SN_1 \cdot TN_1)}{A_{v0}L_0(SF_0 \cdot TF_0 + SP_0 \cdot TP_0 + SN_1 \cdot TN_1)} \cdot \frac{A_{f0}L_0(SF_0 \cdot TF_0 + SP_0 \cdot TP_0 + SN_0 \cdot TN_1)}{A_{f0}L_0(SF_0 \cdot TF_0 + SP_0 \cdot TP_1 + SN_1 \cdot TN_1)}\right\}}}_{\text{最终消费中加工贸易出口的规模效应}}$$

$$\cdot \sqrt{\left\{\frac{A_{v1}L_1(SF_1 \cdot TF_1 + SP_1 \cdot TP_1 + SN_1 \cdot TN_0)}{A_{v1}L_1(SF_1 \cdot TF_1 + SP_1 \cdot TP_1 + SN_1 \cdot TN_0)} \cdot \frac{A_{f1}L_1(SF_1 \cdot TF_1 + SP_1 \cdot TP_1 + SN_1 \cdot TN_0)}{A_{f1}L_1(SF_1 \cdot TF_1 + SP_1 \cdot TP_1 + SN_0 \cdot TN_0)}\right\}}$$

$$\cdot \underbrace{\sqrt{\left\{\frac{A_{v0}L_0(SF_0 \cdot TF_0 + SP_0 \cdot TP_0 + SN_1 \cdot TN_1)}{A_{v0}L_0(SF_0 \cdot TF_0 + SP_0 \cdot TP_0 + SN_0 \cdot TN_1)} \cdot \frac{A_{f0}L_0(SF_0 \cdot TF_0 + SP_0 \cdot TP_0 + SN_0 \cdot TN_0)}{A_{f0}L_0(SF_0 \cdot TF_0 + SP_0 \cdot TP_0 + SN_0 \cdot TN_1)}\right\}}}_{\text{最终消费中一般贸易出口的产品结构效应}}$$

$$\cdot \sqrt{\left\{\frac{A_{v1}L_1(SF_1 \cdot TF_1 + SP_1 \cdot TP_1 + SN_1 \cdot TN_0)}{A_{v1}L_1(SF_1 \cdot TF_1 + SP_1 \cdot TP_1 + SN_1 \cdot TN_1)} \cdot \frac{A_{f1}L_1(SF_1 \cdot TF_{10} + SP_1 \cdot TP_1 + SN_1 \cdot TN_1)}{A_{f1}L_1(SF_1 \cdot TF_1 + SP_1 \cdot TP_1 + SN_1 \cdot TN_0)}\right\}}$$

$$\cdot \underbrace{\sqrt{\left\{\frac{A_{v0}L_0(SF_0 \cdot TF_0 + SP_0 \cdot TP_0 + SN_0 \cdot TN_1)}{A_{v0}L_0(SF_0 \cdot TF_0 + SP_0 \cdot TP_0 + SN_0 \cdot TN_0)} \cdot \frac{A_{f0}L_0(SF_0 \cdot TF_0 + SP_0 \cdot TP_0 + SN_0 \cdot TN_0)}{A_{f0}L_0(SF_0 \cdot TF_0 + SP_0 \cdot TP_0 + SN_0 \cdot TN_1)}\right\}}}_{\text{最终消费中一般贸易出口的规模效应}}$$

$$(3.16)$$

在式（3.14）和（3.15）两极分解式的基础上，综合得到上述劳动生产率最终的结构分解分析式（3.16），至此，劳动生产率总共分解为十项，依次表示增加值系数效应、劳动力投入强度效应、国内中间品投入结构效应、中间品投入的国内占比效应、最终消费中国内需求的产品结构效应、最终消费中国内需求的规模效应、最终消费中加工贸易出口的产品结构效应、最终消费中加工贸易出口的规模效应、最终消费中一般贸易出口的产品结构效应、最终消费中一般贸易出口的规模效应。对于分解后十项影响因素贡献率的计算，首先对劳动生产率公式的两端取对数，用各项对数值占总变动量的比重作为该项影响因素的贡献率，以保证贡献率之和为100%。最终十项分解因素为两极分解中对应项相乘后的开方值（对国内需求和国外需求拉动的劳动生产率也是同样过程）。

根据式（3.14）的分解方式中可以对比国内需求和国外需求对整体劳动生产率的影响程度，另一种比较国内需求、加工贸易出口与一般贸易出口是，分别对国内需求拉动的劳动生产率和国外需求拉动的劳动生产率进行结构分解分析，对比各项因素对劳动生产率的贡献程度，以国内需求拉动的劳动生产率为例，两极分解中的一种分解方式为：

$$
\begin{aligned}
\Delta FLP = & \frac{A_{v1}L_1F_1}{A_{v0}L_1F_1} \cdot \frac{A_{l1}L_1F_1}{A_{l0}L_1F_1} \cdot \left\{ \frac{A_{v0}L_1F_1}{A_{v0}L_{01}F_1} \cdot \frac{A_{l0}L_{01}F_1}{A_{l0}L_1F_1} \right\} \\
& \cdot \left\{ \frac{A_{v0}L_{01}F_1}{A_{v0}L_0F_1} \cdot \frac{A_{l0}L_0F_1}{A_{l0}L_{01}F_1} \right\} \\
& \cdot \left\{ \frac{A_{v0}L_0(SF_1 \cdot TF_1)}{A_{v0}L_0(SF_0 \cdot TF_1)} \cdot \frac{A_{l0}L_0(SF_0 \cdot TF_1)}{A_{l0}L_0(SF_1 \cdot TF_1)} \right\} \\
& \cdot \left\{ \frac{A_{v0}L_0(SF_0 \cdot TF_1)}{A_{v0}L_0(SF_0 \cdot TF_0)} \cdot \frac{e_0L_0(SF_0 \cdot TF_0)}{e_0L_0(SF_0 \cdot TF_1)} \right\}
\end{aligned}
\tag{3.17}
$$

同样的对于 FLP、DLP 和 PLP 可以国内需求产生的劳动生产率可分解为六个部分：增加值系数效应、劳动力投入强度效应、国内中间品投入结构效应、中间品投入的国内占比效应、最终消费中国内需求的产品结构效应、最终消费中国内需求的规模效应。将（3.16）式中的 F、TF、SF 分别替换为 P、SP、TP、N、SN 和 TN，则可得到加工贸易出口和一般贸易出口拉动的劳动生产率的结构分解分析结果。

二 国内需求与国外需求拉动的劳动生产率

根据 2002 年、2007 年和 2012 年中国反映加工贸易的非竞争型投入占用产出表及相应的就业向量，本书首先测算了用于国内消费生产、加工贸易出口生产和一般贸易出口生产的劳动生产率。结果显示：

2002年中国劳动生产率仅为1.68万元/人（见表3.2），到2012年达到7.03万元/人，十年之间提高了3.18倍，与单位劳动产出衡量的劳动生产率呈现出一致的快速增长趋势，十年间年均增速高达15.4%。从2002—2007年、2007—2012年两个阶段来看，第一阶段2002—2007年增速更快，2007—2012年第二阶段增速也维持在14.1%，未有明显下降，表明中国劳动生产率虽然已在2002—2012年实现了持续十年的高速增长，但仍拥有强劲的提升潜力。

表3.2　　　　2002—2012年不同生产方式下的劳动生产率及增速

	年份/阶段	LP	DLP	PLP	NLP
劳动生产率（万元/人）	2002	1.68	1.66	2.24	1.68
	2007	3.64	3.39	6.34	4.37
	2012	7.03	6.77	8.36	8.73
年均增速（%）	2002—2007	16.7	15.3	23.1	21.1
	2007—2012	14.1	14.8	5.7	14.8
	2002—2012	15.4	15.1	14.1	17.9

注：表中数据为本书计算得到。

区分国内需求和国外需求来看，三种生产方式的劳动生产率在研究期内均实现了快速提升，说明随着中国经济实力、科技实力、人均受教育水平的提升，中国劳动生产率的提升是全面、持续的稳步提升。2002年用于国内消费的劳动生产率（DLP）为1.66万元/人，基本与全国平均水平持平，经过十年的发展，至2012年中国的DLP提高至6.77万元/人，有明显提高，但与全国平均劳动生产率水平的差距有所扩大，即用于国内消费的生产，其劳动生产率增速未能达到全国平均水平，年均增速更是明显低于一般贸易出口生产，这也反映出中国国内消费的需求结构有待进一步改善，2017年国内消费对中国经济增长的贡献度提升到58.8%，即经济增长一半以上的增长动力来自内需，若内需拉动的劳动生产率水平无法追平或超过出口拉动的劳动生产率，那么未来中国刺激内需增长、进一步扩大内需对经济增长贡献度的努力，将不利于中国整体劳动生产率的全面提升。但从另一个方面来看，用于国内需求的劳动生产率增速在第二阶段 2007—2012 年远高于加工贸易，表明用于国内需求的劳动生产率仍保持有效的快速增长，同时，伴随着近些年中国供给侧结构性改革、去产能等一系列经济结构调整措施的推进，中国国内需求的产品结构、生产结构已经得到了较大改善，劳动生产率也必然有进一步的变动。由于投入产出表的滞后性，未来利用 2017 年投入产出表和就业数据进一步对比，将能够验证 2012—2017 年中国经济结构大调整的五年中国不同生产方式下的劳动生产率是否有进一步明显的变化。

分阶段来看，2002—2007 年，无论是用于国内需求的生产还是加工贸易出口和一般贸易出口，劳动生产率增速均较高，尤其是加工贸易出口和一般贸易出口，其劳动生产率的年均增速分别高达 23.1% 和 21.1%，这与国际上任何发达国家和发展中国家相比都是难得一见的高增速，2001 年中国刚刚加入 WTO，开始融入全球价值链分工和全球经济一体化进程，主要依靠廉价的劳动力生产成本融入全球价值链的低端组装、加工等产品制造环节，由于中国自身人口基数大，经济发展和科技发展较其他发达国家相比起步慢，所以这一时期即便是以加工组装等简单、附加值率低的生产环节融入全球贸易生产，但对中国而言，是将大量的农村剩余劳动力转移至制造业部门，这是中国劳动生产率有明显提升的重要原因。中国在加入 WTO 的初期，不遗余力地扩大开放的深度和宽度，对中国而言，是实现了劳动力资源的一次重新配置，解决了中国当时农业生产的冗余劳动力问题，但当经济发展到一个全新的生产阶段时，以低端加工组装的方式生产就无法再继续发挥其对劳动生产率提高的作用了，也就体现为第二阶段 2007—2012 年劳动生产率增速的下降。

从表 3.2 中可以看出，2007—2012 年间中国三种生产方式的劳动生产率增速较 2002—2007 年期间均有所下降。尤其是加工出口生产，年均增速由 23.1% 快速降低至 5.7%，这也为中国的加工贸易出口生产敲响警钟，预示着中国简单的依靠加工组装等非核心环节融入全球生产链，已不能继续为中国的经济提供长期持续的高速增长动力，加工贸易占比近一半的贸易出口结构亟待调整。就一般贸易出口生产而言，2007—2012 年劳动生产率增速也维持在相对较高的水平。

总体而言，2002—2012 年阶段，出口生产促进了中国劳动生产率的提高，且与用于国内消费的生产相比，拥有更高的劳动生产率，加入 WTO、全面融入全球价值链分工体系不仅促进了中国经济的快速发展、增加了中国就业，也提高了中国整体的劳动生产率，出口对中国整体经济社会的发展发挥了重要的作用。

分部门来看，初期 2002 年 42 部门的劳动生产率差异相对较小，见图 3.3，石油天然气开采、信息传输、金融和房地产部门的劳动生产率较高，2012 年各部门的劳动生产率较十年前均有大幅提升，但同时部门间的差异也开始逐渐增大。废品废料部门劳动生产率过高，2012 年就业量小，导致单位产出的就业人员数低是主要原因，在国家统计局编制投入产出表的过程中，废品废料为综合处理后的部门，并不能真正直接反映废品废料部门的生产情况，因此本节暂不对此部门进一步分析。按照国家统计局公布的 2012 年投入产出表的 42 部门分类，中国劳动生产率最高的前五个部门依次为：石油和天然气开采业、石油加工、炼焦及核燃料加工业、金属冶炼及压延加工业、燃气生产和供应业以及金融业，五个中有四个为资源型部门，从侧面反映出中国经济仍然属于粗犷型增长。

2002—2012 年中国各部门劳动生产率均有较快提升，详细部门结果见表 3.3，绝大部分部门劳动生产率的年均增速在 10% 以上，石油和天然气开采业、居民服务和其他服务业以及燃气生产和供应业的年均增速更是超过了 20%，且 2012 年石油和天然气开采业、石油加工、炼焦及核燃料加工业两个部门的劳动生产率最高，分别为 27.53 万元 / 人和 21.28 万元 / 人，非金属矿及其他矿采选业、金属矿采选业、金属冶炼及压延加工业、煤炭开采和洗选业及非金属矿物制品业等资源型生产部门在各部门劳动生产率排序中都处在非常靠前的位置，且是2002—2012 十年间增速排名前十位的部门，但必须意识到，依靠资源拉动并不能为中国经济的长期高速发展提供持续的动力，因此中国整体劳动生产率提高的动力亟待转换，中国应尽快提高创新研发水平，提高制造业和服务业各部门的劳动生产率，才能真正实现中国整体劳动生产率的长期可持续提高。

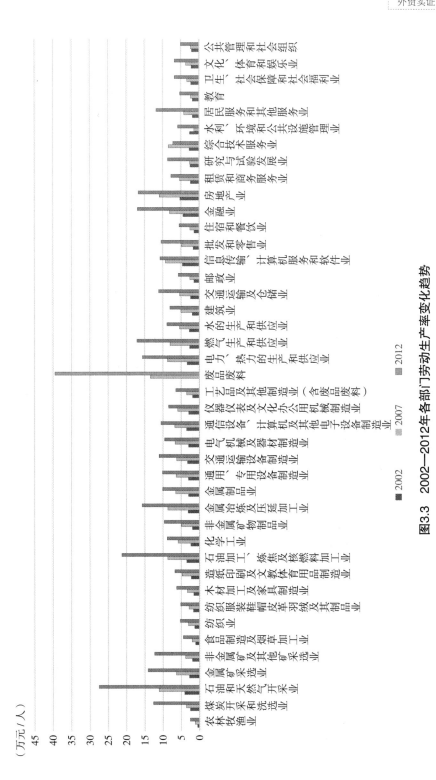

图3.3 2002—2012年各部门劳动生产率变化趋势

居民服务和其他服务业也实现了较快的增速，但由于该部门在2002年劳动生产率基数非常低，因此，经过十年的快速增长仍然只有11.8万元／人。燃气生产供应业和电力、热力的生产和供应业劳动生产率年均增速也相对较高，这两个部门中国有企业为主要经营者，市场化水平相对较低，多属于国家定价，企业的盈利性目的不像民营企业那么强，因此这些部门的劳动生产率并未能体现出在完全竞争市场下的水平，未来在中国国有企业改制等一系列政策的推动下，燃气、电力生产供应等以往以国有为主的部门，将有望实现收益和劳动生产率的跃升。

另一个需要关注的是农林牧渔业，2002年中国农林牧渔业的劳动生产率只有0.59万元／人，2012年也只有2.53万元／人，无论是研究期初还是期末，与其他部门相比都属于非常低的水平。目前，中国已拥有近14亿人口，我们面临的一个不争事实是，中国人均资源短缺，特别是人均耕地和人均水资源短缺。中国目前的人均耕地面积约为1.47亩，即0.098公顷，而美国、俄罗斯、加拿大和澳大利亚的人均耕地面积分别为0.72公顷、0.88公顷、1.57公顷和2.88公顷，分别相当于中国的7.3倍、9.0倍、16.0倍和29.4倍。印度、泰国、巴基斯坦和缅甸的人均耕地分别为0.19公顷、0.29公顷、0.17公顷和0.21公顷，也远较中国为多。从自然资源禀赋和农业生产要素来看，中国都不具有农业生产的比较优势，但中国人口众多，饭碗仍要紧紧端在自己手中，因此，农林牧渔业的农业生产率提升将是未来一段时间中国"三农"问题的重点。

纺织业、纺织服装鞋帽皮革羽绒及其制品业属于劳动密集型生产部门，同时是中国出口的主力军，由于生产过程中所使用的进口中间品较机电等制造业部门较少，因此中国在纺织服装这类部门的出口中获取的附加值率较高，单位出口增加值高，也反映该部门单位出口对中国经济的贡献较高，但从表3.3中所展示的劳动生产率来看，这些部门的劳动生产率依然非常低，仅仅略高于农林牧渔业，2012年为5.17万元／人，且2002—2012年间提升幅度较小。

表3.3　　2002年、2007年、2012年主要生产制造部门劳动生产率及增速

部门编号	部门名称	2002年	2007年	2012年	2002—2012年年增量（万元/人）	年均增长率（%）
3	石油和天然气开采业	4.12	11.12	27.53	6.68	20.91
38	居民服务和其他服务业	1.90	4.21	11.80	6.22	20.05
24	燃气生产和供应业	2.76	8.02	17.15	6.21	20.03
30	批发和零售业	1.73	4.92	10.45	6.05	19.73
5	非金属矿及其他矿采选业	2.04	3.84	12.33	6.03	19.69
11	石油加工、炼焦及核燃料加工业	3.56	8.72	21.28	5.97	19.56
4	金属矿采选业	2.84	6.37	14.15	4.99	17.43
14	金属冶炼及压延加工业	3.17	8.66	15.75	4.98	17.40
2	煤炭开采和洗选业	2.60	3.60	12.66	4.88	17.17
13	非金属矿物制品业	2.02	4.96	9.66	4.78	16.93
23	电力、热力的生产和供应业	3.43	8.72	15.64	4.56	16.37
27	交通运输及仓储业	2.50	5.40	11.16	4.47	16.16
1	农林牧渔业	0.59	1.20	2.53	4.30	15.71
26	建筑业	2.03	5.06	8.07	3.98	14.82
6	食品制造及烟草加工业	1.17	2.06	4.44	3.81	14.30
9	木材加工及家具制造业	1.65	3.34	6.29	3.80	14.30
7	纺织业	1.41	3.04	5.29	3.75	14.13
32	金融业	4.54	8.11	16.95	3.74	14.09
28	邮政业	1.55	2.64	5.76	3.71	14.00
31	住宿和餐饮业	1.48	2.57	5.49	3.71	14.00
12	化学工业	2.46	5.85	8.86	3.61	13.68
35	研究与试验发展业	2.56	2.64	8.63	3.37	12.92
17	交通运输设备制造业	3.35	6.21	11.09	3.31	12.71
21	工艺品及其他制造业（含废品废料）	1.96	3.52	6.46	3.30	12.69
15	金属制品业	3.07	6.49	10.09	3.29	12.63
16	通用、专用设备制造业	3.09	6.38	10.14	3.28	12.61
34	租赁和商务服务业	2.46	5.40	7.72	3.14	12.11
18	电气机械及器材制造业	3.06	6.67	9.58	3.13	12.10
25	水的生产和供应业	2.84	5.43	8.90	3.13	12.09

续表

部门编号	部门名称	2002年	2007年	2012年	2002—2012年年增量（万元/人）	年均增长率（%）
33	房地产业	5.35	10.95	16.73	3.12	12.07
41	文化、体育和娱乐业	2.19	3.66	6.75	3.08	11.90
8	纺织服装鞋帽皮革羽绒及其制品业	1.75	2.88	5.17	2.96	11.46
19	通信设备、计算机及其他电子设备制造业	3.61	6.74	10.55	2.93	11.33
40	卫生、社会保障和社会福利业	2.32	3.36	6.77	2.92	11.30
10	造纸印刷及文教体育用品制造业	2.34	4.76	6.76	2.89	11.19
39	教育	1.88	2.37	5.31	2.83	10.96
20	仪器仪表及文化办公用机械制造业	3.02	5.95	8.46	2.80	10.86
36	综合技术服务业	2.81	8.44	7.19	2.56	9.86
42	公共管理和社会组织	2.09	2.32	5.07	2.42	9.24
29	信息传输、计算机服务和软件业	4.69	9.30	10.76	2.30	8.66
37	水利、环境和公共设施管理业	2.68	1.42	5.86	2.18	8.12

注：表中数据均为本文计算得到。

表中按照2002—2012年劳动生产率的年均增速倒序排列。

三　2002—2007年、2007—2012年中国劳动生产率的SDA分解

根据前文中劳动生产率结构分解分析的两极分析方法，对2002—2007年和2007—2012年两个时段中国劳动生产率的结构分解分析，共分解为十个驱动因素：增加值系数效应、劳动力投入强度效应、国内中间品投入结构效应、中间品投入的国内占比效应、最终消费中国内需求的产品结构效应、最终消费中国内需求的规模效应、最终消费中加工贸易出口的产品结构效应、最终消费中加工贸易出口的规模效应、最终消费中一般贸易出口的产品结构效应、最终消费中一般贸易出口的规模效应。

预期增加值系数效应对劳动生产率的提高是负向，而劳动力投入强度效应对劳动生产率的提高是正向作用，而最终需求的六项则分别

反映中国内需和外需的规模和结构变动对于劳动生产率提高的影响。十项驱动因素的变动幅度和贡献率的具体结果见表3.4。2002—2007年中国劳动生产率提高了2.16倍，2007—2012年则提高了1.93倍，两时期的变动程度基本维持在同一水平。

表3.4　　　2002—2007与2007—2012两期劳动生产率SDA分解结果

	变动幅度		贡献率（%）	
	2002—2007	2007—2012	2002—2007	2007—2012
增加值系数效应	0.90	0.99	−13.04	−1.74
劳动力投入强度效应	1.87	1.97	81.13	102.90
国内中间品投入结构效应	1.07	1.00	8.65	−0.43
国内产品在中间投入中的占比效应	1.02	1.00	2.69	−0.55
最终消费中国内需求的产品结构效应	1.13	1.01	15.64	1.99
最终消费中国内需求的规模效应	0.98	0.97	−1.98	−3.92
最终消费中加工贸易的产品结构效应	1.01	1.00	0.91	−0.16
最终消费中加工贸易的规模效应	1.02	1.00	2.38	0.40
最终消费中一般贸易的产品结构效应	1.02	1.00	2.23	−0.14
最终消费中一般贸易的规模效应	1.01	1.01	1.40	1.65
总变动	2.16	1.93	100	100

注：表中数据为本文利用SDA分解分析方法计算得到。

　　2002—2007年与2007—2012年两期劳动生产率均提高了两倍左右，就十种驱动因素而言，对两期劳动生产率变动贡献最大的是劳动力投入强度效应，即中国整体经济单位产出所需要投入的劳动力有快速的下降，劳动力投入强度的降低是中国劳动生产率提升的关键因素。增加值系数的变动对劳动生产率的提升有负向影响，影响相对较小，国内品在中间投入中的占比效应由正转负，一个可能的原因是后期高技术含量进口品的使用对劳动生产率提高有促进作用，最终消费中国内需求规模的扩大不利于劳动生产率的提高，另外国外需求规模的扩大对劳动生产率提高有正向作用，说明相比于内需而言，外需对中国劳动生产率的提高有更强的促进作用。但体现外需的加工贸易和一般贸易的产品结构效应在第二时段都变为了负值，说明此阶段中国出口贸易结构需要进一步调整，不能只重视出口的数量，更应强调出口的质量，仍按照之前的出口结构生产将不利于中国劳动生产率的提高。最终需求中国内消费的产品结构效应为正，体现了研究期内中国内需消费结构的改善。

除了对整体经济的劳动生产率变动进行结构分解分析外，本书对两个时段各部门的劳动生产率也进行了结构分解分析，由于部门数相对较多，文中仅展示了部分具有代表性的行业，主要包括末期 2012 年劳动生产率最高的三个部门（部门编号：3、11、32）和 2002—2012 时期劳动生产率增速最快的三个部门（部门编号：2、35、5），详细结果见表 3.5。

表 3.5 分部门劳动生产率 SDA 分解结果

	部门编号	2	35	5	3	11	32
	部门名称	煤炭开采和洗选业	研究与试验发展业	非金属矿及其他矿采选业	石油和天然气开采业	石油加工、炼焦及核燃料加工业	金融业
2002 年	劳动生产率	2.60	2.56	2.04	4.12	3.56	4.54
2007 年	劳动生产率	3.60	2.64	3.84	11.12	8.72	8.11
2012 年	劳动生产率	12.66	8.63	12.33	27.53	21.28	16.95
2002—2007 年贡献率	总变动（%）	100	100	100	100	100	100
	增加值系数效应（%）	-43	-550	-16	5	-6	6
	劳动力投入强度效应（%）	165	618	95	68	94	92
	国内中间品投入结构效应（%）	25	-73	9	21	13	-4
	国内产品在中间投入中的占比效应（%）	6	38	12	3	-6	2
	最终消费中国内需求的产品结构效应（%）	-2	-142	-1	4	3	2
	最终消费中国内需求的规模效应（%）	-33	45	-5	0	7	1
	最终消费中加工贸易的产品结构效应（%）	0	0	6	0	-2	0
	最终消费中加工贸易的规模效应（%）	0	0	0	0	0	0

部门编号		2	35	5	3	11	32
部门名称		煤炭开采和洗选业	研究与试验发展业	非金属矿及其他矿采选业	石油和天然气开采业	石油加工、炼焦及核燃料加工业	金融业
2002—2007年贡献率	最终消费中一般贸易的产品结构效应（%）	0	0	0	0	0	0
	最终消费中一般贸易的规模效应（%）	−17	164	−1	0	−3	0
2007—2012年贡献率	总变动（%）	100	100	100	100	100	100
	增加值系数效应（%）	2	−6	−1	−4	−3	−16
	劳动力投入强度效应（%）	85	105	128	126	107	134
	国内中间品投入结构效应（%）	2	−2	−3	−13	−3	−13
	国内产品在中间投入中的占比效应（%）	−1	0	0	−3	−2	−5
	最终消费中国内需求的产品结构效应（%）	0	2	0	−66	0	−2
	最终消费中国内需求的规模效应（%）	5	0	−1	47	1	−2
	最终消费中加工贸易的产品结构效应（%）	0	0	−25	0	−7	0
	最终消费中加工贸易的规模效应（%）	0	0	0	0	0	0
	最终消费中一般贸易的产品结构效应（%）	0	0	0	0	0	0
	最终消费中一般贸易的规模效应（%）	8	0	1	13	6	3

注：表中数据为本书利用SDA分解分析方法计算得到。

与总经济体的劳动生产率结构分解的结果一致，表3.5中六大行业对劳动生产率变动也是劳动力投入强度，但各部门间八大效应的影响差异较为明显。2002—2007年间研究与试验发展业劳动生产率的变动受国内中间品投入结构、国内产品在中间投入中的占比、最终消费中国内需求的产品结构和最终消费中国内需求的规模变动的影响较大，而2007—2012年间这四项对其劳动生产率的影响便得非常小。石油和天然气开采业则呈现相反的状况，2002—2007年间除了劳动力投入强度和国内中间品投入结构对其劳动生产率的影响较大外，其他项的影响非常小，但在 2007—2012 年阶段，最终消费中国内需求的产品结构、最终消费中国内需求的规模以及最终消费中国外需求的规模对该行业劳动生产率的影响明显增强。

四　不同生产方式下劳动生产率的 SDA 分解结果对比

分析中使用的是反映加工贸易的非竞争型投入占用产出表，区分了国内消费、加工贸易出口和一般贸易出口三种不同的生产方式，因此，本书还分别测算了三种生产方式下的劳动生产率（缩写依次为 DLP、PLP、NLP），并对其进行结构分解分析，具体分解方法详见本章第三节内容。分解出的各项效应对劳动生产率的贡献度结果，详见表 3.6。在本章第三节中，展示了三种生产方式的劳动生产率，2012 年 DLP、PLP、NLP 分别为 6.77 万元 / 人、8.36 万元 / 人和 8.73 万元 / 人，较 2002 年分别提高了 4.1 倍、3.7 倍和 5.2 倍，即一般贸易出口的劳动生产率最高，且表现出了最高的增速。

表 3.6　　　　三种生产方式拉动的劳动生产率 SDA 分解结果　　　单位: %

贡献率	FLP		PLP		NLP	
	2002—2007	2007—2012	2002—2007	2007—2012	2002—2007	2007—2012
总变动	100.0	100.0	100.0	100.0	100.0	100.0
增加值系数效应	−16.5	−0.6	2.2	−10.7	−3.7	−5.9
劳动力投入强度效应	85.5	98.9	44.8	134.3	82.0	106.6
国内中间品投入结构效应	10.4	0.0	7.2	−18.0	3.7	−2.7
国内产品在中间投入中的占比效应	0.6	−0.8	12.1	−7.8	6.0	−1.2
最终消费的产品结构效应	20.0	2.4	33.7	2.2	12.0	3.2
最终消费的规模效应	0.0	0.0	0.0	0.0	0.0	0.0

注：FLP表示用于国内需求生产的劳动生产率，PLP表示用于加工贸易出口生产的劳动生产率，NLP表示用于一般贸易出口及其他生产的劳动生产率。

从六大效应的贡献度来看，无论是国内需求还是国外需求，两个阶段都是劳动力投入强度效应对劳动生产率的正向影响最大。2002—2007 年第一阶段，增加值系数的变动对国内需求拉动的劳动生产率的负向效应达到了 17%，同时国内中间品投入结构、最终消费的产品结构和国内中间品投入结构的贡献率也较高，但同期，国外需求拉动的劳动生产率则是受最终消费的产品结构和国内产品在中间投入中的占比变动的影响较大。至 2007—2012 年的第二阶段，只有劳动力投入强度变动对劳动生产率的影响最大，其他五项效应的贡献度都非常小，且国内品在中间投入占比的增加不利于劳动生产率的提高，也在一定程度上反映出中国现阶段劳动生产率处于较低水平。三种生产方式最终消费的产品结构在 2002—2007 年第一阶段都表现出了较高的贡献率，这一阶段不仅是中国经济发展呈现高速增长的时期，还是经济多样化加速的时期，在中国资源丰富、劳动力充足的背景下，生产产品的种类和规模的能力得到快速扩张，劳动力和资本要素利用率提高，比如农村剩余劳动力向城镇房地产等行业的转移。在 2007—2012 年，最终消费的产品结构对劳动生产率提高的贡献度快速下降，体现出中国在新的发展阶段对经济结构转型的需要，保持以往的扩大产品规模、增加产品多样性来发展经济、扩大就业已不能发挥像之前那么大的作用，中国应由重数量和种类转向重视产品质量，由满足人民的基本需求转向满足人民的美好生活需要。

第五节　小结

近四十年来，中国劳动生产率实现了远高于世界平均水平和欧美日等主要发达国家的增长速度，劳动生产率的快速提高得益于国内外和平、稳定的经济发展大环境，各国专注于经济增长和增加就业的努力，使得科技水平、劳动力受教育水平快速提升，这是世界各国劳动生产率提升的根本原因。由于中国在加入 WTO 之后进入对外贸易的繁荣发展期，出口生产的投入结构、就业结构与用于国内消费的生产有着明显的不同，因此，本章借助于中国反映加工贸易的非竞争型投入占用产出表，对中国 2002—2012 年的劳动生产率驱动因素进行了结构分解分析。同时，在中国供给侧结构性改革的背景下，对中国就业的驱动因素也进行了结构分解分析。

对就业的供给侧结构分解分析结果表明：经济总量增长与就业密切相关，经济总量增长对各部门就业增长有着重要的积极作用，经济增速的放缓将对就业造成不小的压力；技术发展因素对两个阶段的就业总量增长都起着较大的负向贡献，说明技术发展与进步使得中国劳动生产率提高，单位产出所需的劳动力明显下降；进口投入变化也是中国就业增长的重要促进因素，特别是对于加工贸易生产比重高的技术密集型部门，进口投入变化是就业变化的最大影响因素。技术进步使得劳动生产率得以提高，加大了各部门的失业风险，与此同时，技术进步和科技革命加快了分配结构的调整。2002—2007 年，分配结构变化主要对第二产业就业带来积极影响，2007—2012 年，这种积极影响则转向第三产业，说明中国在经济转型过程中就业需求已逐步向生产性和生活性服务业转移。

对劳动生产率的结构分解分析结果表明：2002—2012 年阶段，出口生产促进了中国劳动生产率的提高，且与用于国内消费的生产相比，拥有更高的劳动生产率，加入 WTO、全面融入全球价值链分工体系不仅促进了中国经济的快速发展、增加了中国就业，也提高了中国整体的劳动生产率，出口对中国整体经济社会的发展发挥了重要的作用。2002—2012 年对中国劳动生产率变动贡献最大的是劳动力投入强度效应，即中国整体经济单位产出所需要投入的劳动力有快速的下降，劳动力投入强度的降低是中国劳动生产率提升的关键因素。且相比较内需而言，外需对中国劳动生产率的提高有更强的促进作用。

进口投入对中国劳动生产率的影响

第一节　研究背景

　　1978 年改革开放初期，中国的进口额仅有 109 亿美元，进口占进出口总额的比重为 53%，即对外贸易中一半以上为进口。1978—2000年阶段，中国进口呈现缓慢增长，从 2001 年中国正式加入世界贸易组织（WTO）起，中国的进口额开始出现高速增长，2001—2008 年进口年均增速达到 24.6%，同一时期中国的出口也实现了快速提高，2005—2008 年出口增速高于进口增速，因此这一时期，进口在进出口贸易总额中的比重略有下降，但长期来看，基本稳定在 40%—45% 之间，见图 4.1。

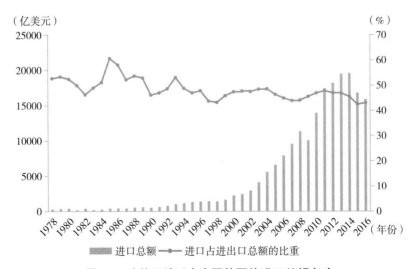

图4.1　改革开放以来中国从国外进口总额变动

　　数据来源：国家统计局网站，http://data.stats.gov.cn/easyquery.htm?cn=C01&zb=A060401&sj=2015。

根据世界投入产出数据库（WIOD）最新 2016 年公布的数据，本书计算了中国在 2000—2014 年中间投入品进口和最终消费品进口的情况，如图 4.2 所示，可以看出，相比较最终消费品的进口而言，中间投入品的进口表现出了更高的增速，十四年间年均增速 16.7%。2000 年中国进口的中间投入品约 1590 亿美元，占当年总进口（中间投入品和最终消费品进口的合计）的比重为 72%，这一比重在 2007 年和 2008 年达到峰值（78%），这是全球价值链分工深化的表现。到 2014 年中国进口的中间投入品达到 13745 亿美元，占总进口产品的比重基本稳定在 75% 左右，可见，中国的进口中超过三分之二的部分都继续投入了生产环节之中。

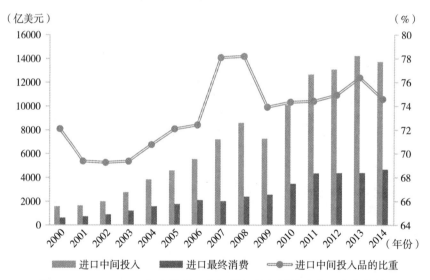

图4.2　2000—2014年中国进口中间投入品和最终消费品变化趋势

数据来源：基于WIOD数据库中2000—2014年中国非竞争型投入产出表计算得到。

与国内品的中间投入相比，进口品占中间投入品的比重相对较小，2000 年中国进口中间投入品占总中间投入品的比重为 7.8%，另一个角度理解，即中间投入品中进口品与国产品的投入比例为 0.08∶1，2000—2007 年，进口品占中间投入品的比重有明显提升，2004 年该比重达到峰值 11.0%，后持续稳定在 10% 以上，数据也体现了这一时期中国参与全球价值链分工的不断深化，2004 年刚好也是中国出口中加工贸易占比最高的一年，2008—2009 年受国际金融危机的影响，世界贸易整体受挫严重，全球进出口均出现大幅度下降，中国中间投入中进口品的比重快速下降了 3 个百分点，对国际贸易波动的反映剧烈，也表明中国抵御国外需求冲击的能力较弱。进入 21 世纪以来，中国国民经济生产中进口品在中间投入中的比重呈现先升后降态势，这与中国对外贸易发展的模式相契合，前期中国以装配、组装等加工贸易形式，从低端融入全球价值链，加工贸易进出口同步高速扩张，因此进口品在中间投入中的比重提升至较高水平，后期随着中国国内经济和对外贸易结构的调整和转型，加工贸易在中国出口总的比重明显降低，所需要的进口中间投入自然减少，体现为进口品在中间投入中的比重的下降，2014 年中国国民经济生产中，进口中间投入的比重已降至 6%左右，如图 4.3。

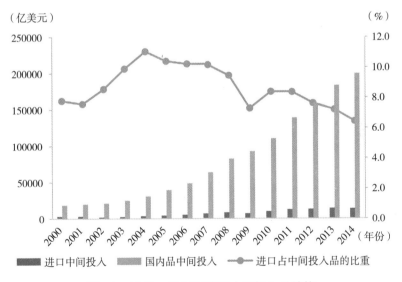

图4.3　2000—2014年我国中间投入品结构

数据来源：基于WIOD数据库中2000—2014年中国非竞争型投入产出表计算得到。

近年来，从微观企业层面研究进口中间品与企业全要素生产率之间关系正成为当今国际经济学关注的新热点（Halpern，2009；李淑云和慕绣如，2017），但从宏观部门层面上探究进口品中间投入比重与劳动生产率关系的研究仍相对较少，本书借助中国 42 部门反映加工贸易的非竞争型投入占用产出表等相关数据，建立了区分用于国内需求生产、加工贸易生产和一般贸易生产三种方式下，劳动生产率与进口品中间投入的计量经济模型，明确了进口品中间投入在不同生产方式中所发挥的作用。

微观上学术界对中间品进口与劳动生产率的关系，存在两种观点：一个是进口确实促进了企业生产率的提高，这一说法又被称为企业"进口中学"；另一个则是生产率的高低决定了一个企业是否会产生进口行为，也被称为企业对进口有"自我选择"。

从进口对劳动生产率的作用来看，已有研究整体倾向于支持进口有助于劳动生产率的提升，但同时，中间投入品的进口会对国内上游产品产生竞争，不利于中国上游产品部门的发展，本书利用国民经济部门层面的数据，探究了产品生产过程中进口中间品投入与劳动生产率之间的关系。

第二节　模型及数据说明

本章所使用的投入产出表数据与第二章和第三章一致，2002、2007和2012年三张42部门的反映加工贸易的投入占用产出表，前期投入产出表的一致性处理详见第三章。根据第三章中我们对劳动生产率的定义，劳动生产率是指劳动者在一定时期内创造的劳动成果与其相适应的劳动消耗量的比值，本书以最终需求拉动的增加值除以最终需求拉动的总就业量表示劳动生产率（Labour Productivity，LP），即：

$$LP = \frac{A_v (I - A^d)^{-1} Y}{A_l (I - A^d)^{-1} Y} \tag{4.1}$$

将式（4.1）中的全部最终需求 Y 依次替换为国内最终需求列向量 F 或加工贸易出口列向量 P 和一般贸易出口列向量 N，则分别可以得到用于国内最终需求生产（FLP）、加工贸易出口生产（PLP）和一般贸易出口生产（NLP）拉动的中国劳动生产率：

$$FLP = \frac{A_v (I - A^d)^{-1} F}{A_l (I - A^d)^{-1} F} \tag{4.2}$$

$$PLP = \frac{A_v \, (I-A^d)^{-1} \, P}{A_l \, (I-A^d)^{-1} \, P} \tag{4.3}$$

$$NLP = \frac{A_v \, (I-A^d)^{-1} \, N}{A_l \, (I-A^d)^{-1} \, N} \tag{4.4}$$

以（4.1）对于国民经济整体劳动生产的定义式为例，将最终需求 Y 对角化，可以得到国民经济各部门的劳动生产率。

$$
\begin{aligned}
LP\_Sector &= \frac{A_v \, (I-A^d)^{-1} \, \hat{Y}}{A_l \, (I-A^d)^{-1} \, \hat{Y}} \\
&= \frac{(I-A^d-A^m)(I-A^d)^{-1} \, \hat{Y}}{A_l \, (I-A^d)^{-1} \, \hat{Y}} \\
&= \frac{(I-A^d)(I-A^d)^{-1} \, \hat{Y} - A^m \, (I-A^d)^{-1} \, \hat{Y}}{A_l \, (I-A^d)^{-1} \, \hat{Y}} \\
&= \frac{\hat{Y} - A^m \, (I-A^d)^{-1} \, \hat{Y}}{A_l \, (I-A^d)^{-1} \, \hat{Y}}
\end{aligned} \tag{4.5}
$$

对（4.5）式部门劳动生产率两边取对数，可以得到：

$$
\begin{aligned}
\ln(LP\_Sector) &= \ln(\frac{\hat{Y} - A^m \, (I-A^d)^{-1} \, \hat{Y}}{A_l \, (I-A^d)^{-1} \, \hat{Y}}) \\
&= \ln(\hat{Y} - A^m(I-A^d)^{-1} \, \hat{Y}) - \ln(A_l(I-A^d)^{-1} \, \hat{Y}) \\
&= \alpha \ln(A^m) + \gamma
\end{aligned}
$$

考虑到进口总量、进口产品多样性以及科技水平等其他因素的变化对劳动生产率可能产生的影响，以及部门数据的可得性，在计量模型中加入进口品投入总量和部门总产出。另外，国民经济各部门自身有着生产结构的特殊性，例如纺织服装业等属于劳动密集型产品，生产成本较低，进口品中间投入的增加对于部门生产成本影响较为明显，常年来该部门进口品中间投入的比重处于较低水平，而机电等加工贸易较为集中的制造业部门，进口中间投入是主要的原材料之一，直接影响最终加工贸易的产出量，可见，进口中间品的投入对于各部门劳动生产率的影响必然存在差异，在模型中引入部门的固定效应来解释部门之间的差异。所使用的 2002、2007 和 2012 年三张投入产出表，时间跨度为十年，经济结构、就业结构、社会生产力水平等各方面都发生了明显变化，因此，在模型中也加入了时间的固定效应，最终模型调整为：

$$\ln(LP\_Sector)=\alpha\ln(A^m)+\beta\ln(M)+\varphi Year\_fix+\varphi Sector\_fix+\gamma \quad (4.6)$$

$$\ln(LP\_Sector)=\alpha\ln(A^m)+\beta\ln(X)+\varphi Year\_fix+\varphi Sector\_fix+\gamma \quad (4.7)$$

在确定了进口中间品投入与劳动生产率的计量经济模型后，首先，考察中国在 2002、2007 和 2012 年三个年份进口中间品使用状况，详细数据见表 4.1。利用中国科学院数学与系统科学研究院全球价值链课题组与国家统计局合作编制的 DPN 表的测算结果与 WIOD 数据库中中国非竞争型投入产出表的结果基本一致，中国进口品在中间投入中的比重在 2002—2012 年间呈现先升后降趋势，进口品投入系数（进口中间投入 / 总投入）也呈现出相同的变动趋势，这与中国加工贸易出口占比的先升后降有直接的联系。中间投入系数则是先升后降，相对应的是中国的增加值率，中国经济生产活动的增加值率在 2002—2007 年间略有下降，至 2012 年有所回升。

表 4.1   2002 年、2007 年和 2012 年中国进口中间品投入情况

年份	2002	2007	2012
进口品占中间投入的比重（%）	11.2	12.2	9.4
中间投入系数（%）	61.1	67.8	66.6
进口品投入系数	0.068	0.082	0.062

分部门来看，进口品在中间投入品中的比重与预期的一致，各部门之间确实存在较大差异，详细见表 4.2。农业和石油、煤炭、金属矿采选业等进口品在中间投入中的比重非常小，属于处于上游的资源型部门，基本使用国内投入品。

表 4.2   2002 年、2007 年和 2012 年中国分部门进口中间品投入情况   单位：%

部门编号	部门名称	2002	2007	2012
1	农林牧渔业	1.0	0.7	1.2
2	煤炭开采和洗选业	5.1	2.4	2.5
3	石油和天然气开采业	7.4	5.8	5.3
4	金属矿采选业	2.7	2.2	1.8
5	非金属矿及其他矿采选业	7.0	5.4	1.6

部门编号	部门名称	2002	2007	2012
6	食品制造及烟草加工业	4.8	7.2	5.4
7	纺织业	14.3	7.3	5.5
8	纺织服装鞋帽皮革羽绒及其制品业	23.2	10.5	7.1
9	木材加工及家具制造业	12.0	9.4	7.4
10	造纸印刷及文教体育用品制造业	13.4	14.1	14.3
11	石油加工、炼焦及核燃料加工业	19.7	34.8	45.7
12	化学工业	12.5	16.6	10.1
13	非金属矿物制品业	8.4	3.6	2.3
14	金属冶炼及压延加工业	7.4	14.9	13.2
15	金属制品业	14.0	6.6	6.1
16	通用、专用设备制造业	16.1	10.9	7.7
17	交通运输设备制造业	12.5	10.4	8.9
18	电气机械及器材制造业	24.2	18.6	13.7
19	通信设备、计算机及其他电子设备制造业	38.8	47.8	39.4
20	仪器仪表及文化办公用机械制造业	71.5	51.3	33.8
21	工艺品及其他制造业（含废品废料）	14.4	9.9	17.9
22	废品废料	0.0	0.9	12.8
23	电力、热力的生产和供应业	11.2	3.7	4.1
24	燃气生产和供应业	9.7	0.7	14.0
25	水的生产和供应业	14.7	1.1	1.4
26	建筑业	2.0	2.0	1.0
27	交通运输及仓储业	6.0	3.3	2.1
28	邮政业	4.3	5.6	5.5
29	信息传输、计算机服务和软件业	8.9	5.3	4.7
30	批发和零售业	12.1	5.6	3.4
31	住宿和餐饮业	3.4	1.3	0.7
32	金融业	2.4	6.1	4.6
33	房地产业	8.0	5.3	2.0
34	租赁和商务服务业	13.2	3.0	2.4
35	研究与试验发展业	3.7	10.3	2.3

部门编号	部门名称	2002	2007	2012
36	综合技术服务业	6.2	8.6	1.7
37	水利、环境和公共设施管理业	3.2	1.9	1.4
38	居民服务和其他服务业	11.9	1.9	1.0
39	教育	2.7	7.3	3.5
40	卫生、社会保障和社会福利业	1.7	3.2	6.2
41	文化、体育和娱乐业	4.9	5.3	4.3
42	公共管理和社会组织	1.2	2.9	3.8

进口品在中间投入中占比较高的主要是电气机械及器材制造业，通信设备、计算机及其他电子设备制造业和仪器仪表及文化办公用机械制造业，属于机械制造类部门，这些部门既是中国出口中占比非常高的部门，同时加工贸易在出口中的占比也非常高，这也就不难理解其进口品在中间投入中的高比例。从部门的整体结果来看，2012年进口品在中间投入的比重与2002年相比大部分部门是呈现出下降的趋势。

第三节　进口投入对劳动生产率的影响结果

根据式（4.6）和式（4.7）所示的计量经济学模型，本书利用2002、2007和2012年三年42个国民经济部门的面板数据就进口投入对劳动生产率的影响进行了回归分析。首先，基于不区分内需、加工贸易和一般贸易生产方式的42部门总量数据回归结果见表4.3。

表4.3　　　　　　　　　　42部门总量面板计量回归结果

变量名称	模型1	模型2	模型3	模型4
常数项	6.02*** （9.79）	4.07*** （5.57）	4.85*** （6.58）	4.72*** （5.38）
进口品占中间投入的比重	5.37 （1.04）	24.08*** （3.11）	2.80 （0.65）	24.3*** （3.39）
进口中间品投入总量	−4.86*** （−2.78）	−3.51* （−1.83）	−	−

续表

变量名称	模型 1	模型 2	模型 3	模型 4
部门总产出	–	–	5.26*** （2.85）	3.30* （0.81）
时间固定效应	No	Yes	No	Yes
部门固定效应	No	Yes	No	Yes
R2	0.62	0.76	0.64	0.77
D.W.	1.85	2.22	1.80	2.24

注：***表示在0.01的水平下显著，*表示在0.1的水平下显著。鉴于变量间单位的不同对于模型回归系数的量级存在影响，但对变量显著度等不存在影响，考虑到结果展示的方便性，统一将回归系数扩大至相同的量级。

从表4.3的计量回归结果中可以看出，在加入时间和部门固定效应的情况下，进口品在中间投入中比重的回归系数显著为正，反映了进口中间品投入有助于中国劳动生产率的提升。

在上述回归模型的基础上，本书分别对用于国内需求的生产、加工贸易出口生产和一般贸易出口生产三种情况下进行了计量回归分析，鉴于加工贸易出口部分部门无出口，为保证面板数据的一致性，最终选取了其中18个制造业行业进行计量回归分析，具体分析结果见表4.4。

表 4.4　　　　　　　　　不同生产方式的计量回归结果

变量名称	用于国内需求的生产		加工出口生产		一般出口生产	
	模型 5	模型 6	模型 7	模型 8	模型 9	模型 10
常数项	4.37*** （7.27）	4.74*** （6.66）	−0.83* （−1.22）	−0.87* （−1.21）	3.53*** （2.91）	3.54*** （2.65）
进口品占中间投入的比重	7.97*** （3.17）	7.94*** （3.01）	9.57** （1.97）	9.59** （1.96）	9.21*** （2.65）	9.16*** （2.57）
进口中间品投入总量	−5.26*** （−2.40）	–	−4.84** （−1.56）	–	−3.41* （−1.51）	–
部门总产出	–	−7.02 （−0.37）	–	−1.53* （−1.76）		−4.26 （−1.52）
时间固定效应	Yes	Yes	Yes	Yes	Yes	Yes
部门固定效应	Yes	Yes	Yes	Yes	Yes	Yes
R2	0.87	0.86	0.73	0.73	0.76	0.76
D.W.	2.52	2.49	2.19	2.19	2.66	2.66

在对用于国内需求的生产、加工贸易出口生产和一般贸易出口生产分别建立计量经济模型的回归结果显示，三种生产方式下，进口品在中间投入中的占比对劳动生产率有着显著的正向影响，即相对国内品而言，进口品投入比重的提高有助于中国劳动生产率的提高。结果与已有的国外实证研究相一致，进口中间品能通过技术外溢和竞争效应促进进口国全要素生产率水平的显著提升，这种技术扩散甚至能通过间接贸易方式对非直接贸易的第三方产生影响。其主要影响路径包括以下几个方面：将进口中间品种类增加促进生产率提升的作用总结为两种机制，质量和互补机制。质量机制意味着进口中间品的质量优于国内投入品将促进企业生产率提高；互补机制则表明，使用不同种类的中间品（进口和国内）可以创造"整体大于局部"的收益（Halpern，2009）。

而中国对外贸易不可忽视的一大特点是加工贸易占比高，加工贸易进口作为国际分工的重要表现形式，有其自身的特点。从水平溢出角度讲，加工贸易进口不仅能通过示范、竞争效应产生正向溢出，而且能通过对国内产品的压制和挤出产生负向溢出。在产品内分工贸易形态下，中国处于国际产业价值链的末端，"中间在内两头在外"的分工形式使中国处于"微笑曲线"的底部，研发、设计和销售等附加值高科技含量高的生产环节被国外垄断，中国仅仅是从国外进口先进的机器设备用于加工装配，会遏制国内同行业的产业升级和技术进步。从前向溢出角度讲，作为中间投入品，加工贸易进口不是加工企业为了弥补技术差距主动选择的结果，而是为了实现企业利润不加区别地被动接收结果，这样加工贸易的前向溢出效应就会大打折扣。另外，作为中国对外贸易的主体，跨国公司往往具有先进的技术，FDI的流入可以通过示范、竞争和人员培训效应实现技术溢出，降低内资企业的学习成本和研发投入。

第四节　小结

近几年关于进口与劳动生产率的研究多集中于微观企业层面，从宏观经济层面出发的研究相对较少，同时未能体现中国对外贸易加工贸易占比高的特点。因此，本章区分了用于国内需求的生产、加工贸易出口生产和一般贸易出口三种生产方式，分别对劳动生产率与进口中间投入之间的关系建立了计量经济学模型，考虑到部门间生产结构的巨大差异，加入了部门固定效应。计量回归结果显示，无论是总体经济层面，还是从三种生产方式层面，进口在中间投入中比重的升高均有利于中国劳动生产率的提升。

第三篇

中美贸易
热点问题

第五章

中美贸易平衡再审视：基于中国香港转口与服务贸易数据的解读①

进入 21 世纪以来，中美贸易规模不断扩大，国家统计局公布的数据显示，中美货物贸易进出口总额从 2000 年的 745 亿美元稳步提高至 2019 年的 5414 亿美元，年均增长达到 11.0%。在中美贸易快速发展的同时，由贸易总值核算的巨大美中贸易逆差成了影响中美两国经济贸易发展和政治关系的重大问题，也使中国长期以来面临各方施加的人民币汇率升值压力、对出口导向型外贸政策的指责（姚顺利，2007）以及频繁的贸易摩擦。在 2016 年美国总统竞选过程中，唐纳德·特朗普就曾表示要将中国列为"汇率操纵国"，并承诺通过向世界贸易组织申诉、将对中国进口关税税率提升至 45% 以减少对中国的贸易逆差。作为特朗普企图发动贸易战的"依据"，美中贸易逆差究竟有多大？鉴于中美两套官方数据长期以来存在巨大差异，本章将根据两套数据差异的来源对进出口总值进行修正并进行相同统计口径下的比较，并进一步测算增加值视角下的美中逆差。

目前各国计算的货物贸易差额都是利用出口总值和进口总额计算，但由于中美双方在贸易统计过程中的差异，双方公布的官方数据衡量的美中贸易逆差一直存在较大差异。根据中国海关统计，2019 年中国对美国货物出口额为 4187 亿美元，货物进口额为 1227 亿美元，按进出口总值口径计算的中美贸易差额为 2960 亿美元。根据美国国际贸易

---

① 本章内容以笔者博士期间参与中国科学院数学与系统科学研究院陈锡康研究员的 2017 年中美交流基金会项目中的研究工作为基础，因此文中引用部分该课题研究成果。

委员会公布的数据，2019年美国对中国货物出口额[①]（Domestic Exports）为943亿美元，货物进口额（General Imports）为4522亿美元，按进出口总值口径计算的中美贸易差额为3579亿美元，比中方统计口径得到的贸易差额高21%，而这一比值在2015年以前一度保持在50%以上。

中国和美国官方货物贸易总额计算的美中贸易逆差存在如此大的差异，主要有以下四个方面的原因：进出口计价的差异、中美间经中国香港转口的贸易、中国香港转口利润以及运输时滞（沈国兵，2005）。刘遵义是最早提出利用中国香港转口数据对美中贸易逆差结果进行修正的学者之一；杨汝岱（2008）指出中国香港是中美货物贸易商品的重要转口地，其利用中国香港转口数据修正后的2005年中美贸易数据差距缩小了43.6%；沈国兵（2005）也曾从上述四方面对1995—2003年中美贸易数据进行了修正和比较，但仅对CIF价格转FOB价格、中国香港转口和转口利润进行了粗略的估计。由于本年度末从出口国出发的海运货物在第二年到达进口国的部分，与上一年度末出口在本年度初期到达进口国的部分存在抵消效应，整体来看，对年度数据的影响较小，且运输时滞数据相对缺乏，因此，目前利用运输时滞对双边贸易或多边贸易数据进行修正的研究相对缺乏，鉴于数据可获得性较差，本书也暂不考虑运输时滞。在新一轮中美经贸摩擦背景下，中美贸易的规模和结构均已发生了巨大变化，以往研究已不能作为此轮中美经贸摩擦的谈判依据，因此，本章以美方发动经贸摩擦前的两国贸易数据为依据，充分考虑进出口计价的差异、中美间经中国香港转口的贸易、中国香港转口利润等因素对中美真实贸易的影响，探究美方提出的"美中贸易逆差过大"真实性。

在基准年份的选择上，考虑到特朗普在2016年竞任美国总统时期便以声称美中贸易逆差过大，因此选取当时可获得的最新年度数据，即2015年数据作为研究基础，且2015年中方和美方对中美贸易差额的

[①] 美国国际贸易委员会公布的出口数据有两个口径：Total Exports 和 Domestic Exports，进口数据有两个口径：Imports for Consumption，General Imports，根据不同口径下覆盖范围的区别与本章研究重点，最终选择 Domestic Exports 和 General Imports 口径下的数据作为分析基础。

统计差异高达 44%，以 2015 年作为基准年份更具有说服性。因此，本章将根据中国香港统计署提供的 2015 年 HS8 位代码分类的详细转口数据、不同大类商品的中国香港利润数据以及国家外汇管理局提供的中国、美国、中国香港间的国际运保费率，对中美官方公布的两套进出口数据均调整至出口国的 FOB 价格进行对比分析。

另外，在美中货物贸易存在巨大逆差的同时，美中服务贸易顺差却在逐渐扩大，中国对美国的服务出口由 2001 年的 36 亿美元增加到 2015 年的 151 亿美元，年均增长率约为 11%；对美国的服务进口由 2001 年的 54 亿美元增加到 2015 年的 484 亿美元，年均增长率约为 17%。作为全球贸易的重要组成部分，中美服务贸易发展迅速，也应纳入中美贸易平衡的考虑范围。

自 2011 年 WTO 总干事帕斯卡尔·拉米呼吁使用贸易增加值作为新的贸易统计标准以来，由于贸易增加值比贸易总值能更准确地反映各国参与全球价值链过程中的真实贸易所得，已被世界主要贸易组织、学术界所普遍认可并得到了广泛应用。因此，本书在刘遵义、陈锡康（2007），葛明等（2016）使用投入产出表测算贸易增加值研究的基础上，对中美货物贸易数据调整并考虑服务贸易的情况下，利用中国科学院全球价值链课题组编制的 2012 年中国反映加工贸易的非竞争性投入产出表（DPN 表）和 2015 年美国投入产出表，分三种口径全面测算了 2015 年中美双方的贸易增加值，透视中美贸易平衡的真实情况。

本章结构安排如下：第一节对中美贸易总值的修正过程和使用的数据进行说明；第二节介绍利用中国和美国投入产出表测算贸易增加值的模型；第三节从三种口径：中国（不含中国香港）与美国货物贸易、中国（含中国香港）与美货物贸易、中国与美国货物及服务贸易，分析并对比了用中美两套数据核算的 2015 年中美贸易总值和贸易增加值；第四节从中美海关统计的货物商品结构、中美经中国香港商品结构、服务贸易项目结构出发，分析了中美之间数据差异的商品来源；第五节对主要结论进行总结。

第一节　中美贸易总值的修正

美中贸易逆差使得中国在国际贸易谈判中长期处于被动地位，但根据中国官方的统计数据，美中贸易实际是 1993 年起才开始出现逆差，改革开放 1978—1992 的 15 年间美中贸易长期处于顺差状态。进入 21 世纪后，随着中国的"入世"，中国对外贸易规模大幅提升，中美贸易规模增长尤为迅速，美国在很长一段时间内保持中国第一大贸易伙伴的重要地位。如表 5.1 所示，2000 年中美双方对贸易差额的统计差异为 552 亿美元，这一差异值与中美贸易总额（中方口径）的比值高达 74%，可见，中美统计数据之间的巨大差距由来已久。2015 年中国海关统计的中美双边贸易规模扩大至 5570 亿美元，中美顺差规模创新高，达到 2614 亿美元，而同期美方统计的美中逆差规模更高，为 3763 亿美元，比中方数据高出 1149 亿美元，相当于中方统计口径下 2002 年全年中美进出口的总额，双方贸易数据的差异可谓非常之大。

表 5.1　　　　　　中美官方公布的双边贸易数据及贸易差额　　　　单位：亿美元

	中国向美国出口	中国从美国进口	中美顺差	美国向中国出口	美国从中国进口	美中逆差
2000 年	521	224	297	153	1002	−849
2001 年	543	262	281	180	1026	−846
2002 年	699	272	427	206	1255	−1049
2003 年	925	339	586	267	1530	−1263
2004 年	1249	447	803	326	1975	−1649
2005 年	1629	486	1143	389	2447	−2058
2006 年	2034	592	1442	516	2892	−2376
2007 年	2327	694	1633	610	3230	−2620
2008 年	2524	814	1710	672	3396	−2724
2009 年	2208	775	1433	651	2979	−2328
2010 年	2833	1021	1812	858	3661	−2803
2011 年	3245	1221	2023	971	4006	−3035

	中国向美国出口	中国从美国进口	中美顺差	美国向中国出口	美国从中国进口	美中逆差
2012 年	3518	1329	2189	1034	4268	-3234
2013 年	3684	1523	2161	1140	4416	-3276
2014 年	3961	1591	2370	1153	4697	-3544
2015 年	4092	1478	2614	1078	4841	-3763

注：左侧第2—4列数据来自中国海关总署，右侧三列数据来自美国国际贸易委员会。

中美统计数据之间的巨大差异主要来自统计标准的不一致。一是，进口与出口统计中商品计价标准的差异；二是，进口采用原产地原则，即可追溯到产品最终环节的生产国，而出口通常按照商品备案中填写的出口目的地统计，产品可能经过一次或多次中转，最终达到第三国，而非备案国，从而造成进口国统计与出口国统计之间存在差异；三是，随着新一代信息技术的快速发展，国际贸易正逐步从早期的货物流动快速转向货物和服务流动，服务出口在国际贸易中的地位日趋重要。因此，本节将从商品计价规则转换、中国香港转口和贸易利润以及服务贸易三部分，对现行中美两套官方统计数据进行修正，并最终给出中美直接货物贸易、中美全部货物贸易（含中国香港转口）以及中美全部出口贸易（含中国香港转口、服务贸易）三种统计口径出口国 FOB 价格下出口额。

第一，进口与出口统计中商品计价标准的差异问题：在现行国际贸易规则中，进口通常按照商品的到岸价格（CIF）统计，中国和美国目前进口均采用这一种统计标准；出口统计中，目前中国海关以 FOB 价格（即离岸价格）统计，美国则以 FAS 价格（船边交货价格）统计，FOB 价格在 FAS 的基础上包括了本国装载上船的成本，CIF 价格则是在 FOB 价格的基础上包括了国际运费和保险费。因此，装载上船的成本以及国际运费和保险费成为 A 国统计的向 B 国出口额与 B 国统计的从 A 国进口额之间存在差异的一大直接原因。为更精确地比较中美两套数据的差异，将所有进出口数据均转换为出口国 FOB 价格，以中国从美国进口数据为例，原始的中国从美国 CIF 价格下进口额，扣除中美之间的国际运费和保险费率 5.44%（见表 5.2），可以得到中方统计的 FOB 价格下美国对中国出口额，即 FOB 价格 =CIF 价格 /（1+ 国际运费和保险费率）。

表 5.2　　　　　　　　中国、美国及中国香港之间的运保费率　　　　　单位：%

	运费	保费	合计
中国与美国	5.22	0.22	5.44
中国香港与美国	5.22	0.22	5.44
中国内地与中国香港	1.33	0.17	1.50

数据来源于中国国家外汇管理局。

第二，由转口贸易产生的贸易商品的统计范围差异。转口贸易是指，货物可以不在生产国和最终消费国之间进行，而是先运往第三方进行"包装、分类"等简单处理程序后再运往最终消费国，或者货物不直接从生产国运往最终消费国，但由第三方分别与贸易双方进行交易。由于不同国家和地区在港口条件、关税和贸易政策等方面存在较大差异，转口贸易成为国际贸易中的一种常见形式，并成为躲避贸易制裁、享受低关税、规避外汇管制的主要手段。

转口贸易在中美双边贸易中也扮演着非常重要的角色，而中国香港是中美贸易中最主要的第三方中转地。在目前的统计体系中，中国海关统计的数据均只包含中国内地进出口，不包含中国香港转口部分；而美国国际贸易委员会公布的对中国出口仅包含对中国内地的出口，从中国内地的进口则包含了从中国香港转口的部分，因此需要在美国从中国内地进口中将中国香港转口部分剥离。

中国香港转口贸易数据方面，中国香港特别行政区政府统计署提供了中国内地经中国香港转口至美国、美国经中国香港转口至中国内地的 HS8 位商品分类的货物贸易数据（均为中国香港 FOB 价格），以及十大类产品的中国香港利润率。2015 年中国内地经中国香港转口至美国的商品平均利润率为 20.2%，相应美国至中国内地的比例较低，仅为 11.9%。

2015 年中国内地经中国香港转口至美国的货物出口共计 2947.86 亿港元，扣除中国香港利润并转换为美元计价，为 300 亿美元，再进一步扣除中国内地至中国香港的运保费 1.5%，得到中国内地 FOB 价格中美转口 296 亿美元。

同样地，2015 年美国经中国香港转口至中国内地的货物出口共计 722 亿港元，也为中国香港 FOB 价格，扣除中国香港利润并转换为美元计价，为 84.8 亿美元，再扣除美国至中国香港的运保费共计 5.44%，得到美国 FOB 价格的美中转口 80.4 亿美元。

第三，服务贸易的处理。由于服务贸易的进出口不需要扣除国际运保费等其他中间费用，因此将中美双方公布的进出口数据对应或拆分至两国的投入产出部门，即可核算得到服务出口增加值。同时服务贸易进出口总值可以直接进行比较。中国服务贸易进出口由国家外汇管理局提供，美国服务贸易进出口来源于美国经济分析局 BEA 网站。

第二节　中美贸易增加值测算模型

随着国际物流成本的降低和便利化程度的提升，产业链的国际分工逐步深化，各国比较优势得到充分发挥，货物尤其是工业制成品通常由多个国家和地区共同完成生产，经济全球化程度不断提升，国际贸易的商品主体由终端消费品逐步转变为中间品，一国出口商品的价值不再由出口国一国全部获得，而是由产品生产链上的所有国家共同获得，出口总值无法真实地反映各国的"贸易所得"，且中间品贸易规模的扩大也造成了贸易总值统计口径下的重复计算，而贸易增加值可以解决以上问题，因此，为探究中美贸易的真实"贸易所得差额"，本章将在修正的贸易总值基础上，进一步测算两国在中美双边贸易中的贸易增加值。

从前文中已知，中国加工贸易占比长期维持在较高水平。在中美双边贸易中，中国向美国出口则表现出了比中国总出口更高的加工贸易占比，2001—2013 年该比重长期保持在 50% 以上，虽然加工贸易占比呈现出一定的下降趋势，但至 2015 年这一数值仍然高达 45.5%。加工贸易出口品生产过程中与其他类型产品的生产在投入结构等方面具有重大差异，它生产所需的大部分原材料及零部件均来自国外，对进口品投入的依赖程度远大于其他类型产品的生产，所以加工贸易出口所能拉动的国内增加值要比一般贸易出口拉动的国内增加值低一半左右，若不区分加工贸易直接核算，将会严重夸大中国出口中增加值的含量。因此，为真实还原中美在双边贸易中的真实所得，本书利用中国科学院数学与系统科学研究院全球价值链课题组编制的 2012 年 139 部门中国反映加工贸易的非竞争性投入产出表来测算中国向美国的出口增加值，具体表式见前文，本书以此表为基础核算 2015 年中国向美国出口的国内增加值。

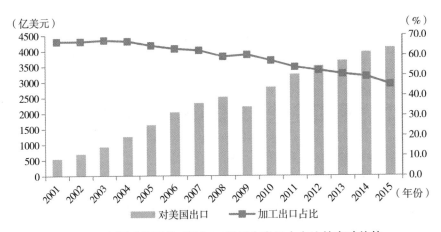

图 5.1　中国对美国出口及加工贸易在出口中占比的变动趋势

数据来源：中国海关总署。

　　美国向中国的出口增加值测算则利用 2015 年美国非竞争型投入产出表测算。美国非竞争型投入产出表的编制，是使用美国商务部经济分析局（BEA）公布的 2015 年供给表（Make table）和使用表（Use table），结合产业部门工艺假定，即同一个产业部门生产的所有产品具有相同的消耗结构，编制出产品 × 产品投入产出表（73 个产品部门）；并结合 BEA 公布的 2015 年进口矩阵（Import matrix），最终编制出美国 2015 年非竞争型投入产出表，此表也来自中国科学院数学与系统科学研究院全球价值链课题组，具体见表 5.3。

表 5.3 美国非竞争型投入产出表表式

	中间使用		最终使用					总产出 / 总进口
	生产部门	合计	消费	资本形成	出口	其他	最终使用总计	
	$1,2,3,\cdots, n$							
国内中间投入 （1，…，n）	X^{DD}						F^D	X^D
进口中间投入 （1，…，n）	X^{MD}							M
中间投入总计								
增加值 　固定资产折旧 　劳动者报酬 　生产税净额 　营业盈余	V^D							
总投入	X^D							
就业人数	L^D							

注：由中国科学院数学与系统科学研究院陈锡康研究员和杨翠红研究员带领的全球价值链课题组编制。

由列昂惕夫模型[1]可知，美国的国内直接增加值系数为：

$$A_v^D = V^D \cdot \hat{X}^{D-1};$$

直接就业系数为：

$$A_L^D = L^D \cdot \hat{X}^{D-1};$$

国内完全增加值系数为：

$$B_v^D = A_v^D (I - A^D)^{-1};$$

完全就业系数为：

$$B_L^D = A_L^D (I - A^D)^{-1};$$

其中，I 为单位矩阵，$A^D = X^{DD} \cdot \hat{X}^{D-1}$ 是中间消耗系数矩阵。由以上公式可以得到，美国出口所拉动的国内增加值为：

$$V^E = B_v^D \cdot E = A_v^D (I - A^D)^{-1} \cdot E$$

---

[1] 具体推导详见陈锡康、杨翠红等著《投入产出技术》，科学出版社 2011 年版，第十一章对外贸易投入占用产出模型。

美国出口所拉动的国内就业为：

$$L^E = B_L^D \cdot E = A_L^D (I - A^D)^{-1} \cdot E$$

在第三节中，将依据上述投入产出模型利用 2015 年美国的非竞争型投入产出表测算美国对中国出口（美方口径）拉动的该国增加值，同样也可以计算中国从美国进口（中方口径）拉动的美国增加值。中国对美出口增加值核算的模型与前文中中国总出口拉动的增加值测算模型相同，只是出口向量由中国总出口替换为中国对美出口，因此，本节不再赘述。

第三节　增加值视角下的中美贸易平衡

一　中美双边直接货物贸易状况

为保证用于对比的中美双边数据统计范围（含不含转口）和商品计价（出口统计 FOB 价格/FAS 价格，而进口统计 CIF 价格）一致，本节以 FOB 价格下的中国（不含港澳台地区）（即不含转口）与美国之间直接货物进出口为标准，对中美双边公布的贸易数据进行修正，并在增加值视角下对两国真实贸易所得进行测算。根据第一节中美贸易总值的修正中的说明，要得到 FOB 价格下中国（不含港澳台地区）对美国的直接货物进口和出口，需要进行以下处理：美方的"美国从中国进口"在 CIF 价格计价基础上，扣除国际运费和保险费，按照表 5.2 该费率为 5.44%，得到 FOB 价格的"美国从中国进口"，因进口统计采用原产地规则，需要在此基础上进一步扣除中国内地经中国香港转口至美国的部分（具体算法见第一节转口贸易部分），最终可以得到美方统计的 FOB 价格下"中国向美国出口"；中方的"中国从美国进口"数据处理方法与美方数据相同；中美双方各自统计的出口本身就是 FOB 价格的中国（不含港澳台地区）与美国之间的贸易数据，因此，出口数据保留，详细结果见表 5.4。

在进出口总值统计口径下，美方统计的"中国对美国出口"从

4841 亿美元降至 4363 亿美元，与中方统计的差异由最初的 749 亿美元降低至 271 亿美元，降幅达到 63.8%；中方统计的"美国对中国出口"从最初的 1478 亿美元降低至 1402 亿美元，与美方统计的差异由 400 亿美元降低至 324 亿美元，降幅为 19.0%；中方统计的中美贸易差额由 2614 亿美元扩大至 2690 亿美元，而美方统计的中美贸易差额由 3763 亿美元降至 3285 亿美元，降幅为 12.7%，双方统计的差异由最初的 1149 亿美元大幅下降至 595 亿美元，下降幅度高达 48.2%。

在贸易增加值统计口径下，利用中方和美方两套数据测算得到的，2015 年中国对美国出口增加值分别为 2638 亿美元和 2809 亿美元，数据差异进一步从总值口径下的 271 亿美元，减小至 171 亿美元，仅相当于最初差异 749 亿美元的 22.8%。与美国等发达经济体相比，中国经济和外贸发展起步较晚，2015 年时中国参与经济全球化的方式仍然以劳动密集型、附加值率较低的产品生产环节为主，研发、销售等"微笑曲线"两端、附加值率较高的环节仍主要分布在发达经济体内部，加之以电子信息类产品为代表的长链条加工贸易类产品生产在东亚和东南亚地区逐步成为常态，中国出口体现的是"集日韩台① 东亚出口"，而非完全是中国自身出口，中国每 1000 美元货物对美出口中所包含的国内增加值只有 644 美元，而加工贸易单位出口增加值更低，约为 410 美元。因此，增加值口径下的中国向美国出口比总值口径下的数据下降了约 35%，双方统计的规模也从 4000 多亿美元下降至不到 3000 亿美元。

利用中方和美方两套数据测算得到的，2015 年美国对中国出口增加值分别为 1224 亿美元和 933 亿美元，数据差异进一步从总值口径下的 324 亿美元下降至 291 亿美元，与最初差异的 400 亿美元相比下降比例超过四分之一。从表 5.4 中的数据可以看出，增加值口径下的美国对中国出口与总值口径下的数据相比变动幅度并不像"中国向美国出口"数据体现的那么大，主要原因在于美国出口产品的附加值率普遍较高，美国在分工细化程度较高的产品生产链条中主要从事高端关键零部件

---

① 此处，"台"是指中国台湾地区，为行文方便，文中"台湾"均指中国台湾地区。

的生产，而非价值链中后端的加工组装环节，美国单位出口增加值水平较高，每1000美元美国向中国出口中所包含的美国国内增加值约为865美元，比中国高出三分之一。

表 5.4　　　　　2015 年中美直接货物贸易及双边贸易差额　　　　单位：亿美元

		中国对美国出口 / 美国从中国进口	美国对中国出口 / 中国从美国进口	中美贸易差额
贸易总值口径	中方数据	4092	1402	2690
	美方数据	4363	1078	3285
	差值	271	324	595
贸易增加值口径	中方数据	2638	1224	1414
	美方数据	2809	933	1876
	差值	171	291	462

注：中对美出口总值为中国FOB价格，美对中出口则为美国FOB价格，中美贸易差额均为中对美出口—美对中出口，"差值"为中美双方数据之差的绝对值，数据来自中国科学院数学与系统科学研究院陈锡康研究员的2017年中美交流基金会项目课题组。

根据以上数据可以进一步得到增加值统计口径下的中美贸易差额数据，2015 年依据中方数据测算出的中美贸易差额为1414亿美元，仅相当于最初2614亿美元的54.1%，依据美方数据测算出的中美贸易差额为1876亿美元，仅相当于最初3763亿美元的49.9%，中美双方的数据差异也由最初的1149亿美元缩小至462亿美元，降幅达到40%。综合以上数据测算结果可以看出，统一的计价标准和统计范围大幅缩小了中美双方贸易数据之间的差异，就中美贸易差额这一项来看，中美数据差异一般来自计价标准和统计范围的不同。

二　包含中国香港转口的中美货物贸易状况

在上一节中美双边直接货物贸易数据的基础上，遵循统一的计价标准原则，将统计范围由中国内地与美国的直接货物贸易扩展至包含中国香港转口的中国与美国进出口，即在表 5.4 数据的基础上，相对应的加上中国内地经中国香港转口至美国的商品价值（扣除中国香港本地加工费用，并转换为在内地口岸出境时的 FOB 价格），以及美国经中国香港转口至中国内地的商品价值（同样扣除中国香港本地加工费用，并转换为在美国口岸出境时的 FOB 价格），最终结果见表 5.5。由于中国香港转口数据均来自中国香港特别行政区统计署，来源唯一，不存在像中美进出口数据一样出现两种口径，因此，中美官方数据所产生的差值与表 5.4 中保持一致，只是贸易规模上多出了中国香港转口的部分。

从贸易总值口径的结果看，根据中方统计数据，2015 年包括经中国香港转口在内的中国向美国出口规模为 4387 亿美元，其中经中国香港转口的货物规模为 295 亿美元（以中国内地口岸出境时的 FOB 价格计价），中国香港转口约占中国向美国货物出口的 6.7%。根据美方统计数据，2015 年包括经中国香港转口在内的美国向中国货物出口规模为 1158 亿美元，其中经中国香港转口的货物规模为 80 亿美元（以美国口岸出境时的 FOB 价格计价），中国香港转口约占美国向中国货物出口的 6.9%，从中国香港转口的两个占比数据来看，2015 年中国香港转口仍然是中美之间货物贸易的一个重要交易途径。由于货物贸易统计范围的扩大，包含中国香港转口的中美货物贸易差额也出现了一定幅度的增加，根据美方数据测算的美中贸易逆差扩大至 3500 亿美元，中国香港转口为美中贸易逆差 / 中美贸易顺差贡献了 215 亿美元，约为货物贸易总差额的 6.1%。

从贸易增加值口径的结果看，根据中方统计数据，2015 年包括经中国香港转口在内的中国向美国出口增加值为 2824 亿美元，与总值口径下的出口额相比下降了 35.6%，其中经中国香港转口的货物拉动的中国内地增加值为 186 亿美元，中国香港转口约占中国向美国货物出口增加值的 6.6%，这一比重与中国香港转口在总值中的比重略有差异，主要原因在于经中国香港转口的货物商品结构与中国内地直接向美国出口的货物商品结构不同，而不同商品出口拉动的国内增加值不同，因此，出口增加值并不是完全按照出口总额的提升而等比例提升。根据美方统计数据，2015 年包括经中国香港转口在内的美国向中国货物出口增加值为 1005 亿美元，其中经中国香港转口的货物规模为 72 亿美元，中国香港转口约占美国向中国货物出口增加值的 7.2%，这一比重较总值口径下中国香港转口的占比有所提升，美国经中国香港转口到中国内地的货物商品中所包含的美国国内附加值总体来看要比美国直接向中国内地出口中所包含的美国国内附加值要高，根本上来讲，还是商品结构造成的差异，在下一节中，将对中美贸易数据的部门差异进行分析，即剖析中美两套数据在哪些商品大类、哪些国民经济部门差异最大。

表 5.5　2015 年中美货物贸易（含中国香港转口）及双边贸易差额　单位：亿美元

		中国对美国出口/ 美国从中国进口	美国对中国出口/ 中国从美国进口	中美贸易差额
	中方数据	4387	1482	2905
贸易总值口径	美方数据	4658	1158	3500
	差值	271	324	595
	中方数据	2824	1296	1528
贸易增加值口径	美方数据	2995	1005	1990
	差值	171	291	462

注：中对美出口总值为中国FOB价格，美对中出口则为美国FOB价格，中美贸易差额均为中对美出口—美对中出口，"差值"为中美双方数据之差的绝对值。数据来自中国科学院数学与系统科学研究院陈锡康研究员的2017年中美交流基金会项目课题组。

以贸易增加值衡量的包括中国香港转口在内的中美贸易差额与不包含中国香港转口情况下相比，也有一定幅度的提升，由于中国在出口中获取增加值能力与美国相比还相对较弱，加之两国经中国香港转口的商品结构不同，中国香港转口对中美贸易增加值差额的贡献由总值口径下的 215 亿美元，大幅下降至 114 亿美元，相当于中方和美方贸易增加值差额数据的 7.5% 和 5.7%。从上述数据结果和分析来看，2015年中国香港转口对中美货物贸易的贡献整体维持在 6%—7% 的水平。

三　包含货物和服务的中美贸易状况

随着信息技术的快速发展，国际运输和交往的便利性明显提升，货物在国与国之间的流动已经不再是经济全球化最主要的表现形式，人员、资本、服务的流动快速增加，从贸易的角度来讲，服务贸易的重要性不断提升，相比有形的货物，无形的服务流动将逐步成为未来全球贸易的主体。根据联合国贸易和发展会议 UNCTAD 公布的数据，2018 年全球服务贸易总出口额已经达到 58450 亿美元，占全球货物和服务贸易总出口的比重达到 23.4%，且近年来全球服务贸易增速均高于货物贸易增速，鉴于服务贸易在国际贸易中地位的日趋重要，有必要将服务贸易纳入当前中美在双边贸易中"真实所得"的测算当中，目前中美两国各自拥有独立的对服务贸易数据的统计体系，其中中国由国家外汇管理局统计，美国则由美国经济分析局 BEA 统计。

根据中国国家外汇管理局的统计，2015 年中美服务贸易总额约为 1077 亿美元，其中，中国向美国服务出口 332 亿美元，从美国服务进口 745 亿美元，中美服务贸易呈逆差状态，服务贸易差额为 413 亿美元。根据美国经济分析局 BEA 网站公布的统计数据，2015 年美中服务贸易总额约为 645 亿美元，其中，美国从中国服务进口 151 亿美元，向中国服务出口 484 亿美元，美中服务贸易顺差 333 亿美元。可以看出，目前中美双方对服务贸易的统计存在非常大的差异，中方统计的中美服务贸易总额比美方统计数据高出三分之二以上，且中方统计的进口和出口数据均高于美方，目前中美两国以及全球主要国家的统计标准均采用《国际收支平衡手册》第六版（BMP6），因此服务贸易数据的差异主要源于中美双方对"服务贸易"统计方式的不同，中国国家外汇管理局是依据银行账户资产变动作为统计的原始数据，因此统计覆盖的范围比美方更大。由于服务贸易具有无形性，与有形的货物贸易不同，且新的服务贸易形式不断出现，服务贸易的统计标准也在不断更新和修正。

从贸易总值角度来看，目前包括中美双边直接货物贸易、经中国香港转口的货物贸易以及两国服务贸易的总规模（为方便行文，后续称"中美全口径贸易额"）2015 年达到 6946 亿美元（中方数据），与 2015 年中国 GDP 的比值① 为 6.3%，与 2015 年美国 GDP 的比值为 3.8%，

---

① 2015 年中国 GDP 为 68.8 万亿元人民币，2015 年美元兑人民币平均汇率为 6.2284，折算为美元，则 2015 年中国 GDP 约为 11 万亿美元。2015 年美国 GDP 为 18.22 万亿美元。

可见中美贸易在两国经济发展中都占据着举足轻重的位置。2015年中方统计的全口径中国对美国出口额为4719亿美元，美方统计值为4809亿美元，两者之间的差距已降至90亿美元，仅相当于该出口额的不到2%，中美双方出口数据差异已经非常小。2015年中方统计的全口径美国对中国出口额为2227亿美元，美方统计值为1643亿美元，两者之间的差距584亿美元，比不包含服务贸易情况下的差距有所扩大，这主要源于中国国家外汇管理局统计的服务贸易进口和出口数据均明显高于美方。经统计价格、中国香港转口和利润以及服务贸易数据的调整，中美官方两套数据衡量的美中逆差缩小为674亿美元，缩小了36.4%，仅占2015年中美贸易总量的9.7%（中方）、10.4%（美方）。

表5.6 2015年中美贸易（含服务贸易和中国香港转口）及双边贸易差额 单位：亿美元

		中国对美国出口 / 美国从中国进口	美国对中国出口 / 中国从美国进口	中美贸易 差额
贸易总值 口径	中方数据	4719	2227	2492
	美方数据	4809	1643	3166
	差值	90	584	674
贸易增加值 口径	中方数据	3111	1986	1125
	美方数据	3124	1455	1669
	差值	13	531	544

注：中对美出口总值为中国FOB价格，美对中出口则为美国FOB价格，中美贸易差额均为中对美出口—美对中出口，"差值"为中美双方数据之差的绝对值。数据来自中国科学院数学与系统科学研究院陈锡康研究员的2017年中美交流基金会项目课题组。

在增加值视角下，中美双方统计的中国对美国出口分别调整为3111亿美元和3124亿美元，两者之差只有13亿美元，仅相当于出口增加值的0.4%，中美双方的数据差异已基本可以忽略不计。中美双方统计的美国对中国出口进一步调整为1986亿美元和1455亿美元，两者之差为531亿美元，相当于出口增加值（美方）的36.5%，与仅考虑货物贸易的情况下有大幅度提高。以增加值核算的全口径美中逆差为1125亿美元（中方）和1669亿美元（美方），两者数据的差距为544亿美元，也比仅考虑货物贸易的情况下提高了82亿美元。加入服务贸易后，中美双方数据的差异有扩大的现象，为解决这一问题，未来需要中美两国在服务贸易统计范围、统计规则、统计方式、初始数据选择等多个方面进一步对接和统一来实现两国服务贸易数据的一致性。

另外，调整后的中美数据仍有一定差距，还有一个可能的原因是运输时滞，中国和美国分别位于亚洲和北美洲，中美贸易横跨整个太平洋，双方在同一时段的统计数据势必忽略正在运输中的部分，但由于暂无精确数据，本书暂未对运输时滞部分进行衡量。计算时使用的是国家间的平均国际运保费率，与实际运保费率必然存在一定偏差，这也是调整后的双方数据仍存在差距的另一个可能原因。

在对中美两套官方数据进行调整后发现，美中货物贸易确实存在较大逆差，但只有深入了解逆差存在的真正原因，才能判断逆差的存在是否真的对美国而言弊大于利。随着中国不断融入全球化以及国际分工程度的加深，日本、韩国、中国台湾等东南亚国家和地区逐渐将劳动密集型产业转移到中国大陆，使得美国对上述国家的贸易逆差锐减，逆差由东南亚向中国的转移也是美中贸易逆差不断扩大的重要原因（赵放，2006）；宏观经济失衡是造成中美贸易失衡的内在原因，美国高消费、高投资和低储蓄的特征决定了美国国内总需求大于总供给，国际收支自然表现为逆差，在巨额财政赤字和抑制货币通胀的共同作用下，美元升值，出口减少，加剧逆差，中国则相反，储蓄大于投资，国内有效需求不足，造成贸易顺差（林斐婷，2007）；美国对华采取歧视性出口管制，限制对华的高技术产品出口，影响双边贸易平衡（金旭，2007）。也有学者（Chou，2000）认为人民币的低估造成中国产品在美国市场上具有非自然竞争优势，但实际上，人民币汇率的贬值市场作用远强于政府的作用，2015—2018 年美联储共进行了 9 次加息，尤其是美国对中国挑起贸易摩擦后，2017 年加息三次，2018 年加息四次，包括人民币在内的世界主要货币均受强势美元的影响面临强大的贬值压力，因此，人民币在外汇市场上为中国产品带来的"汇率优势"并不是中国政府和人民选择的结果，而是在美方强势加息的背景下产生的正常汇率波动。

第四节　中美贸易数据差异的商品结构 / 部门结构分析

在第三节中，本书在统一商品计价标准和统计范围的基础上，对贸易总值和贸易增加值视角下的中美两国贸易数据的差异进行了分析，主要展示了进口、出口和贸易差额的总规模，经过修正后的中美直接货物贸易、包含中国香港转口的中美货物贸易数据，中美两国的差异均比最初差异有明显缩小，详见表5.7。但最初中美双方统计的中国对美国出口 / 美国从中国进口差异达到749亿美元，美国对中国出口 / 中国从美国进口数据差异为400亿美元，这种差异主要来自哪种商品，哪个国民经济统计部门？中美统计差异是否与某些商品的特性有关系？为回答这些问题，本节从中美贸易的商品结构和部门结构详细对比了中美统计差异的来源。

表 5.7　　　　　　　中美贸易数据修正结果对比　　　　　　　单位：亿美元

		中国对美国出口 / 美国从中国进口	美国对中国出口 / 中国从美国进口	中美贸易差额
最初公布的货物贸易总值	中方数据	4092	1478	2614
	美方数据	4841	1078	3763
	差值	749	400	1149
含转口的货物贸易增加值	中方数据	2824	1296	1528
	美方数据	2995	1005	1990
	差值	171	291	462
	较最初差值的下降幅度（%）	77.2	27.3	59.8
全口径下的贸易增加值	中方数据	3111	1986	1125
	美方数据	3124	1455	1669
	差值	13	531	544
	较最初差值的下降幅度（%）	98.3	−32.8	52.7

注：数据来源于中国科学院数学与系统科学研究院陈锡康研究员的2017年中美交流基金会项目课题组。"美国对中国出口"列最后一个数值"−32.8%"表示全口径下中美两国统计的"美国对中国出口"数据差异比最初的数据差异扩大了32.8%，其他正值均为较最初差值缩小。

一 中美双边货物贸易的商品结构分析

为深入分析中美最初货物贸易统计差异的商品来源，本书使用的货物贸易数据均为 HS6 位编码[①] 分类，根据 USITC 的贸易数据，2015 年美国从中国进口的货物商品共 4472 种（HS6 位编码个数），美国向中国出口的货物商品共 4098 种，六位编码下的商品种类过多不便于比较分析，因此，本书将中美原始的六位编码贸易数据对应整理为两种分类：一是按海关协调制度章别，即 HS2 位编码，将所有商品归为 98 大类；二是按国民经济部门，将所有六位编码的数据——对应至国民经济的 139 部门。在这两种分类下，可以进一步分析中美货物贸易数据主要来自哪些大类商品，主要属于哪些国民经济部门。

首先，考察中国对美国出口 / 美国从中国进口数据（详见表 5.8），总值口径下两国统计数据的差异为 749 亿美元，而从 98 章商品分类来看，中美两国的统计差异为 936 亿美元，这一数据高于总值的 749 亿美元，原因在于某些商品中方统计高于美方，另一部分商品美方统计高于中方，加总后的总值存在一定的抵消效应。在 936 亿美元的差距中，数据差异最大的商品是第 85 章电机电器类商品，2015 年美国统计从中国进口规模为 1331 亿美元，而中国统计的向美国出口为 952 亿美元，相差 379 亿美元，占中美总数据差异的 40.5%，美方统计数据比中方高出 39.8%，显然这一差异不可能全部来自 CIF 价格和 FOB 价格之间相差的国际运费和保险费，国际运保费仅能解释 39.8% 中的 6% 左右，其他应该主要来自于经中国香港等地的第三方贸易转口，在下一节中本书将着重分析中美两国经中国香港转口的商品结构，可以印证转口在这部分商品差异中的重要性。中美对于第 84 章机器、机械器具

[①] 《商品名称及编码协调制度的国际公约》（International Convention for Harmonized Commodity Description and Coding System）简称协调制度（Harmonized System，HS）。其中，中国海关提供的是 HS8 位编码的数据，商品分类更加详细，但由于全球货物贸易统计中对 HS6 位是通用的编码，而 HS8 中的后两位由各国自己分类，因此会造成中国和美国在同一种商品对应的 HS8 位编码存在一定差异，为减小这种不必要的差异带来的影响，将中国海关的 HS8 位编码数据调整至 6 位，美国的 HS6 位数据则直接来自美国国际贸易委员会 USITC。

类商品的差异也较大，美方数据比中方高出 198 亿美元，占总差异的 21.2%，第 85 和 84 章两大类商品占中美数据总差异的比重已经超过了 60%，这两类商品的一大特点在于生产流程较为固定、价值链分工通常较细，是各国参与全球价值链生产的主要商品，这一特点是造成中美数据差异较大的原因：中国出口至第三方国家或地区进行下一步生产环节，中国无法得知商品在第三方国家会进行什么程度的加工生产，也不确定未来商品是否会留在第三方国家或者出口至其他地区，因此，在中国出口中计入向第三方国家和地区出口，而美国则会根据第三方国家和地区在商品生产中附加值的比例来确定进口来源地，当第三方附加值率低于某一水平时，则依然会记为是从中国的进口。第 95 章的玩具类商品中美差异为 94 亿美元，可能的主要来源是对零件、附件类商品，原因同上。第 98 章特殊交易品及未分类商品，这一章节与制造业中的"其他制造业"有一定的相似之处，即暂时未做明确分类的商品都会放入其中，中方数据值只有 0.1 亿美元，可见目前中国海关对产品的分类已经做到非常完善，只有 0.1 亿美元的商品暂时未分类，而相比之下美国的特殊交易品和未分类商品价值高达 23.3 亿美元，美国海关对产品的分类工作仍需进一步完善。另一个较为特殊的是第 86 章铁道类车辆及零部件，除了部分商品经第三方而造成的统计差异外，还与统计时滞有一定的关系，这类商品与飞机等大型交运设备一样，下订单、生产、付款及产品交付通常跨越较长时间，从而造成交易双方在不同时点对同一次交易进行统计。

从国民经济部门分类来看（详见表 5.9），中美两国对中国对美国出口 / 美国从中国进口的统计差异为 972 亿美元，其中，通信设备和计算机的统计差异最大，这两个部门商品美国统计比中国统计高出 394 亿美元，占到总差异的 40%，广播电视设备、电子元器件和其他专用设备的统一差异合计也有 100 亿美元，占总差异的 10% 以上，这些均为产业分工较细的工业制成品。鞋和皮革类产品美方统计高于中方，而纺织制成品、纺织服装服饰等则是中方统计高于美方，其中一个主要原因应该是中美两国海关对商品价值的认定存在一定差异，或者美国可能是中国与北美其他地区纺织服装类商品贸易的第三方中转地。

表 5.8　　2015 年按 HS 章别分类的中国对美国出口 / 美国从中国进口数据

HS 章别	商品名称	2015 年中国向美国出口（亿美元）	2015 年美国从中国进口（亿美元）	数据差异（亿美元）	部门差异占总差异的比重（%）	部门差异占贸易额的比重（中方）（%）
85	电机、电气设备及其零件；录音机及放声机、电视图像、声音的录制和重放设备及其零件、附件	951.7	1330.9	379.1	40.5	39.8
84	核反应堆、锅炉、机器、机械器具及其零件	843.5	1041.6	198.1	21.2	23.5
95	玩具、游戏品、运动用品及其零件、附件	151.1	245.1	94.0	10.0	62.2
64	鞋靴、护腿和类似品及其零件	140.6	172.8	32.2	3.4	22.9
98	特殊交易品及未分类商品	0.1	23.3	23.3	2.5	41237.9
86	铁道及电车道机车、车辆及其零件；铁道及电车轨道固定装置及其零件、附件；各种机械（包括电动机械）交通信号设备	25.4	10.3	15.1	1.6	59.4
69	陶瓷产品	37.4	23.8	13.6	1.5	36.4
61	针织或钩编的服装及衣着附件	175.7	162.9	12.7	1.4	7.3
90	光学、照相、电影、计量、检验、医疗或外科用仪器及设备、精密仪器及设备；上述物品的零件、附件	99.1	110.7	11.5	1.2	11.6
67	已加工羽毛、羽绒及其制品；人造花；人发制品	26.4	15.9	10.5	1.1	39.7
83	贱金属杂项制品	37.9	47.6	9.7	1.0	25.6
71	天然或养殖珍珠、宝石或半宝石、贵金属、包贵金属及其制品；仿首饰；硬币	42.1	32.9	9.2	1.0	21.8
94	家具；寝具、褥垫、弹簧床垫、软坐垫及类似的填充制品；未列名灯具及照明装置；发光标志、发光名牌及类似品；活动房屋	290.3	281.2	9.2	1.0	3.2
49	书籍、报纸、印刷图画及其他印制品；手稿、打字稿及设计图纸	11.8	21.0	9.2	1.0	77.4

续表

HS 章别	商品名称	2015年中国向美国出口（亿美元）	2015年美国从中国进口（亿美元）	数据差异（亿美元）	部门差异占总差异的比重（%）	部门差异占贸易额的比重（中方）（%）
29	有机化学品	58.2	66.5	8.3	0.9	14.3
42	皮革制品；鞍具及挽具；旅行用品、手提包及类似容器；动物肠线（蚕胶丝除外）制品	78.1	85.6	7.5	0.8	9.7
16	肉、鱼、甲壳动物、软体动物及其他水生无脊椎动物的制品	13.0	6.8	6.2	0.7	47.9
91	钟表及其零件	5.9	11.8	5.9	0.6	98.9
27	矿物燃料、矿物油及其蒸馏产品；沥青物质；矿物蜡	9.6	4.8	4.8	0.5	50.0
39	塑料及其制品	139.9	144.3	4.4	0.5	3.2
88	航空器、航天器及其零件	8.9	4.9	4.0	0.4	45.2
40	橡胶及其制品	39.6	43.5	3.9	0.4	9.8
72	钢铁	14.9	18.7	3.7	0.4	25.0
62	非针织或非钩编的服装及衣着附件	151.2	147.6	3.6	0.4	2.4
48	纸及纸板；纸浆、纸或纸板制品	33.4	29.8	3.6	0.4	10.7
68	石料、石膏、水泥、石棉、云母及类似材料的制品	18.7	15.2	3.5	0.4	18.9
65	帽类及其零件	12.8	16.0	3.1	0.3	24.5
97	艺术品、收藏品及古物	1.2	4.0	2.8	0.3	233.9
44	木及木制品；木炭	37.3	40.0	2.7	0.3	7.2
60	针织物及钩编织物	7.4	4.8	2.5	0.3	34.2
87	车辆及其零件、附件（铁道及电车道车辆除外）	132.4	130.3	2.1	0.2	1.6
96	杂项制品	28.1	30.1	2.0	0.2	7.3
82	贱金属工具、器具、利口器、餐匙、餐叉及其零件	34.6	36.6	2.0	0.2	5.7
5	其他动物产品	2.6	4.2	1.6	0.2	61.7
28	无机化学品；贵金属、稀土金属、放射性元素及其同位素的有机及无机化合物	10.9	12.5	1.6	0.2	14.7
89	船舶及浮动结构体	2.9	1.3	1.6	0.2	54.4

HS 章别	商品名称	2015 年中国向美国出口（亿美元）	2015 年美国从中国进口（亿美元）	数据差异（亿美元）	部门差异占总差异的比重（%）	部门差异占贸易额的比重（中方）（%）
34	肥皂、有机表面活性剂、洗涤剂、润滑剂、人造蜡、调制蜡、光洁剂、蜡烛及类似品、塑型用膏、"牙科用蜡"及牙科用熟石膏制剂	2.8	4.3	1.5	0.2	54.9
23	食品工业的残渣及废料；配制的动物饲料	4.4	2.9	1.5	0.2	33.4
12	含油子仁及果实；杂项子仁及果实；工业用或药用植物；稻草、秸秆及饲料	2.0	3.5	1.4	0.2	70.7
7	食用蔬菜、根及块茎	5.4	4.2	1.2	0.1	22.8
74	铜及其制品	4.1	5.3	1.2	0.1	28.8
3	鱼、甲壳动物、软体动物及其他水生无脊椎动物	18.0	19.0	1.0	0.1	5.6
81	其他贱金属、金属陶瓷及其制品	3.9	4.8	1.0	0.1	25.6
21	杂项食品	3.3	2.4	0.9	0.1	26.8
30	药品	13.4	12.5	0.9	0.1	6.4
58	特种机织物；簇绒织物；花边；装饰毯；装饰带；刺绣品	4.1	3.3	0.8	0.1	20.7
52	棉花	3.5	2.7	0.8	0.1	22.2
93	武器、弹药及其零件、附件	1.1	1.9	0.8	0.1	70.4
31	肥料	7.0	6.2	0.7	0.1	10.5
56	絮胎、毡呢及无纺织物；特种纱线；线、绳、索、缆及其制品	6.6	5.9	0.7	0.1	10.6
59	浸渍、涂布、包覆或层压的纺织物；工业用纺织制品	5.3	4.7	0.7	0.1	13.0
79	锌及其制品	0.5	1.2	0.7	0.1	141.0
76	铝及其制品	30.2	29.6	0.6	0.1	2.1
54	化学纤维长丝	5.7	5.1	0.6	0.1	10.9
57	地毯及纺织材料的其他铺地制品	5.2	5.8	0.6	0.1	12.0
9	咖啡、茶、马黛茶及调味香料	2.2	2.8	0.6	0.1	26.4

HS章别	商品名称	2015年中国向美国出口（亿美元）	2015年美国从中国进口（亿美元）	数据差异（亿美元）	部门差异占总差异的比重（%）	部门差异占贸易额的比重（中方）（%）
35	蛋白类物质；改性淀粉；胶；酶	2.7	3.3	0.6	0.1	21.6
25	盐、硫黄；泥土及石料；石膏料、石灰及水泥	3.7	4.2	0.6	0.1	15.7
20	蔬菜、水果、坚果或植物其他部分的制品	11.0	10.5	0.5	0.1	4.8
66	雨伞、阳伞、手杖、鞭子、马鞭及其零件	4.9	5.3	0.4	0.0	9.2
38	杂项化学产品	10.9	11.4	0.4	0.0	4.1
92	乐器及其零件、附件	4.9	5.4	0.4	0.0	8.8
63	其他纺织制成品；成套物品；旧衣着及旧纺织品；碎织物	76.5	76.9	0.4	0.0	0.5
46	稻草、秸秆、针茅或其他编结材料制品；篮筐及柳条编结品	3.7	3.3	0.4	0.0	11.0
80	锡及其制品	0.1	0.5	0.4	0.0	563.5
11	制粉工业产品；麦芽；淀粉；菊粉；面筋	0.1	0.5	0.4	0.0	285.9
26	矿砂、矿渣及矿灰	0.1	0.5	0.3	0.0	333.5
70	玻璃及其制品	27.7	27.4	0.3	0.0	1.2
55	化学纤维短纤	5.2	4.9	0.3	0.0	6.1
15	动、植物油、脂及其分解产品；精制的食用油脂；动、植物蜡	0.9	0.6	0.3	0.0	33.9
43	毛皮、人造毛皮及其制品	0.7	1.0	0.3	0.0	37.8
33	精油及香膏；芳香料制品及化妆盥洗品	10.6	10.8	0.2	0.0	2.3
13	虫胶；树胶、树脂及其他植物液、汁	2.6	2.4	0.2	0.0	9.3
8	食用水果及坚果；甜瓜或柑橘属水果的果皮	1.6	1.8	0.2	0.0	13.8
45	软木及软木制品	0.1	0.3	0.2	0.0	232.2
2	肉及食用杂碎	0.0	0.2	0.2	0.0	766.0
14	编结用植物材料；其他植物产品	0.1	0.3	0.2	0.0	197.9

续表

HS 章别	商品名称	2015 年中国向美国出口（亿美元）	2015 年美国从中国进口（亿美元）	数据差异（亿美元）	部门差异占总差异的比重（%）	部门差异占贸易额的比重（中方）（%）
19	谷物、粮食粉、淀粉或乳的制品；糕饼点心	1.7	1.9	0.2	0.0	9.7
73	钢铁制品	104.9	104.7	0.2	0.0	0.2
6	活树及其他活植物；鳞茎、根及类似品；插花及装饰用簇叶	0.3	0.4	0.1	0.0	42.9
53	其他植物纺织纤维；纸纱线及其机织物	0.4	0.5	0.1	0.0	25.1
24	烟草及烟草代用品的制品	0.1	0.2	0.1	0.0	120.1
37	照相及电影用品	0.5	0.4	0.1	0.0	18.8
41	生皮（毛皮除外）及皮革	0.2	0.3	0.1	0.0	29.3
36	炸药；烟火制品；火柴；引火合金；易燃材料制品	3.3	3.4	0.1	0.0	1.8
10	谷物	0.0	0.1	0.1	0.0	134.0
32	鞣料浸膏及染料浸膏；鞣酸及其衍生物；染料、颜料及其他着色料；油漆及清漆；油灰及其他类似胶粘剂；墨水、油墨	5.2	5.3	0.1	0.0	1.1
1	活动物	0.2	0.3	0.1	0.0	24.0
17	糖及糖食	1.6	1.6	0.0	0.0	2.7
18	可可及可可制品	0.3	0.2	0.0	0.0	16.7
50	蚕丝	0.3	0.3	0.0	0.0	12.3
78	铅及其制品	0.0	0.1	0.0	0.0	116.5
51	羊毛、动物细毛或粗毛；马毛纱线及其机织物	0.4	0.4	0.0	0.0	6.5
75	镍及其制品	0.4	0.4	0.0	0.0	4.3
4	乳品；蛋品；天然蜂蜜；其他食用动物产品	0.1	0.1	0.0	0.0	10.9
22	饮料、酒及醋	0.5	0.5	0.0	0.0	1.0
47	木浆及其他纤维状纤维素浆；纸及纸板的废碎品	0.0	0.0	0.0	0.0	33.0

注：中国对美国出口数据来自中国海关总署，美国从中国进口数据来自美国国际贸易委员会，按"数据差异"列项倒序列，且"数据差异"为绝对值，下同。

表 5.9　2015 年按国民经济 139 部门分类的中国对美国出口／美国从中国进口数据

部门编号	部门名称	2015 年中国向美国出口（亿美元）	2015 年美国从中国进口（亿美元）	数据差异（亿美元）	部门差异占总差异的比重（%）	部门差异占贸易额的比重（中方）（%）
87	通信设备	366.6	618.7	252.1	26.9	68.8
86	计算机	511.2	652.9	141.7	15.1	27.7
38	文教、工美、体育和娱乐用品	264.5	336.5	72.0	7.7	27.2
88	广播电视设备和雷达及配套设备	98.5	138.9	40.3	4.3	40.9
33	鞋	140.4	172.5	32.0	3.4	22.5
90	电子元器件	66.2	97.0	30.8	3.3	46.5
74	其他专用设备	71.7	101.7	29.9	3.2	41.8
32	皮革、毛皮、羽毛及其制品	81.7	108.7	27.0	2.9	33.0
35	家具	169.0	192.1	23.1	2.5	13.7
92	仪器仪表	58.2	81.2	23.0	2.5	39.5
30	纺织制成品	107.0	86.0	21.0	2.2	19.7
84	家用器具	133.4	149.0	15.6	1.7	11.7
68	泵、阀门、压缩机及类似机械	58.9	74.5	15.5	1.7	26.4
31	纺织服装服饰	337.2	323.3	14.0	1.5	4.1
51	塑料制品	123.7	136.3	12.6	1.3	10.2
62	有色金属及其合金和铸件	14.3	26.6	12.4	1.3	86.7
64	金属制品	174.2	162.4	11.8	1.3	6.8
89	视听设备	83.1	72.9	10.3	1.1	12.4
70	其他通用设备	101.1	110.1	9.0	1.0	8.9
85	其他电气机械和器材	154.9	146.0	8.9	1.0	5.8
81	输配电及控制设备	96.2	104.4	8.2	0.9	8.5
54	砖瓦、石材等建筑材料	17.5	10.5	6.9	0.7	39.7
82	电线、电缆、光缆及电工器材	44.3	50.7	6.4	0.7	14.5
36	造纸和纸制品	30.9	24.5	6.4	0.7	20.6
17	水产加工品	31.9	25.6	6.3	0.7	19.7
78	船舶及相关装置	3.0	8.8	5.8	0.6	190.3
48	医药制品	34.1	39.8	5.7	0.6	16.9
37	印刷品和记录媒介复制品	10.4	15.9	5.5	0.6	52.4
133	新闻和出版	5.6	10.7	5.1	0.5	91.1

续表

部门编号	部门名称	2015年中国向美国出口（亿美元）	2015年美国从中国进口（亿美元）	数据差异（亿美元）	部门差异占总差异的比重（%）	部门差异占贸易额的比重（中方）（%）
69	文化、办公用机械	46.8	51.3	4.5	0.5	9.7
39	精炼石油和核燃料加工品	9.6	5.2	4.3	0.5	45.3
65	锅炉及原动设备	22.8	18.8	4.0	0.4	17.5
50	橡胶制品	39.4	43.1	3.8	0.4	9.6
18	蔬菜、水果、坚果和其他农副食品加工品	8.5	4.9	3.7	0.4	43.1
1	农产品	4.7	7.9	3.2	0.3	68.2
71	采矿、冶金、建筑专用设备	14.4	17.5	3.1	0.3	21.7
41	基础化学原料	46.2	49.3	3.1	0.3	6.7
47	日用化学产品	13.5	16.5	3.0	0.3	22.1
56	陶瓷制品	19.8	16.9	2.8	0.3	14.3
55	玻璃和玻璃制品	28.6	31.3	2.7	0.3	9.5
29	针织或钩针编织及其制品	10.4	7.8	2.6	0.3	24.9
60	钢压延产品	17.6	20.2	2.6	0.3	14.7
22	其他食品	11.3	13.8	2.5	0.3	22.0
76	汽车零部件及配件	95.5	93.1	2.4	0.3	2.5
26	棉、化纤纺织及印染精加工品	10.5	8.3	2.1	0.2	20.3
66	金属加工机械	5.9	8.0	2.1	0.2	35.5
79	其他交通运输设备	35.3	33.2	2.0	0.2	5.8
16	屠宰及肉类加工品	1.3	3.1	1.8	0.2	143.5
72	化工、木材、非金属加工专用设备	11.0	12.7	1.7	0.2	15.2
24	饮料和精制茶加工品	6.3	4.8	1.6	0.2	24.7
13	饲料加工品	2.7	1.2	1.5	0.2	55.6
3	畜牧产品	0.6	1.9	1.3	0.1	213.7
53	石膏、水泥制品及类似制品	5.0	6.3	1.3	0.1	25.7
63	有色金属压延加工品	19.2	20.5	1.3	0.1	6.6
46	专用化学产品和炸药、火工、焰火产品	15.7	16.9	1.2	0.1	7.4
80	电机	32.0	31.0	1.0	0.1	3.2
75	汽车整车	15.4	16.3	0.9	0.1	6.1
67	物料搬运设备	14.8	15.7	0.8	0.1	5.4

部门编号	部门名称	2015年中国向美国出口（亿美元）	2015年美国从中国进口（亿美元）	数据差异（亿美元）	部门差异占总差异的比重（%）	部门差异占贸易额的比重（中方）（%）
61	铁合金产品	0.6	1.4	0.8	0.1	143.1
57	耐火材料制品	0.9	1.7	0.8	0.1	90.0
12	谷物磨制品	0.3	1.0	0.7	0.1	275.6
42	肥料	7.0	6.2	0.7	0.1	10.5
34	木材加工品和木、竹、藤、棕、草制品	37.6	38.2	0.7	0.1	1.8
45	合成材料	8.5	9.1	0.6	0.1	7.4
59	钢、铁及其铸件	4.9	5.4	0.5	0.1	11.1
9	有色金属矿采选产品	0.8	1.4	0.5	0.1	62.6
94	废弃资源和废旧材料回收加工品	0.8	1.3	0.5	0.1	64.9
7	石油和天然气开采产品	0.5	0.0	0.5	0.0	98.8
93	其他制造产品	22.7	22.3	0.4	0.0	1.9
10	非金属矿采选产品	2.0	2.4	0.4	0.0	19.7
4	渔产品	0.1	0.5	0.4	0.0	446.0
58	石墨及其他非金属矿物制品	3.4	3.7	0.3	0.0	8.8
44	涂料、油墨、颜料及类似产品	5.0	5.2	0.2	0.0	4.7
21	调味品、发酵制品	1.2	1.0	0.2	0.0	14.6
15	糖及糖制品	0.2	0.1	0.2	0.0	75.8
43	农药	1.7	1.6	0.2	0.0	9.3
73	农、林、牧、渔专用机械	5.9	6.1	0.2	0.0	2.5
28	麻、丝绢纺织及加工品	0.7	0.9	0.1	0.0	20.3
77	铁路运输和城市轨道交通设备	6.4	6.6	0.1	0.0	2.1
25	烟草制品	0.1	0.2	0.1	0.0	155.6
2	林产品	0.1	0.2	0.1	0.0	157.3
19	方便食品	1.1	1.0	0.1	0.0	9.5
49	化学纤维制品	5.5	5.5	0.1	0.0	1.3
52	水泥、石灰和石膏	0.8	0.8	0.1	0.0	7.9
23	酒精和酒	0.3	0.3	0.0	0.0	12.2

注：中国对美国出口数据来自中国海关总署，美国从中国进口数据来自美国国际贸易委员会。

考察美国对中国出口 / 中国从美国进口数据，从第 98 章商品分类来看，中美两国的统计差异为 451 亿美元，其中，第 85 章电机电气类商品差异就达到了 109 亿美元，占总差异的 1/4，第 84 章机械类商品、第 90 类仪器设备类数据差异也较大，分别为 52.5 亿美元和 42.6 亿美元，这三大类商品合计占比达到 45%，与中国对美国出口 / 美国从中国进口数据相结合来看，这些价值链分工较长的商品在出口国与进口国之间的统计差异均较大，相比之下出口国对未来商品的生产过程和商品流向掌握的信息较少，统计误差较大，而进口则使用同一的原产地原则，比出口国数据更能反映双边贸易的情况，因此，在进行双边贸易统计时，建议结合两国的进口数据而非各国自己的进出口数据，在后续测算中美贸易争端对中国经济的影响时，也是采用进口数据优先原则。有趣的是，第 71 章珠宝、贵金属类商品，2015 年中国统计的从美国进口规模为 60 亿美元，而达到美国海关统计价值的只有 5.1 亿美元，数据差异非常大，由于珠宝等高端奢侈品价值金额较大，具体商品的价值认定可能在各国海关统计时存在较大差异。

从国民经济 139 部门分类来看，中美两国的美国对中国出口 / 中国从美国进口数据，差异最大的出现在其他交通运输设备部门，2015 年中国统计的从美国进口其他交通设备价值高达 187.4 亿美元，而 2015 年美国统计的对中国出口其他交通设备价值只有 0.6 亿美元，最主要的原因在于，飞机、航天器等大型交通运输设备均属于其他交通运输设备，而中国从美国波音公司订购飞机的价值通常也在百亿美元的规模，但飞机的订单与交付时间通常相差几年，从而造成中美两国对这笔交易具体时点的认定有差异，最终分别将同一笔交易计入不同的年份。对比表 5.8 和表 5.10 或者表 5.9 与表 5.11，可以看出中美两国双边贸易的商品和部门结构存在非常明显的差异，中美两国在 2015 年时点上，两国的贸易互补性远大于竞争性。

表 5.10　　2015 年按 HS 章别分类的美国对中国出口／中国从美国进口数据

HS 章别	商品名称	2015 年中国从美国进口（亿美元）	2015 年美国对中国出口（亿美元）	数据差异（亿美元）	部门差异占总差异的比重（%）	部门差异占贸易额的比重（中方）（%）
85	电机、电气设备及其零件；录音机及放声机、电视图像、声音的录制和重放设备及其零件、附件	195.2	86.4	108.8	24.1	55.8
71	天然或养殖珍珠、宝石或半宝石、贵金属、包贵金属及其制品；仿首饰；硬币	60.0	5.1	54.9	12.1	91.5
84	核反应堆、锅炉、机器、机械器具及其零件	158.2	105.7	52.5	11.6	33.2
90	光学、照相、电影、计量、检验、医疗或外科用仪器及设备、精密仪器及设备；上述物品的零件、附件	113.1	70.5	42.6	9.4	37.7
87	车辆及其零件、附件，但铁道及电车道车辆除外	132.0	105.7	26.3	5.8	19.9
12	含油子仁及果实；杂项子仁及果实；工业用或药用植物；稻草、秸秆及饲料	129.8	110.4	19.4	4.3	15.0
39	塑料及其制品	62.9	48.2	14.7	3.3	23.4
30	药品	26.5	14.4	12.1	2.7	45.5
88	航空器、航天器及其零件	161.5	150.9	10.6	2.3	6.5
38	杂项化学产品	28.4	18.6	9.8	2.2	34.4
98	特殊交易品及未分类商品	0.4	9.6	9.1	2.0	2167.3
29	有机化学品	31.1	24.1	7.0	1.5	22.4
26	矿砂、矿渣及矿灰	16.4	9.8	6.6	1.5	40.2
72	钢铁	2.8	8.9	6.1	1.3	213.1
70	玻璃及其制品	8.9	3.1	5.8	1.3	65.2
47	木浆及其他纤维状纤维素浆；纸及纸板的废碎品	39.3	33.6	5.6	1.2	14.4
40	橡胶及其制品	11.5	6.6	4.9	1.1	42.9
73	钢铁制品	11.9	7.1	4.8	1.1	40.0
27	矿物燃料、矿物油及其蒸馏产品；沥青物质；矿物蜡	26.5	22.2	4.4	1.0	16.5
76	铝及其制品	13.1	16.3	3.2	0.7	24.4
10	谷物	27.8	24.7	3.1	0.7	11.3

续表

HS 章别	商品名称	2015 年中国从美国进口（亿美元）	2015 年美国对中国出口（亿美元）	数据差异（亿美元）	部门差异占总差异的比重（%）	部门差异占贸易额的比重（中方）（%）
49	书籍、报纸、印刷图画及其他印制品；手稿、打字稿及设计图纸	4.8	1.8	3.0	0.7	62.0
23	食品工业的残渣及废料；配制的动物饲料	23.3	20.8	2.5	0.6	10.9
33	精油及香膏；芳香料制品及化妆盥洗品	6.4	3.9	2.5	0.5	38.9
34	肥皂、有机表面活性剂、洗涤剂、润滑剂、人造蜡、调制蜡、光洁剂、蜡烛及类似品、塑型用膏、"牙科用蜡"及牙科用熟石膏制剂	8.4	5.9	2.5	0.5	29.6
21	杂项食品	3.4	1.6	1.9	0.4	53.6
2	肉及食用杂碎	5.2	3.4	1.8	0.4	35.4
8	食用水果及坚果；甜瓜或柑橘属水果的果皮	5.3	3.5	1.8	0.4	33.9
48	纸及纸板；纸浆、纸或纸板制品	9.0	7.4	1.6	0.4	17.9
35	蛋白类物质；改性淀粉；胶；酶	4.1	2.5	1.6	0.4	38.3
44	木及木制品；木炭	22.2	20.7	1.6	0.3	7.0
41	生皮（毛皮除外）及皮革	15.9	14.4	1.5	0.3	9.4
52	棉花	11.0	9.7	1.3	0.3	12.2
28	无机化学品；贵金属、稀土金属、放射性元素及其同位素的有机及无机化合物	9.6	8.3	1.3	0.3	13.6
81	其他贱金属、金属陶瓷及其制品	2.9	1.6	1.3	0.3	44.0
5	其他动物产品	1.2	2.4	1.2	0.3	99.7
82	贱金属工具、器具、利口器、餐匙、餐叉及其零件	2.8	1.8	1.0	0.2	36.6
74	铜及其制品	19.2	18.2	1.0	0.2	5.3
94	家具；寝具、褥垫、弹簧床垫、软坐垫及类似的填充制品；未列名灯具及照明装置；发光标志、发光名牌及类似品；活动房屋	3.9	2.9	0.9	0.2	24.5

续表

HS章别	商品名称	2015年中国从美国进口（亿美元）	2015年美国对中国出口（亿美元）	数据差异（亿美元）	部门差异占总差异的比重（%）	部门差异占贸易额的比重（中方）（%）
32	鞣料浸膏及染料浸膏；鞣酸及其衍生物；染料、颜料及其他着色料；油漆及清漆；油灰及其他类似胶粘剂；墨水、油墨	5.0	4.0	0.9	0.2	18.6
3	鱼、甲壳动物、软体动物及其他水生无脊椎动物	10.8	10.0	0.8	0.2	7.4
16	肉、鱼、甲壳动物、软体动物及其他水生无脊椎动物的制品	0.0	0.8	0.7	0.2	1707.1
43	毛皮、人造毛皮及其制品	0.7	1.3	0.6	0.1	82.9
19	谷物、粮食粉、淀粉或乳的制品；糕饼点心	1.3	0.9	0.5	0.1	34.6
97	艺术品、收藏品及古物	0.2	0.6	0.4	0.1	262.5
22	饮料、酒及醋	2.8	2.4	0.4	0.1	14.3
75	镍及其制品	2.7	2.3	0.4	0.1	13.4
68	石料、石膏、水泥、石棉、云母及类似材料的制品	1.9	2.2	0.3	0.1	17.4
89	船舶及浮动结构体	0.5	0.2	0.3	0.1	55.7
56	絮胎、毡呢及无纺织物；特种纱线；线、绳、索、缆及其制品	1.9	1.6	0.3	0.1	15.2
54	化学纤维长丝	1.2	1.0	0.3	0.1	21.6
59	浸渍、涂布、包覆或层压的纺织物；工业用纺织制品	1.1	0.9	0.2	0.1	21.1
25	盐、硫黄；泥土及石料；石膏料、石灰及水泥	2.4	2.2	0.2	0.1	9.5
79	锌及其制品	0.4	0.6	0.2	0.0	62.7
42	皮革制品；鞍具及挽具；旅行用品、手提包及类似容器；动物肠线（蚕胶丝除外）制品	0.1	0.4	0.2	0.0	142.6
96	杂项制品	0.7	0.5	0.2	0.0	28.8
61	针织或钩编的服装及衣着附件	0.1	0.3	0.2	0.0	203.8
13	虫胶；树胶、树脂及其他植物液、汁	0.3	0.5	0.2	0.0	62.6
55	化学纤维短纤	3.2	3.1	0.2	0.0	5.1
37	照相及电影用品	5.9	6.0	0.2	0.0	2.8

HS 章别	商品名称	2015 年中国从美国进口（亿美元）	2015 年美国对中国出口（亿美元）	数据差异（亿美元）	部门差异占总差异的比重（%）	部门差异占贸易额的比重（中方）（%）
67	已加工羽毛、羽绒及其制品；人造花；人发制品	0.2	0.1	0.2	0.0	75.2
83	贱金属杂项制品	1.6	1.5	0.2	0.0	9.3
58	特种机织物；簇绒织物；花边；装饰毯；装饰带；刺绣品	0.2	0.1	0.1	0.0	57.3
7	食用蔬菜、根及块茎	0.5	0.4	0.1	0.0	26.6
64	鞋靴、护腿和类似品及其零件	0.9	0.8	0.1	0.0	14.8
20	蔬菜、水果、坚果或植物其他部分的制品	2.4	2.3	0.1	0.0	5.5
63	其他纺织制成品；成套物品；旧衣着及旧纺织品；碎织物	0.3	0.2	0.1	0.0	39.3
36	炸药；烟火制品；火柴；引火合金；易燃材料制品	0.8	0.9	0.1	0.0	14.9
15	动、植物油、脂及其分解产品；精制的食用油脂；动、植物蜡	0.7	0.6	0.1	0.0	15.3
91	钟表及其零件	0.1	0.2	0.1	0.0	99.0
69	陶瓷产品	0.9	0.9	0.1	0.0	7.5
86	铁道及电车道机车、车辆及其零件；铁道及电车轨道固定装置及其零件、附件；各种机械(包括电动机械)交通信号设备	0.7	0.6	0.1	0.0	9.5
18	可可及可可制品	0.4	0.3	0.1	0.0	14.0
92	乐器及其零件、附件	0.1	0.2	0.1	0.0	42.5
4	乳品；蛋品；天然蜂蜜；其他食用动物产品	3.0	2.9	0.1	0.0	1.7
57	地毯及纺织材料的其他铺地制品	0.2	0.2	0.0	0.0	19.6
11	制粉工业产品；麦芽；淀粉；菊粉；面筋	0.2	0.2	0.0	0.0	17.8
62	非针织或非钩编的服装及衣着附件	0.2	0.2	0.0	0.0	17.0
31	肥料	0.3	0.4	0.0	0.0	6.9
17	糖及糖食	0.7	0.7	0.0	0.0	2.7
60	针织物及钩编织物	0.1	0.2	0.0	0.0	12.0

HS 章别	商品名称	2015 年中国从美国进口（亿美元）	2015 年美国对中国出口（亿美元）	数据差异（亿美元）	部门差异占总差异的比重（%）	部门差异占贸易额的比重（中方）（%）
14	编结用植物材料；其他植物产品	0.1	0.1	0.0	0.0	16.2
95	玩具、游戏品、运动用品及其零件、附件	1.4	1.4	0.0	0.0	0.8
78	铅及其制品	0.0	0.0	0.0	0.0	56.8
80	锡及其制品	0.0	0.0	0.0	0.0	33.4
24	烟草及烟草代用品的制品	2.0	2.0	0.0	0.0	0.4
93	武器、弹药及其零件、附件	0.0	0.0	0.0	0.0	462.3
1	活动物	0.1	0.1	0.0	0.0	5.3
45	软木及软木制品	0.0	0.0	0.0	0.0	178.5
51	羊毛、动物细毛或粗毛；马毛纱线及其机织物	0.1	0.1	0.0	0.0	4.3
66	雨伞、阳伞、手杖、鞭子、马鞭及其零件	0.0	0.0	0.0	0.0	68.3
46	稻草、秸秆、针茅或其他编结材料制品；篮筐及柳条编结品	0.0	0.0	0.0	0.0	85.4
6	活树及其他活植物；鳞茎、根及类似品；插花及装饰用簇叶	0.1	0.1	0.0	0.0	2.2
9	咖啡、茶、马黛茶及调味香料	0.1	0.1	0.0	0.0	1.2
50	蚕丝	0.0	0.0	0.0	0.0	47.9
65	帽类及其零件	0.0	0.0	0.0	0.0	1.8
53	其他植物纺织纤维；纸纱线及其机织物	0.0	0.0	0.0	0.0	14.0

注：中国从美国进口数据来自中国海关总署，美国对中国出口数据来自美国国际贸易委员会，下同。

表 5.11　2015 年按国民经济 139 部门分类的美国对中国出口 / 中国从美国进口数据

部门编号	部门名称	2015 年中国从美国进口（亿美元）	2015 年美国对中国出口（亿美元）	数据差异（亿美元）	部门差异占总差异的比重（%）	部门差异占贸易额的比重（中方）（%）
79	其他交通运输设备	187.4	0.6	186.9	24.8	99.7
73	农、林、牧、渔专用机械	4.3	155.3	151.1	20.0	3519.7
90	电子元器件	135.6	49.3	86.4	11.5	63.7

部门编号	部门名称	2015年中国从美国进口（亿美元）	2015年美国对中国出口（亿美元）	数据差异（亿美元）	部门差异占总差异的比重（%）	部门差异占贸易额的比重（中方）（%）
63	有色金属压延加工品	65.7	6.8	58.9	7.8	89.7
92	仪器仪表	70.7	41.8	28.9	3.8	40.8
75	汽车整车	119.1	92.1	27.0	3.6	22.7
1	农产品	174.0	147.9	26.1	3.5	15.0
74	其他专用设备	64.0	48.6	15.4	2.0	24.1
48	医药制品	32.8	17.6	15.3	2.0	46.5
46	专用化学产品和炸药、火工、焰火产品	43.6	31.6	12.0	1.6	27.5
70	其他通用设备	24.9	14.2	10.7	1.4	43.0
45	合成材料	47.1	36.4	10.7	1.4	22.7
16	屠宰及肉类加工品	6.1	14.1	8.0	1.1	131.9
81	输配电及控制设备	19.1	11.7	7.4	1.0	38.6
9	有色金属矿采选产品	16.2	9.6	6.7	0.9	41.2
51	塑料制品	19.6	13.4	6.2	0.8	31.5
68	泵、阀门、压缩机及类似机械	26.1	20.3	5.9	0.8	22.4
55	玻璃和玻璃制品	8.8	3.1	5.7	0.8	65.1
64	金属制品	14.0	8.5	5.6	0.7	39.6
39	精炼石油和核燃料加工品	25.6	20.2	5.4	0.7	21.1
94	废弃资源和废旧材料回收加工品	54.6	59.5	4.8	0.6	8.9
133	新闻和出版	7.5	3.2	4.4	0.6	58.1
85	其他电气机械和器材	8.8	4.4	4.4	0.6	49.7
41	基础化学原料	31.3	27.2	4.2	0.6	13.3
78	船舶及相关装置	7.7	3.7	4.0	0.5	51.9
23	酒精和酒	22.3	18.4	3.8	0.5	17.1
32	皮革、毛皮、羽毛及其制品	16.2	12.8	3.4	0.4	20.8
47	日用化学产品	9.7	6.4	3.3	0.4	34.2
65	锅炉及原动设备	11.1	7.9	3.2	0.4	28.7
87	通信设备	6.7	3.9	2.8	0.4	41.9
62	有色金属及其合金和铸件	2.9	5.7	2.8	0.4	97.9

续表

部门编号	部门名称	2015年中国从美国进口（亿美元）	2015年美国对中国出口（亿美元）	数据差异（亿美元）	部门差异占总差异的比重（%）	部门差异占贸易额的比重（中方）（%）
36	造纸和纸制品	24.3	21.8	2.5	0.3	10.2
86	计算机	10.6	8.2	2.4	0.3	22.9
50	橡胶制品	5.1	2.9	2.2	0.3	43.9
34	木材加工品和木、竹、藤、棕、草制品	14.0	11.9	2.1	0.3	15.1
12	谷物磨制品	0.2	2.2	2.0	0.3	999.9
71	采矿、冶金、建筑专用设备	10.8	8.9	1.8	0.2	17.0
80	电机	5.4	3.8	1.6	0.2	30.1
67	物料搬运设备	7.0	5.4	1.6	0.2	22.5
82	电线、电缆、光缆及电工器材	6.4	4.8	1.6	0.2	24.4
22	其他食品	7.0	5.6	1.4	0.2	20.4
4	渔产品	2.3	1.0	1.3	0.2	55.7
38	文教、工美、体育和娱乐用品	6.6	5.4	1.3	0.2	19.0
3	畜牧产品	1.1	2.0	0.9	0.1	75.5
76	汽车零部件及配件	13.7	14.6	0.8	0.1	6.1
60	钢压延产品	4.3	3.5	0.8	0.1	19.1
88	广播电视设备和雷达及配套设备	3.8	3.0	0.8	0.1	21.2
69	文化、办公用机械	0.4	1.2	0.8	0.1	177.8
30	纺织制成品	3.4	2.7	0.7	0.1	20.2
44	涂料、油墨、颜料及类似产品	4.6	4.0	0.6	0.1	13.6
2	林产品	8.3	8.9	0.6	0.1	6.8
13	饲料加工品	0.7	0.3	0.4	0.1	59.9
17	水产加工品	10.4	10.1	0.4	0.0	3.5
59	钢、铁及其铸件	0.5	0.8	0.3	0.0	72.7
66	金属加工机械	5.1	5.5	0.3	0.0	6.3
18	蔬菜、水果、坚果和其他农副食品加工品	3.5	3.8	0.3	0.0	9.1
37	印刷品和记录媒介复制品	0.3	0.6	0.3	0.0	96.5

部门编号	部门名称	2015年中国从美国进口（亿美元）	2015年美国对中国出口（亿美元）	数据差异（亿美元）	部门差异占总差异的比重（%）	部门差异占贸易额的比重（中方）（%）
49	化学纤维制品	3.9	3.6	0.3	0.0	7.3
7	石油和天然气开采产品	0.4	0.2	0.3	0.0	60.8
24	饮料和精制茶加工品	0.9	0.6	0.2	0.0	27.4
31	纺织服装服饰	0.3	0.5	0.2	0.0	75.7
14	植物油加工品	0.5	0.7	0.2	0.0	39.0
10	非金属矿采选产品	2.0	1.8	0.2	0.0	9.3
26	棉、化纤纺织及印染精加工品	1.7	1.6	0.2	0.0	10.5
58	石墨及其他非金属矿物制品	2.5	2.3	0.2	0.0	6.8
33	鞋	0.9	0.8	0.1	0.0	14.8
56	陶瓷制品	0.8	0.6	0.1	0.0	16.9
77	铁路运输和城市轨道交通设备	0.7	0.6	0.1	0.0	16.5
57	耐火材料制品	0.3	0.4	0.1	0.0	33.2
83	电池	1.9	1.8	0.1	0.0	5.4
6	煤炭采选产品	0.1	0.2	0.1	0.0	82.9
21	调味品、发酵制品	0.2	0.1	0.1	0.0	41.7
8	黑色金属矿采选产品	0.2	0.3	0.1	0.0	56.8
89	视听设备	0.2	0.3	0.1	0.0	50.7
35	家具	1.9	2.0	0.1	0.0	4.0
15	糖及糖制品	0.0	0.1	0.1	0.0	194.3
20	乳制品	4.0	3.9	0.1	0.0	1.5
93	其他制造产品	0.4	0.4	0.0	0.0	9.2
61	铁合金产品	0.0	0.0	0.0	0.0	68.6
25	烟草制品	0.1	0.0	0.0	0.0	49.2
42	肥料	0.3	0.4	0.0	0.0	6.8
29	针织或钩针编织及其制品	0.1	0.2	0.0	0.0	13.9
52	水泥、石灰和石膏	0.1	0.0	0.0	0.0	30.5
84	家用器具	6.7	6.7	0.0	0.0	0.2
72	化工、木材、非金属加工专用设备	1.8	1.9	0.0	0.0	0.7

部门编号	部门名称	2015年中国从美国进口（亿美元）	2015年美国对中国出口（亿美元）	数据差异（亿美元）	部门差异占总差异的比重（%）	部门差异占贸易额的比重（中方）（%）
54	砖瓦、石材等建筑材料	0.4	0.4	0.0	0.0	2.7
43	农药	1.1	1.0	0.0	0.0	1.1

注：中国从美国进口数据来自中国海关总署，美国对中国出口数据来自美国国际贸易委员会，下同。

二 中美经中国香港转口货物的商品结构分析

在上一节中，分析了中美货物贸易数据差异的商品结构和部门结构，电机电气设备、机械设备等价值链分工高度细化的工业制成品是数据差异的主要来源，进口通常能够更全面地反映两国之间这类商品的真实贸易量。本节将从中美两国经中国香港转口货物的商品结构出发，探究这些价值链分工高度细化的商品是否是转口贸易的主体，从而佐证上节中的结论。

根据中国香港统计署提供的 HS8 位编码货物商品数据，2015 年中国内地经中国香港转口至美国的货物总价值为 2948 亿港元[①]（详见表5.12），其中第 85 章电机电气类商品转口额为 1144 亿港元，是内地经中国香港转口至美国贸易额最大的商品，占比为 38.8%，其次为第 84章机械类商品，转口贸易额 369 亿港元，占比 12.5%，第 95 章玩具类零部件和第 90 章仪器类商品及零部件也是转口的重要组成部分，这与表 5.8 中所列的中美货物贸易差额章别结构相一致，即这些产业分工高度细化的工业制成品是"全球制造"而非"单国制造"，这些商品在中国香港经过部分生产程序再次出口，这一过程中中国香港获取的附

---

① 本节以分析中国香港转口的商品结构为主，因此不再将数据转换为人民币或美元。另外，本节贸易数据均为中国香港地区 FOB 价格，在修正中美货物贸易数据时，先将 FOB 价格贸易额扣除中国香港本地生产环节的利润，再进一步扣除美国至中国香港地区或内地至中国香港地区的运保费，则得到美国和中国 FOB 价格的数据。

加值率综合起来约为20%，且这一附加值率在近年来有小幅下降趋势。纺织服装类商品是内地经中国香港转口至美国的另一个商品大类，包括针织、非针织类服装商品、皮革制品、鞋靴等，这类商品在中国香港的生产的附加值率约为26%，高于上述机械类工业品。另外，第71章的珠宝类商品也是转口的重要商品之一，转口规模为144亿港元，将转口包括在内则中国出口至美国的第71章商品规模将更大，与美方数据的差异也将扩大，由于HS编码是国际通用的分类标准，尤其是在HS2位程度上，一般不会出现两国对同一种商品归为不同的两个章别的情况，因此，这部分商品在中美双边计价和归类中的差异仍有待进一步考证。

表5.12　　2015年按HS章别分类的中国内地经中国香港转口至美国贸易数据

HS章别	商品名称	转口额（亿港元）	占比（%）
85	电机、电气设备及其零件；录音机及放声机、电视图像、声音的录制和重放设备及其零件、附件	1143.8	38.8
84	核反应堆、锅炉、机器、机械器具及其零件	368.8	12.5
62	非针织或非钩编的服装及衣着附件	260.1	8.8
61	针织或钩编的服装及衣着附件	244.5	8.3
71	天然或养殖珍珠、宝石或半宝石、贵金属、包贵金属及其制品；仿首饰；硬币	144.1	4.9
95	玩具、游戏品、运动用品及其零件、附件	133.3	4.5
90	光学、照相、电影、计量、检验、医疗或外科用仪器及设备、精密仪器及设备；上述物品的零件、附件	115.0	3.9
42	皮革制品；鞍具及挽具；旅行用品、手提包及类似容器；动物肠线（蚕胶丝除外）制品	107.0	3.6
64	鞋靴、护腿和类似品及其零件	97.3	3.3
91	钟表及其零件	56.9	1.9
39	塑料及其制品	50.4	1.7
49	书籍、报纸、印刷图画及其他印制品；手稿、打字稿及设计图纸	43.7	1.5
94	家具；寝具、褥垫、弹簧床垫、软坐垫及类似的填充制品；未列名灯具及照明装置；发光标志、发光名牌及类似品；活动房屋	25.1	0.9
83	贱金属杂项制品	16.9	0.6

续表

HS章别	商品名称	转口额（亿港元）	占比（%）
96	杂项制品	14.3	0.5
33	精油及香膏；芳香料制品及化妆盥洗品	13.1	0.4
48	纸及纸板；纸浆、纸或纸板制品	12.8	0.4
67	已加工羽毛、羽绒及其制品；人造花；人发制品	11.9	0.4
73	钢铁制品	11.6	0.4
97	艺术品、收藏品及古物	8.8	0.3
82	贱金属工具、器具、利口器、餐匙、餐叉及其零件	8.5	0.3
63	其他纺织制成品；成套物品；旧衣着及旧纺织品；碎织物	7.6	0.3
98	特殊交易品及未分类商品	5.6	0.2
87	车辆及其零件、附件，但铁道及电车道车辆除外	5.3	0.2
65	帽类及其零件	4.6	0.2
76	铝及其制品	3.9	0.1
58	特种机织物；簇绒织物；花边；装饰毯；装饰带；刺绣品	2.8	0.1
44	木及木制品；木炭	2.8	0.1
43	毛皮、人造毛皮及其制品	2.6	0.1
40	橡胶及其制品	2.4	0.1
70	玻璃及其制品	2.2	0.1
81	其他贱金属、金属陶瓷及其制品	1.8	0.1
3	鱼、甲壳动物、软体动物及其他水生无脊椎动物	1.4	0.0
12	含油子仁及果实；杂项子仁及果实；工业用或药用植物；稻草、秸秆及饲料	1.4	0.0
88	航空器、航天器及其零件	1.3	0.0
57	地毯及纺织材料的其他铺地制品	1.0	0.0

数据来源：中国香港统计署，表中仅列出转口额在1亿港元以上的商品分类，下同。

从国民经济139部门分类来看（详见表5.13），中国内地经中国香港转口至美国的商品主要属于计算机行业，转口贸易额715亿港元，占转口贸易总额的1/4。其次为纺织服装服饰部门，转口规模在500亿港元以上，占比为17.3%。输配电及控制设备、电子元器件、仪器仪表、文化办公用器械、广播电视设备及其他电气机械和器材也是中国内地经中国香港转口至美国的重要部门。

表 5.13　2015 年按国民经济 139 部门分类的中国内地经中国香港转口至美国贸易数据

部门编号	部门名称	转口额（亿港元）	占比（%）
86	计算机	715.2	24.26
31	纺织服装服饰	509.0	17.27
38	文教、工美、体育和娱乐用品	293.5	9.96
81	输配电及控制设备	166.2	5.64
90	电子元器件	142.7	4.84
92	仪器仪表	141.5	4.80
32	皮革、毛皮、羽毛及其制品	111.1	3.77
33	鞋	96.7	3.28
69	文化、办公用机械	94.5	3.21
88	广播电视设备和雷达及配套设备	92.9	3.15
85	其他电气机械和器材	82.5	2.80
51	塑料制品	60.5	2.05
82	电线、电缆、光缆及电工器材	50.7	1.72
133	新闻和出版	39.8	1.35
64	金属制品	35.9	1.22
74	其他专用设备	32.4	1.10
84	家用器具	29.2	0.99
89	视听设备	28.3	0.96
70	其他通用设备	26.3	0.89
87	通信设备	25.4	0.86
83	电池	18.2	0.62
93	其他制造产品	17.7	0.60
10	非金属矿采选产品	14.7	0.50
47	日用化学产品	13.6	0.46
36	造纸和纸制品	11.2	0.38
80	电机	11.1	0.38
30	纺织制成品	9.6	0.32
35	家具	9.5	0.32
72	化工、木材、非金属加工专用设备	6.7	0.23

续表

部门编号	部门名称	转口额（亿港元）	占比（%）
65	锅炉及原动设备	6.2	0.21
37	印刷品和记录媒介复制品	5.4	0.18
67	物料搬运设备	5.2	0.18
68	泵、阀门、压缩机及类似机械	5.1	0.17
4	渔产品	4.1	0.14
76	汽车零部件及配件	3.5	0.12
46	专用化学产品和炸药、火工、焰火产品	3.4	0.12
34	木材加工品和木、竹、藤、棕、草制品	3.0	0.10
55	玻璃和玻璃制品	2.5	0.09
50	橡胶制品	2.4	0.08
79	其他交通运输设备	2.4	0.08
62	有色金属及其合金和铸件	1.7	0.06
1	农产品	1.6	0.05
22	其他食品	1.4	0.05
94	废弃资源和废旧材料回收加工品	1.3	0.05
41	基础化学原料	1.2	0.04
29	针织或钩针编织及其制品	1.0	0.04
66	金属加工机械	1.0	0.03
73	农、林、牧、渔专用机械	1.0	0.03
63	有色金属压延加工品	1.0	0.03
45	合成材料	1.0	0.03

2015 年美国经中国香港转口至中国内地的货物总价值为 722 亿港元。从 HS 章别来看，第 85 章电机电气类商品、第 84 章机械类商品以及第 90 章仪器设备类商品是美国经中国香港转口至中国内地的热门商品，转口规模合计达到 452 亿港元，占比超过 60%，这一特征与中国内地经中国香港转口至美国的商品结构相类似，一方面是由于这类商品呈现出生产全球化的趋势，另一方面是由于各个国家和地区在细化的产业链分工中可以充分发挥自身比较优势，降低产品生产成本的同时可以提高产品的竞争力。美国经中国香港转口至内地的另一大类商

品是以塑料和玻璃制品为代表的化学产品,转口规模超百亿港元,占比也将近五分之一。转口的水果、肉类等食品中中国香港的附加值率在17%左右,与电子信息、机械类工业制成品的附加值率相比略低。总体来看,经中国香港转口的商品附加值率维持在20%左右,转口贸易对中国香港地区经济增长发挥着重要的作用,分工细化的电子信息、机械类工业制成品几乎是各国/地区经中国香港转口的主体。

表5.14 2015年按HS章别分类的美国经中国香港转口至中国内地贸易数据

HS 章别	商品名称	转口额（亿港元）	占比（%）
85	电机、电气设备及其零件;录音机及放声机、电视图像、声音的录制和重放设备及其零件、附件	228.5	31.6
84	核反应堆、锅炉、机器、机械器具及其零件	133.0	18.4
90	光学、照相、电影、计量、检验、医疗或外科用仪器及设备、精密仪器及设备;上述物品的零件、附件	90.9	12.6
39	塑料及其制品	83.8	11.6
70	玻璃及其制品	33.4	4.6
38	杂项化学产品	16.0	2.2
8	食用水果及坚果;甜瓜或柑橘属水果的果皮	15.0	2.1
71	天然或养殖珍珠、宝石或半宝石、贵金属、包贵金属及其制品;仿首饰;硬币	10.2	1.4
33	精油及香膏;芳香料制品及化妆盥洗品	8.0	1.1
2	肉及食用杂碎	7.4	1.0
72	钢铁	6.8	0.9
32	鞣料浸膏及染料浸膏;鞣酸及其衍生物;染料、颜料及其他着色料;油漆及清漆;油灰及其他类似胶粘剂;墨水、油墨	6.2	0.9
88	航空器、航天器及其零件	5.0	0.7
74	铜及其制品	5.0	0.7
48	纸及纸板;纸浆、纸或纸板制品	4.4	0.6
49	书籍、报纸、印刷图画及其他印制品;手稿、打字稿及设计图纸	4.2	0.6
35	蛋白类物质;改性淀粉;胶;酶	3.6	0.5
41	生皮（毛皮除外）及皮革	3.4	0.5
40	橡胶及其制品	3.2	0.4

续表

HS 章别	商品名称	转口额（亿港元）	占比（%）
34	肥皂、有机表面活性剂、洗涤剂、润滑剂、人造蜡、调制蜡、光洁剂、蜡烛及类似品、塑型用膏、"牙科用蜡"及牙科用熟石膏制剂	3.2	0.4
82	贱金属工具、器具、利口器、餐匙、餐叉及其零件	3.2	0.4
87	车辆及其零件、附件，但铁道及电车道车辆除外	3.0	0.4
56	絮胎、毡呢及无纺织物；特种纱线；线、绳、索、缆及其制品	2.5	0.4
30	药品	2.4	0.3
64	鞋靴、护腿和类似品及其零件	2.3	0.3
28	无机化学品；贵金属、稀土金属、放射性元素及其同位素的有机及无机化合物	2.2	0.3
43	毛皮、人造毛皮及其制品	2.0	0.3
73	钢铁制品	1.9	0.3
21	杂项食品	1.9	0.3
95	玩具、游戏品、运动用品及其零件、附件	1.9	0.3
37	照相及电影用品	1.6	0.2
96	杂项制品	1.5	0.2
83	贱金属杂项制品	1.5	0.2
76	铝及其制品	1.4	0.2
61	针织或钩编的服装及衣着附件	1.3	0.2
97	艺术品、收藏品及古物	1.3	0.2
29	有机化学品	1.2	0.2
3	鱼、甲壳动物、软体动物及其他水生无脊椎动物	1.1	0.1
94	家具；寝具、褥垫、弹簧床垫、软坐垫及类似的填充制品；未列名灯具及照明装置；发光标志、发光名牌及类似品；活动房屋	1.1	0.1
27	矿物燃料、矿物油及其蒸馏产品；沥青物质；矿物蜡	1.0	0.1

表 5.15　2015 年按国民经济 139 部门分类的美国经中国香港转口至中国内地的贸易数据

部门编号	部门名称	转口额（亿港元）	占比（%）
90	电子元器件	134.3	18.6
92	仪器仪表	70.2	9.7

部门编号	部门名称	转口额（亿港元）	占比（%）
86	计算机	53.9	7.5
65	锅炉及原动设备	45.3	6.3
81	输配电及控制设备	39.1	5.4
94	废弃资源和废旧材料回收加工品	36.6	5.1
46	专用化学产品和炸药、火工、焰火产品	36.3	5.0
55	玻璃和玻璃制品	33.7	4.7
45	合成材料	31.4	4.3
51	塑料制品	23.8	3.3
74	其他专用设备	22.8	3.2
79	其他交通运输设备	19.7	2.7
1	农产品	15.4	2.1
47	日用化学产品	8.6	1.2
69	文化、办公用机械	8.5	1.2
16	屠宰及肉类加工品	8.3	1.1
38	文教、工美、体育和娱乐用品	7.4	1.0
70	其他通用设备	7.3	1.0
67	物料搬运设备	7.2	1.0
64	金属制品	7.1	1.0
82	电线、电缆、光缆及电工器材	6.6	0.9
10	非金属矿采选产品	6.2	0.9
44	涂料、油墨、颜料及类似产品	5.8	0.8
63	有色金属压延加工品	5.0	0.7
71	采矿、冶金、建筑专用设备	4.9	0.7
36	造纸和纸制品	4.6	0.6
87	通信设备	4.4	0.6
37	印刷品和记录媒介复制品	4.2	0.6
85	其他电气机械和器材	4.0	0.6
30	纺织制成品	3.9	0.5
32	皮革、毛皮、羽毛及其制品	3.8	0.5
80	电机	3.7	0.5

部门编号	部门名称	转口额（亿港元）	占比（%）
41	基础化学原料	3.3	0.5
68	泵、阀门、压缩机及类似机械	2.8	0.4
48	医药制品	2.8	0.4
66	金属加工机械	2.7	0.4
33	鞋	2.3	0.3
88	广播电视设备和雷达及配套设备	2.2	0.3
50	橡胶制品	2.2	0.3
76	汽车零部件及配件	2.0	0.3
3	畜牧产品	1.9	0.3
31	纺织服装服饰	1.8	0.2
83	电池	1.6	0.2
39	精炼石油和核燃料加工品	1.5	0.2
22	其他食品	1.5	0.2
24	饮料和精制茶加工品	1.5	0.2
84	家用器具	1.4	0.2
62	有色金属及其合金和铸件	1.3	0.2
18	蔬菜、水果、坚果和其他农副食品加工品	1.3	0.2
58	石墨及其他非金属矿物制品	1.2	0.2
49	化学纤维制品	1.2	0.2
60	钢压延产品	1.1	0.2
4	渔产品	1.1	0.2
93	其他制造产品	1.0	0.1

三 中美服务贸易项目结构分析

根据美国经济分析局 BEA 的统计数据，2000—2015 年中美两国服务贸易进出口规模从 83 亿美元提高至 636 亿美元，年均增长 14.5%，2015 年至今也保持了远高于货物贸易的增速，2018 年中美服务贸易规模进一步扩大至 755 亿美元，其中美国向中国服务出口 571 亿美元，从中国服务进口184亿美元。中美两国对服务贸易的统计均依照《国际收支平衡手册》第六版，但公布数据的细项略有不同，中国国家外汇管理局统计的服务贸易共包括12个项目：加工服务，维护和维修服务，运输，旅行，建设，保鲜和养老金服务，金融服务，知识产权使用费，电信、计算机和信息服务，其他商业服务，文化和娱乐服务，政府货物和服务。而美国BEA网站公布的服务贸易细项共包括九个大类，与中国的区别主要包括两点：一是，不包含加工服务，该项服务主要是货物贸易相关的加工服务，与货物贸易数据有一定的重合，因此，本书将中国国家外汇管理局公布数据中的"加工服务"项扣除，与美方数据保持一致；二是，建设以及文化和娱乐服务列入"其他商业服务"中，本书将中方的这两项数据也加入"其他商业服务"，与美方数据保持一致，最终可以得到中美两国九大类的服务项目数据。

根据中方数据，2015年中国向美服务出口325亿美元（均已扣除加工服务），从美服务进口808亿美元，服务贸易呈逆差状态，逆差规模为483亿美元。贸易逆差主要来自"旅行"服务，逆差规模447亿美元，其次为"运输"服务，逆差规模57亿美元，顺差最大的是其他商业服务，顺差规模也只有不到45亿美元。可见，虽然中国在中美货物贸易中长期维持较大顺差，但服务贸易领域则完全相反，长期维持较大贸易逆差。

从中美双方数据对比来看（详见表5.16），两国对美国服务出口中国的统计差异要大于中国服务出口美国。从中对美出口/美从中进口数据来看，数据差异最大的项目是"其他商业服务"，占到总差异的45.2%，其次为电信、计算机和信息服务统计差异为56亿美元，占比30.6%，对运输的统计差异也较大，为30亿美元。从中从美进口/美向中出口数据来看，差异最大的是旅行项目，中国统计的从美国旅行服务进口为494亿美元，而同期美国统计的美国服务出口仅为277亿美元，由于中方是按照每一笔款项的流动和用途统计，所以覆盖的范围要比美方大，仅旅行一项数据差异就高达217亿美元，占总差异的52.5%；其次为运输服务统计数据差异有84亿美元。当前服务贸易的统计标准已基本统一，但具体统计的原始数据来源仍存在差异，未来

各国应进一步推动统计标准实际使用过程的一致性，从而保证数据的
规范性和可比性。

表 5.16　　　　　　　　　中美服务贸易项目对比　　　　　　　单位：亿美元

服务项目	中对美出口	美从中进口	数据差异	中从美进口	美向中出口	数据差异
维护和维修服务	4.5	3.2	1.3	4.8	15.1	10.3
运输	75.3	44.9	30.4	132.5	49.0	83.6
旅行	47.0	42.1	4.9	493.9	277.3	216.7
保险和养老金服务	4.0	0.5	3.5	5.6	3.3	2.3
金融服务	2.4	5.5	3.0	2.1	30.3	28.2
知识产权使用费	2.8	3.4	0.6	52.6	59.7	7.1
电信、计算机和信息服务	64.9	9.3	55.7	27.1	6.8	20.3
其他商业服务	123.6	41.2	82.3	78.9	37.4	41.4
政府货物和服务	0.7	1.0	0.4	10.9	5.6	5.3
合计	325.2	151.1	182.1	808.4	484.5	415.2

　　数据来源：中国国家外汇管理局和美国经济分析局。"数据差异"为绝对值，因
此合计不等于前两项的直接差。

第五节　小结

　　长期以来，美国官方公布的美中逆差都远高于中国官方统计数据，
随着中美贸易额的稳步增长，美方数据高出中方数据的幅度由 2000 年
的 186% 逐步降低至 2015 年的 44%，但两套美中逆差数据差额的绝对
量仍在不断扩大，由 2000 年的 552 亿美元增加至 2015 年的 1149 亿美
元。鉴于国际运输费用和保险费用的存在，进口与出口统计时同一商
品的价值不同，本书将中美进出口数据均调整为出口国的离岸价格，
并将中国香港转口贸易和服务贸易纳入贸易差额的计算当中，对 2015
年中美贸易总值和贸易增加值进行了修正，主要结论如下。

　　1. 在货物贸易、中国香港转口货物贸易以及服务贸易的情况下，根
据中方公布的数据，2015 年中国向美国总出口 4719 亿美元（中国 FOB
价格），进口 2227 亿美元（美国 FOB 价格），中美贸易顺差为 2492 亿

美元，以增加值核算的贸易顺差降为 1125，降幅达到 54.9%。根据美方公布的数据，2015 年美国向中国总出口 1643 亿美元（美国 FOB 价格），出口增加值 1455 亿美元，从中国总进口 4809 亿美元（中国 FOB 价格），进口增加值 3124 亿美元，中美贸易总逆差 3166 亿美元，增加值口径下，中美贸易总逆差降为 1669 亿美元。

2. 经统计价格、中国香港转口和利润以及服务贸易数据的调整，中美官方两套数据衡量的美中逆差差距降为 674 亿美元，缩小了 36.4%，仅占 2015 年中美贸易总量的 9.7%（中方）、10.4%（美方）。增加值视角下，美中逆差差距则仅为 544 亿美元。中美之间的运输时滞，使用平均的国际运保费以及双方对不同部分商品的计价标准差异是调整后的双方数据仍存在差距的可能原因。

3. 从贸易数据的商品结构来看，由于国际产业分工较细的机械、计算机、通信设备以及仪器仪表类工业制成品价值链的全球化程度远高于其他商品，是中美两国货物贸易差异的最主要来源，出口国出口至中国香港等第三方进行进一步加工生产，出口国统计计入对第三方的出口额，而商品在第三方加工后再出口至进口国，进口国则根据原产地原则，将转口而来的部分商品来源统计为出口国而非第三方。

在对中美两套官方数据进行调整后发现，美中货物贸易确实存在较大逆差，但逆差的存在有着多方面的原因：中国加工贸易出口中包含了日本、韩国和东南亚各地区的零部件利润；美国经济具有高消费、高投资和低储蓄的特点；美国在高技术产品领域对中国的限制出口政策等。

总体来说，中国香港转口在中美贸易中依旧发挥着重要作用，快速扩张的服务贸易也已成为中美贸易的重要组成部分，将中国香港转口和服务贸易纳入考虑范围能够更为真实地反映美中实际贸易逆差。同时美中货物贸易互补性强于竞争性，若要缩小美中贸易逆差，美国可以通过进一步放开对中国的高新技术产品出口、促进服务贸易出口等多种方式，有效调节双边贸易结构。

第六章

中美经贸摩擦对中国经济和就业的影响

长期以来，美国政府出于维护自身经济利益的目的，频繁运用反倾销、反补贴等手段限制中国对美国出口商品。但在特朗普政府上台之前，这种贸易争端主要集中于钢铁等极少数商品领域，对中美贸易整体的影响并不大。然而，特朗普上台以来，频繁奉行"美国优先"政策和"极限施压"理念，对外采取一系列单边主义和保护主义措施，动辄使用关税"大棒"，将自身利益诉求强加于他国。中国作为美国最大的贸易逆差来源国，必然成为特朗普政府贸易争端重点针对的对象。为此，特朗普政府于 2017 年 8 月启动单边色彩浓厚的"301 调查"，并于 2018 年 3 月基于所谓的"调查结果"对中国 500 亿美元出口商品征收关税，之后又多次扩大征税范围，引发了中美建交以来最大一次的经贸摩擦，对两国乃至全球经济产生了严重的负面影响。

在上一章中，我们分析了美国挑起经贸摩擦的依据"美中贸易逆差过大"的真实性，事实证明：首先，在货物贸易领域，美中贸易确实存在一定幅度的逆差，但逆差远比美国统计的贸易总值差额小的多，且中美货物贸易差额源于"亚洲制造"与美国之间的贸易差额，而非中国单国。其次，中美货物贸易互补性远大于竞争性，从增加值角度核算的贸易所得来看，美中贸易逆差（美方数据）只有 1990 亿美元，比最初的 3763 亿美元下降了 47%。再次，在服务贸易领域，美中贸易确实长期处于较大顺差状态，包含货物和服务的中美贸易增加值差额只有 1669 亿美元（美方）和 1125 亿美元（中方），在当前服务贸易增长远快于货物贸易的趋势下，未来中美贸易差额将逐渐走向平衡，美国挑起经贸摩擦的依据根本站不住脚。最后，两国之间的真实利益所得并不仅限于物品和服务交换所带来的增加值，还包括两国企业在对方国家投资所获得的利润等，实际上，美国在华企业获取的商业利润规模非常大。2018 年 6 月德意志银行发布的研究报告《估算美国和主要贸易伙伴之间的经济利益》认为[①]，从商业利益角度分析，考虑到跨国公司的全球经营对双边经贸交往的影响，美国实际上在中美双边贸易交往过程中获得了比中国更多的商业净利润，根据其计算，扣除各自出口中其他国家企业子公司的贡献等，2017 年美国享有 203 亿美元的净利润。综上所述，美国以"美中贸易逆差过大""中方在双边贸易中'抢走了'美国的利益"挑起经贸摩擦的做法根本站不住脚，其以提高关税等手段威胁中国在双边经贸往来中做出更多不公平让步的实质暴露无遗。鉴于美国已对中国采取提高关税壁垒等措施，本章将在前述内容的基础上，分析和测算此轮中美经贸摩擦对中国经济和就业的影响，为中国开展中美经贸谈判、研判中美关系未来走向提供依据。

第一节　中美经贸摩擦情况回顾

特朗普政府于 2017 年 8 月启动单边色彩浓厚的"301 调查"，并于 2018 年 3 月基于所谓的"调查结果"对中国 500 亿美元出口商品征收关税，引发了中美建交以来最大一次的经贸摩擦，不利于中美关系的健康发展，扰乱全球产业链、供应链的正常发展，由此产生的悲观情绪蔓延对世界经济和贸易的增长都产生了严重的负面影响。

整体来看，此次美国对中国发动经贸摩擦可谓"有计划、分步骤、步步紧逼、层层加码"。从时间线上看：

2018 年 3 月发布对华"301"调查报告；

7 月 6 日起，美国对中国输美 500 亿美元清单第一批商品（818 项商品，约 340 亿美元）加征 25% 关税；

---

① 本句摘自中华人民共和国国务院新闻办公室《关于中美经贸摩擦的事实与中方立场》，2018 年 9 月，第 17 页。

8 月 23 日起，美国对中国输美 500 亿美元清单第二批商品（约 160 亿美元）加征 25% 关税；

9 月 24 日起，美国对中国输美 2000 亿美元清单商品加征 10% 关税；

2019 年 6 月 15 日起，美国将对中国输美 2000 亿美元清单商品加征关税税率从 10% 上调至 25%；

9 月 1 日起，美国对中国输美 3000 亿美元清单第一批商品（约 1250 亿美元）加征 15% 关税。至此，中国受美高额关税影响商品规模到达 3750 亿美元。

2020 年 1 月 15 日，中美签订《中华人民共和国政府和美利坚合众国政府经济贸易协议》，即第一阶段协议，在此基础上，美国于 2 月 14 日将 3000 亿美元清单第一批商品关税税率从 15% 下调至 7.5%。

从加征关税商品种类来看，由特定领域逐步到全覆盖：

第一轮第一批 340 亿美元加征关税商品主要集中在航空航天、信息技术、汽车零件等高科技领域；

第一轮第二批 160 亿美元加征关税商品主要集中在电机电气设备及其零件、塑料及其制品、机械器具及其零件、钢铁制品和光学精密仪器领域；

第二轮 2000 亿美元加征关税商品除机电等第一轮相同类别制造品外，增加了家具箱包等部分消费品。

第三轮 3000 亿美元加征关税商品基本覆盖了中对美出口所有商品种类。

从发动争端的手段来看，模式多样，关税"边境"措施配合安全审查等系列边境后措施：

2018 年 4 月，美国商务部工业安全局（BIS）以"国家安全"为由，宣布对中兴实施制裁，未来 7 年禁止美国公司向中兴通信销售零部件、商品、软件和技术。7 月，美国国家电信和信息管理局阻止中国移动向美国电信市场提供服务。8 月，美国商务部宣布以国家安全和外交利益为由，将 44 家中国企业（所涉单位多为中国军工科研单位）列入出口管制清单，实施技术封锁。2019 年 5 月，美国宣布禁止美国通讯企业与一切被控会"威胁"美国国家安全的公司进行商业交易，同时美国商务部工业和安全局将华为及其附属公司列入实体名单，限制美企与华为业务往来，此后又陆续将多家中国企业列入实体名单。（见表6.1）

表6.1　　　　　　　　美国对我货物和服务贸易采取的相关限制性措施

类别	美对华采取的货物贸易相关限制措施
关税壁垒	2018年7月6日，美对华340亿美元清单商品加征25%关税； 8月23日，美对华160亿美元清单商品加征25%关税； 9月24日，美对华2000亿美元清单商品加征10%关税； 2019年6月15日，美将2000亿美元清单商品关税税率从10%提至25%； 9月1日，美对华3000亿美元清单商品第一批（约1250亿美元）加征15%关税
以"实体清单"为代表的出口管制措施（截至2020年7月，近300个中国企业和个人被列入实体清单）	2018年4月，美国商务部工业安全局（BIS）以"国家安全"为由，宣布对中兴实施制裁，未来7年禁止美国公司向中兴通讯销售零部件、商品、软件和技术。 8月，美国商务部宣布以国家安全和外交利益为由，将44家中国企业（所涉单位多为中国军工科研单位）列入出口管制清单，实施技术封锁。 2019年5月，特朗普宣布美国进入国家紧急状态，禁止美国公司使用对国家安全构成威胁的外国企业制造的电信设备，同时，美国商务部将华为等70家关联企业列入实体清单。 2020年5月，美国商务部将北京计算机科学研究中心、哈尔滨工业大学、奇虎360等33家中国高科技、互联网和人工智能领域的高校和企业列入实体清单。 2020年5月，美国修改出口禁令规则，新禁令严格限制台积电等非美企业为华为等实体清单企业代工，意图以控制海外企业的形势，全面打压中国高科技企业
限制进口措施	2020年7月，特朗普声称美国计划实施一项联邦限购令，将限制美国政府购买任何华为、中兴、海康威视、大华、海能达等5家中国企业的产品和服务
香港问题	2020年6月，美国宣布撤销香港特殊待遇，暂停对香港实施的优惠法规，包括暂停出口许可豁免
其他	2020年7月1日，美国商务部、财政部、国土安全部和国务院联合公布一份19页的备忘录，称美国企业若与被指在中国新疆地区有"强迫劳动"或"大规模拘押维吾尔人等侵犯人权"行为的实体有关联，将面临"法律和声誉风险"。 当天，美国海关与边境保护局称，因怀疑一批来自中国新疆企业的头发制品"可能是强迫劳动产物"，美方没收了价值80万美元的货物
类别	美对华采取的服务贸易相关限制措施

类别	美对华采取的货物贸易相关限制措施
限制市场准入	2019年5月，美国联邦通信委员会FCC拒绝了中国移动在美国的国际营业执照申请。 2020年4月，FCC以"授权对美国构成国家安全与执法的风险"为由，向建议吊销并终止中国电信美洲公司、中国联通美洲公司、太平洋网络公司及其全资子公司ComNet（USA）LLC4家中国国有电信企业在美国提供国际通信服务的授权。 2020年7月，美国国务卿蓬佩奥表示将可能在美国全境内禁止使用抖音短视频国际版（TikTok）社交软件
阻碍中国新闻媒体机构正常开展业务	2020年2月，美国将新华社、中国国际电视台、中国国际广播电台、《中国日报》和《人民日报》等5家中国媒体定义为"外国政府职能部门"，要求其根据美国《外国使团法》向美国国务院登记在美雇员和财产状况，阻碍中国媒体在美境内正常工作。 6月22日，美国这一名单上又新增了中国中央电视台（CCTV）、《人民日报》《环球时报》和中国新闻社4家中国媒体
限制中国企业金融市场活动	2020年7月，美国纳斯达克交易所运营商纳斯达克公司将公布针对首次公开招股（IPO）的新限制条件，包括： 1. 要求一些国家的公司在IPO时融资达到2500万美元门槛，或公司融资额至少是上市后市值的25%； 2. 要求审计公司确保他们的国际分公司遵守全球标准，对希望在美国IPO的中国公司账目负责任的进行审计； 3. 要求对在美上市中国企业能够完全实施监管，VIE结构在美上市或因安全原因拒不提供公司财务等数据的，不可在美上市； 4. 对于已经在美上市的中国企业，如以安全为由拒不提供数据的，美国政府相关基金、养老金不得购买其股票或向其融资； 对中国企业的负面影响： 1. 多家目前在纳斯达克交易所上市的中国公司可能会因为IPO总收益低于2500万美元而无法上市； 2、拟采取分拆上市（VIE）的中国企业，可能会在美上市遇阻； 3、拟在美上市的参与军民融合的中国企业，若因为安全问题不能提交财务数据，可能无法上市
限制或禁止使用美国软件等技术服务	美国禁止被加入实体清单的哈尔滨工业大学、哈尔滨工程大学等机构，使用MATLAB等科研和工业类软件。 2020年5月，美国知名DevOps服务商HashiCorp宣布，不允许在中国境内使用、部署和安装该公司旗下的"企业版"产品和软件。该公司主要从事基础设施软件方面的开发、运营和安全

注：根据公开资料整理。

2020年1月15日，中美两国正式签署中美第一阶段经贸协议，美国贸易代表办公室决定自2020年2月14日起，原定3000亿美元商品清单A中的关税税率从15%下调至7.5%，其余商品税率保持不变。鉴于中美两国经贸关系趋于稳定，中国也相应的将第三批对原产于美国部分进口商品征收关税税率下调一半。

至此，中美两国之间不断累加关税壁垒的活动正式告一段落。在过去将近两年的时间里，双方展开了十三轮高级别经贸磋商，就两国最关切的问题进行了深入交流，其间也伴随着谈判结果的不断反复，总体而言，美国挑起的此次经贸摩擦不仅对中美两国造成了不必要的经济和就业损失，也拖累了世界经济复苏的步伐，鉴于本书研究的重点是外贸对中国经济、就业以及劳动生产率的影响，因此，本章主要测算和分析美国加征关税对中国带来的经济和就业影响。

第二节　美方三批加征关税清单的结构分析

首先考虑基准年份和基准贸易数据的选取。由于美国正式挑起中美经贸摩擦始于 2018 年 3 月，对中美贸易造成的影响也在 2018 年就开始显现，因此，本章确定 2017 年为基准年份。贸易数据方面，中美两国公布的加征关税清单为 HS8 位编码及其对应的商品名称，而《商品名称及编码协调制度的国际公约》通常六位为国际通用编码，即同一个 HS6 位编码在全球各国对应的商品种类是相同的，而 HS8 位编码的后两位通常是由各国自行分类编制，因此，同一个 HS8 位编码在各国对应的商品种类就会存在一定的差异，换一种理解方式就是指，同一种商品在进口国和出口国可能被分配到两个不同的 HS8 位编码，这也就造成进口国和出口国海关在 HS8 位编码的商品分类贸易数据存在差异，为了提高征税商品清单与实际贸易数据之间的匹配对，本章在研究美国对原产于中国的商品加征关税对中国经济和就业的影响时，采用美国海关统计从中国进口的 HS8 位编码商品分类的贸易数据，而非中国海关统计的向美国出口贸易数据。

利用美国公布的三批对中国商品加征关税清单与 2017 年美国从中国进口数据进行匹配，整体来看三批清单的商品项目数量匹配度约为 78.9%，从商品贸易额匹配度约为 89.1%，具体结果见表 6.2。第一批 500 亿美元清单中共包含 1102 项商品，其中 2017 年美国从中国实际

表 6.2 美方加征关税清单与美方贸易数据匹配情况

	清单商品数量（项）	2017年美国从中国进口中的商品个数（个）	商品数量匹配度（%）	2017年美国从中国进口中的商品价值（亿美元）	商品贸易额匹配度（%）
第一批 500 亿美元清单	1102	1041	94.5	464	92.8
第二批 2000 亿美元清单	5745	4724	82.2	1898	94.9
第三批 3000 亿美元清单	3812	2650	69.5	2540	84.7
合计	10659	8415	78.9	4902	89.1

注：加征关税清单资料来自美国贸易代表办公室USTR，贸易数据来自美国国际贸易委员会USITC，使用数据为美国从中国General Import。其中，"商品数量匹配度"定义为"2017年美国从中国进口中的商品个数"除以"清单商品数量"，"商品贸易额匹配度"定义为"2017年美国从中国进口中的商品价值"除以清单商品公布的价值（即500亿美元、2000亿美元和3000亿美元）。

进口了 1041 项商品，商品价值总价值为 464 亿美元，商品的数量匹配度和贸易额匹配度分别高达 94.5% 和 92.8%。第二批 2000 亿美元清单中共包含 5745 项商品，其中 2017 年美国从中国实际进口了 4724 项商品，商品价值总价值为 1898 亿美元，商品的数量匹配度为 82.2%，而商品贸易额匹配度较高，达到 94.9%。第三批 3000 亿美元清单中共包含 3812 项商品，其中 2017 年美国从中国实际进口了 2650 项商品，商品价值总价值为 2540 亿美元，商品的数量匹配度和贸易额匹配度分别为 69.5% 和 84.7%，与前两批清单的匹配度相比，第三批商品在数量和贸易额的匹配度都较低，原因在于最终实施的第三批价值约 3000 亿美元的征税商品清单是 2019 年 8 月 13 日美国贸易代表办公室公布的，此时距离中美经贸摩擦正式开始已经过去了一年半的时间，这段时间受双边经贸关系变化不确定性的影响，美国从中国的进口商品结构与 2017 年相比发生了一定变化，即这份清单制定的数据基础发生了变化，利用 2018 年美国从中国进口数据计算出的第三批清单商品数量匹配度和贸易额匹配度分别提高至 70.3% 和 87.9%，整体来看，2017 年数据与 2018 年差距并不是特别大，因此，为了保持三批清单商品测算的一致性，本章统一使用 2017 年美国从中国进口数据。在第五章第四节分析中美贸易数据差异来源时，已经展示了 2015 年双边货物贸易的商品结构和部门结构，2017 年虽较 2015 年有所变化，但整体贸易特点仍然类似，本章不再赘述。

一　第一批 500 亿美元清单商品结构

2018 年 6 月 15 日，美国贸易代表办公室公布了第一批约 500 亿美元中国商品加征关税清单，清单中包含两个部分，第一部分是自 7 月 6 日起征收 25% 关税的商品，涉及进口额约 340 亿美元，集中在航空航天、信息技术、汽车零件等高科技领域；第二部分是自 8 月 23 日起征收 25% 关税的商品，涉及进口额约 160 亿美元，主要集中在电机电气设备及其零件、塑料及其制品、机械器具及其零件、钢铁制品和光学精密仪器领域。这两部分商品被提高关税的时间仅相差 1 个月，且总金额相对后两批加征关税商品金额较小，本节将这两部分合并分析。

在美国贸易代表办公室的公告中多次提到中国工信部出台的"中国制造 2025"计划，因此美方公布的第一批加征关税清单明显针对性非常强，商品集中度高。在第一批 1102 项商品中，有 449 项属于第 84 章机器机械器具及其零部件，占清单商品数量的 40.7%，从商品价值来看，这 449 项商品 2017 年美国从中国共进口 178.5 亿美元，占第一批清单商品进口额的 38.5%，占 2017 年美国从中国进口的第 84 章商品总额的 16.3%，包括飞机涡轮喷气发动机、压燃式内燃机的活塞式发动机、离心式液体泵等高端机械设备及零部件。第一批加征关税清单中，有 222 项商品属于第 85 章电机、电气设备及其零件，占清单商品数量的 20.1%，2017 年这些商品美国从中国的进口额为 172.1 亿美元，占第一批清单商品进口额的 37.1%，占第 85 章商品进口总额的 11.7%，包括通用交流 / 直流电动机、适用于飞机的发电机零件、雷达装置及其他无线收发装置、晶体管等。另外还涉及 147 项第 39 章的塑料及其制品、146 项第 90 章的仪器设备、60 项第 87 章的车辆及其零件附件等，涉及金额分别为 21.6 亿美元、50.4 亿美元和 21.6 亿美元，分别占本章别商品进口额的 42.0%、13.3% 和 14.8%，上述五章商品合计 1024 项，占清单商品数量的 92.9%，占清单商品进口额的 95.7%。值得注意的是，第 90 章商品被征税比例达到了 42.0%，第 86 章的铁道及电车道机车、车辆及其零件被征税占比更是高达 100%，即全部被加征关税，这些都进一步印证了美方对"中国制造 2025"的针对性。（见表 6.3）

表 6.3　　　　　　　按 HS 章别分类的第一批 500 亿美元清单商品结构

HS 章	商品描述	500 亿清单商品中 2017 年美国从中国进口额（亿美元）	占该章别商品进口额的比重（%）	占 500 亿清单商品进口额的比重（%）
84	核反应堆、锅炉、机器、机械器具及其零件	178.5	16.3	38.5
85	电机、电气设备及其零件；录音机及放声机、电视图像、声音的录制和重放设备及其零件、附件	172.1	11.7	37.1
90	光学、照相、电影、计量、检验、医疗或外科用仪器及设备、精密仪器及设备；上述物品的零件、附件	50.4	42.0	10.9
39	塑料及其制品	21.6	13.3	4.7
87	车辆及其零件、附件，但铁道及电车道车辆除外	21.6	14.8	4.7
73	钢铁制品	8.8	7.6	1.9
86	铁道及电车道机车、车辆及其零件；铁道及电车轨道固定装置及其零件、附件；各种机械（包括电动机械）交通信号设备	5.5	100.0	1.2
88	航空器、航天器及其零件	5.1	99.9	1.1
70	玻璃及其制品	0.2	0.7	0.0
89	船舶及浮动结构体	0.1	9.1	0.0
76	铝及其制品	0.1	0.3	0.0
38	杂项化学产品	0.1	0.6	0.0

注：数据由作者根据美国国际贸易委员会 USITC 网站公布的贸易数据整理得到。

从国民经济部门分类来看，被加征关税的商品主要是电子元器件、输配电及控制设备、其他专用设备、仪器仪表、泵/阀门/压缩机及类似机械、电机等，全部属于工业制成品，实际上，中国向美国出口工业制成品尤其是通信电子类商品，是"以中日韩为代表的东亚生产网络"向美国出口，中国在这些商品的生产过程中大多承担价值链低端的装配等环节，本国出口获得的真实利润远小于出口额，这一点在中国向美国出口的贸易方式结构上有着直观的体现，2017 年中国向美国出口中加工贸易占比仍然在 45% 以上，比同期中国总出口中加工贸易占比 29% 高出 16 个百分点以上，加工贸易是典型的进口大量零部件组装再出口模式，加工贸易出口占比高也是中国向美国单位出口增加值率低于中国总出口增加值率的最直接原因。第一批加征关税清单中并没有涵盖农产品、纺织服装类劳动密集型产品、矿产品类资源型产品等出口附加值率较高的产品，可见，美国第一批加征关税措施并不是针对中国在双边贸易差额中的获益，而是为了打击中国正向高质量发展转型的制造业，尤其是未来发展前景较好的高科技产品和设备制造业。从各部门进口额被征税比例来看，美国对从中国进口的 78.5% 电子元器件征收了 25% 的高额关税，另外，67.7% 的电机，72.0% 的物料搬运设备，57.3% 的汽车整车，76.5% 的化工、木材、非金属加工专用设备，58.3% 的采矿、冶金、建筑专用设备，87.4% 的金属加工机械，65.5% 的合成材料以及全部的铁路运输和城市轨道交通设备都被征收 25% 的高额进口关税。（见表 6.4）

表 6.4　　　　　按 139 部门分类的第一批 500 亿美元清单商品结构

部门编号	部门名称	第一批清单（亿美元）	占该类商品进口额的比重（%）	占第一批清单进口额的比重（%）
90	电子元器件	45.7	78.5	9.8
81	输配电及控制设备	44.0	38.2	9.5
74	其他专用设备	43.1	30.7	9.3
92	仪器仪表	38.2	49.8	8.2
68	泵、阀门、压缩机及类似机械	35.5	41.2	7.7
80	电机	23.5	67.7	5.1
70	其他通用设备	21.8	20.0	4.7
67	物料搬运设备	21.5	72.0	4.6
88	广播电视设备和雷达及配套设备	19.9	17.7	4.3

续表

部门编号	部门名称	第一批清单（亿美元）	占该类商品进口额的比重（%）	占第一批清单进口额的比重（%）
85	其他电气机械和器材	18.7	11.9	4.0
75	汽车整车	17.6	57.3	3.8
82	电线、电缆、光缆及电工器材	15.0	28.3	3.2
86	计算机	14.8	2.4	3.2
51	塑料制品	14.4	9.4	3.1
64	金属制品	12.2	7.0	2.6
79	其他交通运输设备	12.2	39.8	2.6
72	化工、木材、非金属加工专用设备	12.0	76.5	2.6
65	锅炉及原动设备	9.3	38.1	2.0
71	采矿、冶金、建筑专用设备	8.6	58.3	1.8
66	金属加工机械	8.5	87.4	1.8
84	家用器具	8.1	5.1	1.8
45	合成材料	7.3	65.5	1.6
73	农、林、牧、渔专用机械	3.8	49.6	0.8
69	文化、办公用机械	2.6	1.6	0.6
83	电池	2.4	12.0	0.5
77	铁路运输和城市轨道交通设备	2.1	100.0	0.5

注：将美国国际贸易委员会USITC网站公布的HS8位贸易数据对应至国民经济139部门，表中仅列出进口额大于1亿美元的部门/行业。

从另一个角度来解读，第一批针对中国制造业转型升级或者说高端制造业而制定的加征关税清单，也为中国未来制造业的发展提供了方向和重点，被加征关税的基本都属于美国认为未来可能会对美国本土商品带来激烈竞争的商品，或符合全球制造业未来发展方向的产品，而前期中国主要依靠较低的土地和劳动力成本以及政府提供的投资优惠政策从事这些商品的低附加值环节或中低端商品制造，在研发、销售等环节以及高端产品领域的国际竞争力相对较弱，"十四五"时期正是中国制造业从中低端向高端产品、高质量产品转移的攻坚期，在美国保护主义等外部压力下，国内企业应从优化生产方式、提高要素投入产出效率、发挥企业规模生产优势等方面进一步降低企业生产成本，同时提升产品质量、打造品牌效应，提高自身产品的国际竞争力，摆脱以往"中国制造"以价格为主要竞争优势的标签，向"中国创造""中国品牌"转变。

二 第二批 2000 亿美元清单商品结构

2018 年 9 月 24 日，美国开始对价值约 2000 亿美元的第二批中国商品征收 10% 的关税，由于中美双方谈判磋商并未能就知识产权、政府补贴、关税税率等各自关切达成一致，美国于 2019 年 6 月 15 日将这批中国商品的税税率从 10% 再次提高至 25%。最终实施的第二批清单中共包含 5745 项商品，与第一批商品集中度高的特点不同，第二批清单涉及的商品范围非常广泛，商品相对集中在食品类、纺织类、化工制品类、贵金属类、制造业商品以及轻工业商品。从清单商品的规律来看，清单中数量最多的是第 29 章有机化学品，有 693 项，占商品清单条目总数的 12.1%，其次为第 3 章水生动物，有 264 项，占清单商品数量的 4.6%，另外，第 28 章无机化学品、第 52 章棉花、第 48 章纸及纸制品、第 85 章电机、电气设备及其零件，商品数量均在 200 项以上。

从被征税商品的进口金额上来看，第二批清单被征税规模最大的仍然是机械器具及其零件、电机电气设备及其零件，分别涉及 483 亿美元和 377 亿美元的进口额，分别占第二批清单商品进口额的 25.5% 和 19.8%，第二批和第一批被加征关税清单合计已经占到了这两章商品进口额的一半。作为近几年全球贸易额最大的两类商品，机械器具和电机电气设备及其零附件绝大部分商品已被征收 25% 的高额关税，也成为受中美经贸摩擦影响最大两类商品。第 94 章家具类商品被加征关税的规模约为 292 亿美元，占到 2017 年美国从中国进口家具类商品的 91.4%，第 42 章皮革制品、第 68 章石膏类制品、第 20 章蔬菜水果、第 16 章水生动物制品、第 57 章地毯、第 56 章絮胎等无纺织物、第 7 章食用蔬菜、第 46 章秸秆制品、第 12 章含油果仁、第 23 章食品工业的残渣及废料、第 31 章肥料等商品全部被征收 25% 的高额关税，另外，

第 87 章车辆及其零附件、第 42 章皮革制品、第 83 章贱金属杂项制品
等商品被加征关税的比例也都非常高。与第一批清单主要针对中国高
端制造业不同的是，第二批约 2000 亿美元加征关税清单是在中美经历
了一年多的经贸磋商却仍未达成一致的情况下，特朗普政府试图通过
对中国外贸施压而采取的力度更大的关税措施，其目标由最初的遏制
中国高端制造业增长转向利用拉低中国经济增速迫使中国在谈判中让
步，因此，选取的征税商品转向附加值率较高、对就业带动明显的出
口商品。（见表 6.5 ）

表 6.5　　　　　　　　按 HS 章别分类的第二批清单商品结构

HS 章别	商品描述	清单商品进口额（亿美元）	占该章别商品进口额的比重（%）	占清单商品进口额的比重（%）
85	电机、电气设备及其零件；录音机及放声机、电视图像、声音的录制和重放设备及其零件、附件	483.0	32.9	25.5
84	核反应堆、锅炉、机器、机械器具及其零件	376.6	34.4	19.8
94	家具；寝具、褥垫、弹簧床垫、软坐垫及类似的填充制品；未列名灯具及照明装置；发光标志、发光名牌及类似品；活动房屋	291.7	91.4	15.4
87	车辆及其零件、附件，但铁道及电车道车辆除外	116.2	79.4	6.1
73	钢铁制品	76.9	66.5	4.1
42	皮革制品；鞍具及挽具；旅行用品、手提包及类似容器；动物肠线（蚕胶丝除外）制品	73.3	100.0	3.9
39	塑料及其制品	56.4	34.6	3.0
83	贱金属杂项制品	32.8	66.0	1.7
29	有机化学品	32.4	41.8	1.7
40	橡胶及其制品	31.8	91.8	1.7
44	木及木制品；木炭	31.3	79.6	1.7
48	纸及纸板；纸浆、纸或纸板制品	29.8	91.0	1.6
82	贱金属工具、器具、利口器、餐匙、餐叉及其零件	29.2	79.2	1.5
70	玻璃及其制品	23.2	79.9	1.2
68	石料、石膏、水泥、石棉、云母及类似材料的制品	19.4	100.0	1.0

续表

HS 章别	商品描述	清单商品进口额（亿美元）	占该章别商品进口额的比重（%）	占清单商品进口额的比重（%）
3	鱼、甲壳动物、软体动物及其他水生无脊椎动物	16.0	82.1	0.8
33	精油及香膏；芳香料制品及化妆盥洗品	13.3	89.5	0.7
65	帽类及其零件	12.4	80.8	0.7
20	蔬菜、水果、坚果或植物其他部分的制品	11.5	100.0	0.6
90	光学、照相、电影、计量、检验、医疗或外科用仪器及设备、精密仪器及设备；上述物品的零件、附件	10.0	8.4	0.5
38	杂项化学产品	9.9	84.1	0.5
28	无机化学品；贵金属、稀土金属、放射性元素及其同位素的有机及无机化合物	8.9	65.5	0.5
76	铝及其制品	7.9	23.7	0.4
16	肉、鱼、甲壳动物、软体动物及其他水生无脊椎动物的制品	7.4	100.0	0.4
69	陶瓷产品	6.6	28.2	0.3
57	地毯及纺织材料的其他铺地制品	6.1	100.0	0.3
56	絮胎、毡呢及无纺织物；特种纱线；线、绳、索、缆及其制品	6.1	100.0	0.3
27	矿物燃料、矿物油及其蒸馏产品；沥青物质；矿物蜡	5.2	80.4	0.3
74	铜及其制品	5.2	96.8	0.3
32	鞣料浸膏及染料浸膏；鞣酸及其衍生物；染料、颜料及其他着色剂；油漆及清漆；油灰及其他类似胶粘剂；墨水、油墨	5.2	97.7	0.3
59	浸渍、涂布、包覆或层压的纺织物；工业用纺织制品	5.1	97.9	0.3
54	化学纤维长丝	5.0	96.5	0.3
7	食用蔬菜、根及块茎	4.4	100.0	0.2
60	针织物及钩编织物	3.8	87.3	0.2
55	化学纤维短纤	3.5	80.1	0.2
46	稻草、秸秆、针茅或其他编结材料制品；篮筐及柳条编结品	3.1	100.0	0.2
12	含油子仁及果实；杂项子仁及果实；工业用或药用植物；稻草、秸秆及饲料	2.6	100.0	0.1

HS 章别	商品描述	清单商品进口额（亿美元）	占该章别商品进口额的比重（%）	占清单商品进口额的比重（%）
23	食品工业的残渣及废料；配制的动物饲料	2.6	100.0	0.1
35	蛋白类物质；改性淀粉；胶；酶	2.6	73.2	0.1
34	肥皂、有机表面活性剂、洗涤剂、润滑剂、人造蜡、调制蜡、光洁剂、蜡烛及类似品、塑型用膏、"牙科用蜡"及牙科用熟石膏制剂	2.3	49.2	0.1
58	特种机织物；簇绒织物；花边；装饰毯；装饰带；刺绣品	2.1	72.4	0.1
52	棉花	2.0	87.0	0.1
19	谷物、粮食粉、淀粉或乳的制品；糕饼点心	1.8	87.3	0.1
31	肥料	1.7	100.0	0.1
25	盐、硫黄；泥土及石料；石膏料、石灰及水泥	1.7	41.8	0.1
81	其他贱金属、金属陶瓷及其制品	1.7	38.7	0.1
5	其他动物产品	1.7	37.7	0.1
17	糖及糖食	1.4	86.2	0.1
71	天然或养殖珍珠、宝石或半宝石、贵金属、包贵金属及其制品；仿首饰；硬币	1.3	4.4	0.1
21	杂项食品	1.3	36.7	0.1
89	船舶及浮动结构体	1.2	87.4	0.1

注：数据来源于美国国际贸易委员会USITC公布的2017年美国从中国进口数据，表中仅列出进口额大于1亿美元的HS章别。

从国民经济部门分类来看，通信设备类商品被加征关税的规模最大，涉及金额约238亿美元，占第二批清单商品的12.6%，占2017年美国从中国进口全部通信设备类商品的三分之一。家具、文化办公用机械、金属制品、其他电气机械和器材被加征关税的商品规模都在100亿美元以上，占美国从中国进口该类商品的比重也都比较高，家具、文化办公用机械被加征关税的比例都在90%以上。而汽车零部件及配件、石材水泥石灰等建筑材料、石膏水泥制品、肥料、耐火材料制品、谷物磨制品、烟草制品、毛纺织品则是全部被纳入加征关税的范围内。第二批征税清单已经从最早的工业制造品扩大到家具、食品、设备类等终端消费品，有研究表明，第二批清单里中间品进口额占比约为48%，资本品和消费品的占比则分别为30%和22%[①]，也就是说超过五分之一是能够直接影响到美国民众生活效用的消费品。综合来看，虽然第二批清单商品涉及中国商品的范围和规模更大，对中国出口获取增加值的影响更大，但同时也直接冲击了美国的消费市场，美国家庭中的"中国制造"商品随处可见，中国商品在过去的十几年时间里为美国民众提供了性价比更高的消费选择，对降低美国居民消费支出、提高居民消费发挥了重要作用，对原产于中国的消费品加征关税无论从哪个途径来看最终都将转嫁为美国居民的消费成本，一是美国居民继续购买中国商品，虽然中方供应商和美方销售企业可以承担一部分新增关税，但企业无法全部消化10%甚至25%的关税成本，企业无法消化掉的关税成本最终体现为美国居民购买商品价格的上涨；二是美国居民购买美国本土制造或其他国家制造的商品来"替代"中国商品，鉴于中国商品在美国消费品市场上的性价比较高，若消费者购买同等质量的非中国商品，则可能需要支付高于中国商品的价格，造成消费支出的不必要增加，而消费者同样的价格所能购买到的其他商品质量将低于中国商品，则消费者同样指出获得的效用降低，还会带来一定的通胀压力。（见表6.6）

表6.6　　　　　　　按139部门分类的第二批清单商品结构

部门编号	部门名称	清单商品进口额（亿美元）	占该类商品进口额的比重（%）	占清单商品进口额的比重（%）
87	通信设备	238.3	33.1	12.6
35	家具	219.7	92.7	11.6
69	文化、办公用机械	159.7	95.2	8.4
64	金属制品	112.2	64.0	5.9
85	其他电气机械和器材	109.4	69.7	5.8
76	汽车零部件及配件	94.1	100.0	5.0

① 《美国2000亿关税清单影响多大？》，中华网，www.china.com.cn/opinion/think/2018-08/02/content_57965577.htm。

部门编号	部门名称	清单商品进口额（亿美元）	占该类商品进口额的比重（%）	占清单商品进口额的比重（%）
86	计算机	78.5	12.7	4.1
32	皮革、毛皮、羽毛及其制品	74.6	97.2	3.9
81	输配电及控制设备	69.4	60.3	3.7
84	家用器具	65.1	41.2	3.4
51	塑料制品	54.0	35.2	2.8
70	其他通用设备	50.4	46.2	2.7
68	泵、阀门、压缩机及类似机械	40.6	47.1	2.1
41	基础化学原料	36.6	56.6	1.9
82	电线、电缆、光缆及电工器材	36.6	68.9	1.9
34	木材加工品和木、竹、藤、棕、草制品	31.6	84.6	1.7
50	橡胶制品	31.4	91.7	1.7
88	广播电视设备和雷达及配套设备	26.3	23.4	1.4
36	造纸和纸制品	24.1	89.1	1.3
55	玻璃和玻璃制品	23.7	70.6	1.2
17	水产加工品	20.4	85.4	1.1
46	专用化学产品和炸药、火工、焰火产品	16.3	24.4	0.9
47	日用化学产品	15.2	83.5	0.8
65	锅炉及原动设备	15.0	61.2	0.8
79	其他交通运输设备	13.1	42.7	0.7
75	汽车整车	12.8	41.7	0.7
30	纺织制成品	12.7	18.7	0.7
31	纺织服装服饰	12.0	4.2	0.6
54	砖瓦、石材等建筑材料	11.3	100.0	0.6
80	电机	11.2	32.3	0.6
90	电子元器件	10.6	18.3	0.6
53	石膏、水泥制品及类似制品	10.4	100.0	0.5
38	文教、工美、体育和娱乐用品	10.4	2.5	0.5

注：数据来源于美国国际贸易委员会USITC公布的2017年美国从中国进口数据，表中仅列出进口额大于10亿美元的部门。

三　第三批 3000 亿美元清单商品结构

2019 年 9 月 1 日，美国对 3000 亿美元（第三批）商品中的清单 A 约 1200 亿美元征收 15% 关税，其余商品暂未征收关税。2020 年 1 月 15 日，中美两国正式签署中美第一阶段经贸协议，美国于 2020 年 2 月 14 日将原定 3000 亿美元商品清单 A 中的关税税率从 15% 下调至 7.5%。虽然当前 3000 亿美元清单并没有全部提高关税且关税税率在第一阶段协议后降低了一半，但在过去近两年的谈判磋商中，美国多次出尔反尔、为获得更多利益不断加码，未来仍存在为加大谈判筹码再次加征关税或从科技等非贸易领域采取与中国脱钩措施的可能性，因此，本章仍然将第三批约 3000 亿美元清单进行分析并测算加征关税对中国经济和就业带来的影响。

第三批清单共涵盖 3812 项商品，几乎涵盖了除前两批清单外的所有美国从中国进口商品，根据 2017 年美国从中国进口数据，属于前三批清单的商品共有 8408 项，清单外共有 395 项、价值约 157 亿美元的商品，这些商品大多属于未分类商品。从商品的 HS 章别来看，第三批清单中进口规模最大的是第 85 章电机电气设备及其零附件，2017 年美国从中国进口额约 813 亿美元，占从中国进口该类商品总价值的 55.3%，占第三批清单商品的 32.0%。值得注意的是，玩具及运动产品、纺织服装及衣着附件、雨伞、乐器、咖啡等大量消费品被全部列入，从商品的最终用途分类看，与资本品、中间投入品相比，消费品存在更强的可替代性，随着全球产业技术的繁荣发展和自由贸易氛围下全球化进程的推进，一国消费者可购买、选择的同种商品种类越来越多，对单一品牌商品的依赖程度逐渐降低，从这一角度来看，第三批商品中间投入品和资本品占比与前两批相比明显降低，且 7.5% 的关税对于进行跨国交易的企业双方而言，能够采取企业分摊的方式消化掉绝大部分关税，因此第三批商品加征关税对美国企业生产的影响程度略小于前两批商品。对中国企业而言，消费品出口的附加值率比中间品出口高，加之较强的可替代性，对中国消费品出口企业订单影响明显，同时，对美国的消费市场也会造成较大冲击，大批中国进口商品的涨

价对美国大部分的中低阶层消费者而言将造成非常明显的支出增加和
效用降低。（见表 6.7）

表 6.7　　　　　　　按 HS 章别分类的第三批清单商品结构

HS 章别	商品描述	清单商品进口额（亿美元）	占该类商品进口额的比重（%）	占清单商品进口额的比重（%）
85	电机、电气设备及其零件；录音机及放声机、电视图像、声音的录制和重放设备及其零件、附件	812.7	55.3	32.0
84	核反应堆、锅炉、机器、机械器具及其零件	539.9	49.3	21.3
95	玩具、游戏品、运动用品及其零件、附件	255.0	100.0	10.0
61	针织或钩编的服装及衣着附件	143.0	100.0	5.6
64	鞋靴、护腿和类似品及其零件	142.5	100.0	5.6
62	非针织或非钩编的服装及衣着附件	129.7	100.0	5.1
39	塑料及其制品	85.2	52.3	3.4
63	其他纺织制成品；成套物品；旧衣着及旧纺织品；碎织物	77.7	97.7	3.1
96	杂项制品	30.4	98.9	1.2
73	钢铁制品	30.0	26.0	1.2
90	光学、照相、电影、计量、检验、医疗或外科用仪器及设备、精密仪器及设备；上述物品的零件、附件	29.6	24.7	1.2
71	天然或养殖珍珠、宝石或半宝石、贵金属、包贵金属及其制品；仿首饰；硬币	27.9	95.6	1.1
76	铝及其制品	25.4	75.9	1.0
94	家具；寝具、褥垫、弹簧床垫、软坐垫及类似的填充制品；未列名灯具及照明装置；发光标志、发光名牌及类似品；活动房屋	24.2	7.6	1.0
49	书籍、报纸、印刷图画及其他印制品；手稿、打字稿及设计图纸	21.7	100.0	0.9
83	贱金属杂项制品	16.9	34.0	0.7
69	陶瓷产品	16.8	71.8	0.7
67	已加工羽毛、羽绒及其制品；人造花；人发制品	16.1	98.8	0.6
29	有机化学品	15.4	19.8	0.6

　　注：数据来源于美国国际贸易委员会USITC公布的2017美国从中国进口数据，表中仅列出进口额大于10亿美元的章别。

从国民经济部门来看，第三批商品主要包括计算机（约 524 亿美元）、通信设备（约 481 亿美元）、文教工美体育用品（约 399 亿美元）、纺织服装服饰和鞋（约 329 亿美元）。其中第三批中的计算机商品占美国从中国全部计算机进口的 84.9%，通信设备被征收关税的比例为 66.9%，文教工美体育用品和纺织服装服饰被征收关税的比例更是在 95% 以上。为方便与前两批商品结构的比较，表 6.8 中列明了按 139 部门分类的第三批加征关税清单商品结构（商品金额在 10 亿美元以上）。

表 6.8   按 139 部门分类的第三批清单商品结构

部门编号	部门名称	清单商品进口额（亿美元）	占该类商品进口额的比重（%）	占清单商品进口额的比重（%）
86	计算机	523.7	84.9	20.6
87	通信设备	480.6	66.9	18.9
38	文教、工美、体育和娱乐用品	399.0	97.5	15.7
31	纺织服装服饰	272.8	95.8	10.7
51	塑料制品	84.8	55.4	3.3
84	家用器具	84.8	53.7	3.3
88	广播电视设备和雷达及配套设备	66.2	58.9	2.6
33	鞋	55.7	100.0	2.2
74	其他专用设备	55.5	39.6	2.2
30	纺织制成品	55.2	81.3	2.2
64	金属制品	54.1	30.9	2.1
46	专用化学产品和炸药、火工、焰火产品	48.9	73.1	1.9
70	其他通用设备	36.9	33.8	1.5
93	其他制造产品	35.1	99.3	1.4
92	仪器仪表	32.1	41.9	1.3
29	针织或钩针编织及其制品	28.9	83.6	1.1
85	其他电气机械和器材	28.8	18.3	1.1
63	有色金属压延加工品	17.6	78.9	0.7
35	家具	17.3	7.3	0.7
41	基础化学原料	15.0	23.2	0.6
56	陶瓷制品	14.3	89.9	0.6

部门编号	部门名称	清单商品进口额（亿美元）	占该类商品进口额的比重（%）	占清单商品进口额的比重（%）
37	印刷品和记录媒介复制品	11.6	66.7	0.5
89	视听设备	10.9	61.5	0.4
83	电池	10.8	53.3	0.4
68	泵、阀门、压缩机及类似机械	10.2	11.8	0.4

注：数据来源于美国国际贸易委员会USITC公布的2017年美国从中国进口数据，表中仅列出进口额大于10亿美元的部门。

第三节　美方加征关税对中国经济和就业的影响

自2018年7月6日美国征税对中国部分商品提高关税税率以来，中国向美国出口随着中美经贸摩擦事态演变出现了明显波动，而各类商品被加征关税后出口额的变动能够真实地反映不同商品贸易额对不同关税税率的敏感度，因此，本书利用中国海关总署提供的2017年和2018年[①]HS8位编码的中国向美国出口数据，结合美方公布的商品清单、加征关税的时间节点，将被征税后商品出口增速变化，并与未被征税时比较，探究加征关税对中国向美国出口的真实影响，主要得到以下结论：

一是从2018年月度出口总量变化情况来看，中国对美出口额将在2019年开始进入全面萎缩阶段。2018年下半年中国对美出口增长9.8%，仅较上半年下降了3.4个百分点，但从月度走势看，维持中国对美出口增长的动力已经大幅减弱甚至消失。2018年第三季度虽然美国先后对中国出口的340亿美元和160亿美元商品征收25%关税，但由于所涉及商品相对较少，加之企业采取"抢出口"、降低生产成本等多种措施努力维持出口业务正常运营，导致3季度中国对美出口额增速不降反升，9月份出口额同比增速达到2018年3月以来峰值。进入第四季度，

---

① 暂时未能获得2019年各个月份的详细贸易数据。

美国于 2018 年 9 月 24 日对中国 2000 亿美元出口商品征收 10% 关税，且特朗普宣称将于 2019 年 1 月 1 日提高税率至 25%，导致企业"抢出口"行为十分普遍，10 月份、11 月份中国出口额仍然保持 10% 以上的同比增速。进入 12 月份之后，随着"抢出口"的短期刺激效应已经明显减弱，当月中国对美出口同比负增长 3.5%。

二是从结构看，中国各类企业、各种方式出口所受冲击均在迅速上升中。由于国有企业在已被征税的 2500 亿美元出口商品中占比高于尚未被征税的出口商品，加之国有企业应对外部风险的灵活性弱于外资企业和本土企业，因此下半年所受负面影响明显大于外资企业和本土企业。2018 年下半年，国有企业对美出口同比负增长 6.3%，较上半年下降 16.2 个百分点，其中 11 月份和 12 月份分别同比负增长 17.2% 和 15.8%。外资企业和民营企业应对外部风险的灵活性更强，也倾向于在中美贸易争端升级之前完成尽可能多的订单，因此绝大多数月份出口额同比增速和上半年基本持平甚至稍高，民营企业 11 月份出口额甚至同比增长 27.6%，创 3 月份以来最高水平。但进入 12 月份之后，随着对中美贸易争端升级的悲观预期持续加剧，加之"抢出口"的短期刺激效应显著下降，外资企业出口额同比负增长 8.8%，民营企业仅同比增长 6.0%，导致下半年外资企业和民营企业出口额增速较上半年分别下降 2.6 和 2.3 个百分点。

三是前两批被加征 25% 关税的出口商品所受冲击明显大于第三批商品。2018 年 7 月 6 日和 8 月 23 日，美先后两次对从我进口约 500 亿美元的机电商品征收 25% 的高额关税。9 月份之后，绝大多数被征税商品出口额出现大幅度下滑，如这两份清单中中国出口规模较大的几类商品：数模转化器、放大器等电子元器件（HS 代码：854370）、集装箱（HS 代码：860900）以及润滑油 2018 年上半年对美出口额同比增长 59.9%、40.8% 和 26.0%，而下半年同比增速分别为 13.8%、–9.1% 和 –20.9%，所受冲击非常明显。目前，第一批 340 亿美元被征税商品各月均同比负增长 5% 左右，第二批 160 亿美元被征税商品已开始同比负增长 9% 以上，分别较二季度下降了个 23.1 个和 30.6 个百分点。2018 年 9 月 24 日美国对中国 2000 亿商品出口商品征收 10% 关税之

后，由于企业普遍存在 2019 年关税水平将进一步上升至 25% 的预期，
"抢出口"现象十分明显，如出口量最大的交换和路由设备（HS 代码：
851762）在被征税之后的 10 月和 11 月出口额均同比增长 30% 以上，
远高于上半年的 13%。进入 12 月份之后，企业订单数量明显下降，"抢
出口"现象明显减弱，导致 12 月份中国 2000 亿美元清单相关商品出
口额同比下降 0.4%，第四季度整体增长 12%，较上半年下降 3.7 个百
分点，所受影响明显小于前两次被征税的商品。

四是受悲观预期影响，未被征税商品同样存在"抢出口"和减少订
单现象。截至 2018 年底，中国仍有约 1797 亿美元对美出口商品未被
征税。从相关商品下半年出口额走势看，相关企业虽然对美出口成本
变化不大，但对开展对美贸易业务的预期所受影响非常大，导致相关
商品出口额和被征税商品呈现相似走势，先出现"抢出口"性质的高速
增长，10 月份同比增速甚至达到 20% 的峰值，在进入 12 月份之后转
为同比下降 7%。与此同时，受预期影响，11 月份、12 月份中国对非
美市场出口额增速也出现明显下滑，12 月份较 2018 年二季度增速下滑
16.2 个百分点，其中，12 月份中国对欧洲和日本发达经济体出口额增
速与二季度相比，分别下滑 8.7 个和 9.9 个百分点。

从 2018 年下半年的历史数据看，"抢出口"阶段过去之后，多数商
品被征收 25% 关税之后，出口增速降幅在 25 个百分点左右，少数商品
甚至能够达到 40 个百分点以上。由于 2018 年的数据还未能完全反映出
第二批和第三批清单加征关税后商品的真实变化，因此，在 2018 年各
类商品对美出口月度增速的变化基础上，考虑没有中美经贸摩擦情况
下原本商品出口的增速，将商品的弹性系数划分为四大类：在 25% 关
税下，预计农林牧渔类商品及相关食品出口额下降 10% 左右，纺织服
装等劳动密集型产品出口额下降 29% 左右，化学产品及轻工业产品出
口额下降 22% 左右，通信电子、仪器仪表等设备及零部件产品出口额
下降幅度在 35% 左右，其中，下降幅度表示，与不加征关税情况下相
比，每年因被加征关税而导致的出口下降幅度。确定了加征关税后商
品出口下降幅度之后，结合投入产出模型（参见第二章贸易增加值核
算），可以测算商品出口下降所带来的增加值和就业损失。

一　第一批 500 亿美元商品加征关税对中国经济和就业的影响

在前一节中，本书分析了美国对中国三批加征关税清单的商品结构和部门结构，由于中国在不同商品的生产过程中承担不同的环节，因此不同商品出口对中国经济和就业的拉动作用存在一定的差异，测算表明，美国对原产于中国的第一批约 500 亿美元商品征收 25% 的关税将造成中国出口规模与未提高关税的情形下相比，下降约 150 亿美元，出口增加值减少 96 亿美元，相当于 2017 年全年中国对美出口增加值的 3.2%，拉低中国经济增速约 0.08 个百分点（以 2017 年中国 GDP 总量为基准，下同），出口拉动的就业减少 42 万人次，相当于 2017 全年中国对美出口拉动就业的 3.1%。

从各部门受影响程度来看，出口额下降幅度最大的是电子元器件，下降规模约为 15 亿美元，但中国在电子元器件生产过程中对进口零部件依赖程度较高，从事的生产环节附加值率较低，因此电子元器件出口导致的国内增加值下降幅度并不是最大的。出口增加值下降幅度最大的是其他专用设备，与未提高关税情况下相比，25% 的关税导致其他专用设备出口减少约 14 亿美元，拉动的国内增加值减少约 9 亿美元，出口拉动的就业减少约 4.4 万人次。输配电及控制设备、泵/阀门/压缩机及类似机械、仪器仪表因出口下降而导致国内增加值各自减少 8 亿美元左右，对就业造成的损失合计约 11.7 万人次。因不同商品对关税的敏感程度、出口中国内附加值率、出口带动就业能力的差异，关税对经济和就业造成影响的部门排序与涉税金额的部门排序有一定的变动，而这一现象也反映出当前中国制造业发展所存在的问题：一方面，美国制定第一批加征关税清单是针对"中国制造 2025"战略中的高端制造业，而实际上这类商品加征关税对经济和就业的影响相对较小，即中国的这些"高端制造业"并不像表面上体现得那么高端，许多高端制造业企业从事的仍然是技术含量较低、附加值率较低的生产环节，要真正实现从价值链低端、技术含量低的环节转型到价值链高端、技术含量高的环节，中国制造业发展仍然任重而道远，另一方面，反映出中国从事高端制造业的高技术人才数量仍然较少，目前的"高端"仍然是指机器代替人工而带来的生产效率的提升，未来要实现由高级技术人才带动生产效率大幅提升，中国仍需要大量的高技术人才储备作为要素基础（见表6.9）。

表 6.9 第一批商品加征关税对中国各部门经济和就业的影响

部门编号	部门名称	出口额下降（亿美元）	出口增加值下降（亿美元）	占增加值减少量的比重（%）	就业减少（万人次）
74	其他专用设备	14.2	9.2	9.6	4.4
81	输配电及控制设备	14.5	8.7	9.1	4.3
68	泵、阀门、压缩机及类似机械	11.7	8.7	9.1	3.4
90	电子元器件	15.1	7.7	8.0	3.6
92	仪器仪表	12.6	7.2	7.5	4.1
80	电机	7.8	5.2	5.5	2.2
70	其他通用设备	7.2	5.1	5.3	2.2
67	物料搬运设备	7.1	4.8	5.0	1.8
85	其他电气机械和器材	6.2	4.3	4.5	2.1
75	汽车整车	5.8	4.0	4.2	1.4
88	广播电视设备和雷达及配套设备	6.6	3.8	4.0	1.8
72	化工、木材、非金属加工专用设备	4.0	3.2	3.3	1.4
82	电线、电缆、光缆及电工器材	5.0	3.1	3.3	1.2
79	其他交通运输设备	4.0	2.8	3.0	1.2
86	计算机	4.9	2.5	2.6	0.9
65	锅炉及原动设备	3.1	2.2	2.3	0.7
66	金属加工机械	2.8	2.1	2.2	0.8
71	采矿、冶金、建筑专用设备	2.8	2.0	2.1	0.7
51	塑料制品	3.0	2.0	2.1	0.9
64	金属制品	2.5	2.0	2.1	0.7

注：各部门出口增加值率参考中国科学院数学与系统科学研究院《2017年全球价值链与中国贸易增加值核算报告》中的2017年中国对美国139部门单位出口增加值率和就业系数（基于2015年就业数据），考虑到中国就业结构的变化和技术水平的提升，利用2017年中国各部门就业数据对报告中的就业系数进行了修正，表中仅列出增加值下降幅度最大的前20个部门，下同。

二 第二批 2000 亿美元商品加征关税对中国经济和就业的影响

第二批 2000 亿美元清单涉及商品的范围从第一批的制造业产品开始向资本品和消费品等领域扩展，从涉税规模上看，约是第一批清单商品的 4 倍，同时这部分商品出口对中国经济和就业的拉动能力也比制造业产品要高，因此，总体来看，美国对原产于中国的第二批 2000 亿美元清单商品征收 25% 关税，对中国经济和就业确实带来了较为明显的负面影响。仅考虑第二批清单商品征收 25% 关税的情况，与未提高关税情况下相比，预计造成中国向美国出口每年下降约 542 亿美元，出口（以 2017 年为基准，下同）下降 11.6%，出口增加值减少 357 亿美元，拉低中国 GDP 约 0.29 个百分点，出口带动的就业量减少约 167 万人次。

从各部门受影响程度来看，家具类商品基本全部属于第二批加征关税清单，中国向美国家具出口明显受挫，与未提高关税情况下相比，家具向美出口规模下降 59 亿美元，出口增加值减少 50 亿美元，出口带动的就业减少 25 万人次，中国家具生产中投入的进口产品相对较少，基本家具生产的全产业链都在国内，对关税的敏感度较高，加之与通信设备等电子产品相比，家具属于劳动密集型产品，因此，美国对原产于中国的家具类商品征收高额关税，对中国经济和就业带来的负面影响较大。通信设备对美出口预计下降 79 亿美元，出口增加值减少 38 亿美元，出口拉动的就业将减少 15 万人次；汽车零部件及配件全部在被征税范围内，出口额下降 31 亿美元，出口增加值减少 24 亿美元，出口拉动的汽车等行业就业减少 8.6 万人次。另外，文化办公用机械、皮革制品出口减少造成的就业损失也较大，规模都在 10 万人次以上。（见表 6.10）

表 6.10　　　　第二批商品加征关税对中国各部门经济和就业的影响

部门编号	部门名称	出口额下降（亿美元）	出口增加值下降（亿美元）	占增加值减少量的比重（%）	就业减少（万人次）
35	家具	58.8	50.1	14.0	24.9

部门编号	部门名称	出口额下降（亿美元）	出口增加值下降（亿美元）	占增加值减少量的比重（%）	就业减少（万人次）
87	通信设备	78.6	38.0	10.6	15.0
85	其他电气机械和器材	36.1	25.1	7.0	12.5
69	文化、办公用机械	52.7	25.0	7.0	16.5
76	汽车零部件及配件	31.1	23.7	6.6	8.6
64	金属制品	23.3	18.3	5.1	6.7
32	皮革、毛皮、羽毛及其制品	20.0	16.6	4.7	10.8
81	输配电及控制设备	22.9	13.7	3.8	6.8
84	家用器具	21.5	13.3	3.7	6.8
86	计算机	25.9	13.0	3.6	4.7
70	其他通用设备	16.6	11.8	3.3	5.1
68	泵、阀门、压缩机及类似机械	13.4	9.9	2.8	3.8
51	塑料制品	11.2	7.6	2.1	3.2
82	电线、电缆、光缆及电工器材	12.1	7.6	2.1	2.9
34	木材加工品和木、竹、藤、棕、草制品	8.5	6.8	1.9	4.1
41	基础化学原料	7.6	5.6	1.6	1.6
88	广播电视设备和雷达及配套设备	8.7	5.0	1.4	2.3
55	玻璃和玻璃制品	4.9	4.0	1.1	1.5
50	橡胶制品	6.5	3.8	1.1	2.0
65	锅炉及原动设备	4.9	3.5	1.0	1.1

三 第三批 3000 亿美元商品加征关税对中国经济和就业的影响

根据对以出口为主的大型企业调研情况，目前中国大型出口企业在国际贸易中拥有一定的议价能力，部分掌握核心技术的企业则拥有定价权，7.5% 的关税对这部分企业而言，可以由供应商和海外购买商所消化，对贸易量的影响较小。相比之下，外向型中小企业和从事低技术含量生产环节的出口企业受关税的影响要大一些，但商品出口额对关税的弹性系数并不是固定的，即出口额的下降幅度与关税的变化幅度并不是线性关系，7.5% 关税下出口额的下降幅度要小于 15% 关税下出口额的下降幅度，因此，总体来看，第一阶段协议签订后，美国将第三批 3000 亿美元清单 A 商品关税的税率从 15% 降至 7.5%，出口企业所受到的负面影响有大幅度缓解。从总量上看，若美国对第三批清单中的中国商品全部征收 7.5% 关税，则预计导致中国对美出口下降 116 亿美元，相当于 2017 年中国对美出口的 2.5%，出口拉动的国内增加值减少 72 亿美元，出口拉动的国内就业减少 33 万人次。考虑到未来美方仍有加码谈判的可能性，本节仍然以美国对中国第三批商品征收 15% 关税情况为主，分析中国出口、经济和就业所受到的影响。

从总量上看，若美国对第三批清单中的中国商品全部征收 15% 关税，则预计将导致中国对美出口下降 325 亿美元，相当于 2017 年中国对美出口的 6.9%，出口拉动的国内增加值减少 204 亿美元，出口拉动的国内就业减少 92 万人次。从各部门受影响幅度来看，计算机、通信设备行业出口下降规模在 70 亿美元以上，但由于这些部门商品投入的国内原材料和成本较少，出口商品的国内附加值率低，因此，出口增加值分别减少 39.0 亿美元和 34.5 亿美元，出口减少将各自导致中国就业减少 14 万人次左右。纺织相关部门属于劳动密集型，且进口投入品较少，所以纺织类产品单位出口对中国的经济和就业贡献较大，同样的，受关税影响纺织类产品出口下降，对中国经济和就业的负面影响也就比较大。纺织服装服饰、纺织制成品、鞋三个部门在 15% 关税下，合计出口将减少 46.2 亿美元，出口下降规模比计算机要小，但却会导致中国出口增加值减少 39.7 亿美元，出口拉动的国内就业减少 21.3 万人次，这两项影响均已高于计算机部门。这也反映出中国纺织服装类商品虽然销售遍布全球，但国内整体行业单位产品生产的劳动力投入仍较高，劳动生产率有待进一步提升，且高端产品以贴牌为主，只赚取生产中的制造环节微薄利润，未来应注重打造本土高端服装品牌，向产品的设计、营销等高附加值环节转型升级。（见表 6.11）

表 6.11　　第三批商品被征收 15% 关税对中国各部门经济和就业的影响

部门编号	部门名称	出口额下降（亿美元）	出口增加值下降（亿美元）	占增加值减少量的比重（%）	就业减少（万人次）
86	计算机	77.8	39.0	19.1	14.2
87	通信设备	71.4	34.5	16.9	13.6
31	纺织服装服饰	32.9	28.3	13.9	15.3
38	文教、工美、体育和娱乐用品	37.3	26.9	13.2	14.1
84	家用器具	12.6	7.8	3.8	4.0
30	纺织制成品	6.6	5.8	2.8	2.9
88	广播电视设备和雷达及配套设备	9.8	5.7	2.8	2.6
33	鞋	6.7	5.6	2.7	3.1
51	塑料制品	7.9	5.4	2.6	2.3
74	其他专用设备	8.2	5.3	2.6	2.5
93	其他制造产品	5.2	4.3	2.1	1.8
70	其他通用设备	5.5	3.9	1.9	1.7
64	金属制品	4.8	3.7	1.8	1.4
46	专用化学产品和炸药、火工、焰火产品	4.6	3.4	1.7	1.4
85	其他电气机械和器材	4.3	3.0	1.5	1.5
29	针织或钩针编织及其制品	3.5	2.8	1.4	1.5
92	仪器仪表	4.7	2.7	1.3	1.5
35	家具	2.1	1.8	0.9	0.9
133	新闻和出版	1.5	1.3	0.7	0.5
56	陶瓷制品	1.3	1.2	0.6	0.6

第四节　中美第一阶段协议签订后仍维持高关税水平的部门分析

在经历了十三轮高级别经贸磋商之后，中美两国于 2020 年 1 月 15 日正式签署了第一阶段经贸协议，这是中美双方 22 个月经贸谈判的成果，也是中美 20 年来首份双边贸易协议，主要涉及商业秘密、知识产权、中方增加自美农产品采购等领域的内容①，对中美两国乃至全球的消费者和投资者带来了向好的预期，有助于市场信心的恢复。但也应认识到，第一阶段协议中，美方仅将第三批 3000 亿美元清单 A 商品的关税税率从 15% 降至 7.5%，并未降回加征关税前的水平，另外约 2500 亿美元的清单商品被加征的关税仍然处于 25% 的高水平，且双方对政府补贴等许多核心分歧的谈判都放在第二阶段谈判中，在新的谈判协议达成之前，仍有众多企业的出口商品要承受高额关税的压力，因此，本节就第一阶段协议后仍需要交纳高额关税的商品及其带来的负面影响进行分析，同时考虑到当前稳外资是中国经济发展中的一项重要任务，本节也列出了当前外资受美国提高关税影响比较大的部门。

由于外资占比的行业数据分类数量较少，为考察外资受中美经贸摩擦的影响，将按照 139 部门分类的贸易和关税对经济就业影响数据合并为国民经济 42 部门分类，并将外资数据与相应部门对应，具体数据见表 6.12，其中，外资占比数据来源于《中国统计年鉴—2019》，计算公式为：外资占比 =（本行业外商投资企业营业收入，含港澳台）/本行业规上工业企业营业收入。

从被征税商品规模来看，第一阶段协议签订后，电气机械及器材制造业，通信设备、计算机及其他电子设备制造业，通用、专用设备制造业等是受关税影响较大的行业，被加征关税的商品规模在 300 亿美元以上。从被征税商品占本部门贸易规模来看，美国从中国进口 / 中国向美国出口的木材加工及家具制造业商品仍有 90% 以上被征收 25% 的关税，交通运输设备制造业商品的 96.3%、电气机械及器材制造业商品的 75.7%、仪器仪表及文化办公用机械制造业商品的 84.9% 也仍被征收高额关税，这些行业 / 部门的对美出口仍然面临较大下行压力。

从外资受影响角度来看，通信设备、计算机及其他电子设备制造业商品占高关税商品的比重达到了 17.2%，该行业的外资占比约为

---

① 《中华人民共和国政府和美利坚合众国政府经济贸易协议》，中国政府网，
http://www.gov.cn/xinwen/2020-01/16/content_5469650.htm。

52.2%，既是受关税影响范围比较大的行业也是外资占比高的行业，因此，通信设备、计算机及其他电子设备制造业的外资企业受关税冲击较大。交通运输设备制造业外资占比也较高，为43.5%，且该行业对美出口中96.3%的商品需要缴纳25%的高额关税，也是受外资冲击的主要领域之一。另外，仪器仪表及文化办公用机械制造业，通用、专用设备制造业，电气机械及器材制造业，也是外资受关税冲击比较大的行业（见表6.12）。

表6.12　　　中美第一阶段协议签订后仍维持高关税水平商品的42部门结构

部门编号	部门名称	2018年美从中进口额（亿美元）	占该部门进口额的比重（%）	占高关税商品进口额的比重（%）	预计中国出口下降（亿美元）	预计出口增加值下降（亿美元）	行业的外资占比（%）
18	电气机械及器材制造业	456.2	75.7	17.6	150.6	97.2	23.2
19	通信设备、计算机及其他电子设备制造业	445.8	29.0	17.2	147.1	73.6	52.2
16	通用、专用设备制造业	326.4	67.8	12.6	107.7	76.5	27.3
9	木材加工及家具制造业	270.5	90.8	10.4	72.4	61.2	13.4
12	化学工业	230.1	50.2	8.9	47.8	32.3	23.4
20	仪器仪表及文化办公用机械制造业	220.9	84.9	8.5	72.9	36.0	30.6
17	交通运输设备制造业	183.2	96.3	7.1	60.5	44.4	43.5
15	金属制品业	145.2	72.3	5.6	30.2	23.7	17.1
8	纺织服装鞋帽皮革羽绒及其制品业	88.1	20.8	3.4	23.6	19.7	29.4
13	非金属矿物制品业	62.6	68.1	2.4	13.0	10.9	9.6
6	食品制造及烟草加工业	50.5	77.7	2.0	4.7	3.9	18.9
10	造纸印刷及文教体育用品制造业	37.0	19.1	1.4	7.7	5.0	28.1
7	纺织业	26.1	21.8	1.0	7.0	5.9	16.1
14	金属冶炼及压延加工业	19.9	28.2	0.8	4.1	3.1	11.3
1	农林牧渔业	10.5	71.6	0.4	1.0	0.9	-
21	工艺品及其他制造业（含废品废料	8.0	2.5	0.3	1.7	1.2	29.0
11	石油加工、炼焦及核燃料加工业	5.6	72.0	0.2	1.2	0.3	9.8

续表

部门编号	部门名称	2018年美从中进口额（亿美元）	占该部门进口额的比重（%）	占高关税商品进口额的比重（%）	预计中国出口下降（亿美元）	预计出口增加值下降（亿美元）	行业的外资占比（%）
22	废品废料	1.6	78.0	0.1	0.5	0.5	8.5
5	非金属矿及其他矿采选业	0.7	34.5	0.0	0.1	0.1	2.1
3	石油和天然气开采业	0.2	100.0	0.0	0.0	0.0	6.3

注：表中数据均是基于中美第一阶段经贸协议签订后，仍然被征收25%高水平关税商品即2500亿美元清单商品的美国从中国进口数据测算得到。例如左数第三列"2018年美从中进口额"是指2500亿美元清单商品中2018年美国从中国的进口额；右数第二列"预计出口增加值下降"是指2500亿美元清单商品，与未提高关税时相比，因征收25%关税而导致中国向美国出口增加值的下降规模。

第五节　小结

2018年3月至今的中美经贸摩擦对中美两国乃至全球经济和就业带来了明显的负面影响，此次美国单方面挑起的中美经贸摩擦并非仅仅为了改善美中贸易逆差，而是美国在经济、贸易、外交、科技等各个领域对华策略转变的开端。为期两年的谈判目前也只达成美国对3000亿美元清单 A 商品的进口关税从 15% 降至 7.5% 的一致，美方仍将关税筹码紧握手中，可见中美经贸摩擦持续的长期性。由于提高关税对两国企业之间的贸易造成了直接的负面影响，并通过生产链上下游关系传导至国民经济的各个部门，因此，本章在分析美方三批加征关税清单结构的基础上，测算了美方提高关税对中国经济和就业的影响，并得到以下主要结论。

一是美方加征关税清单具有非常强的针对性。第一批约 500 亿美元清单商品主要集中在航空航天、信息技术、汽车零件等高科技领域，以及在电机电气设备及其零件、塑料及其制品、机械器具及其零件、钢铁制品和光学精密仪器领域，全面针对中国工信部出台的"中国制造 2025"战略，试图打压中国先进制造业发展。第二批约 2000 亿美元加征关税清单则是在中美经历了一年多的经贸磋商却仍未达成一致的情况下，特朗普政府试图通过对中国外贸施压而采取的力度更大的关税措施，其目标由最初的遏制中国高端制造业增长转向利用拉低中国经济增速迫使中国在谈判中让步，因此，选取的征税商品转向附加值率较高、对就业带动明显的出口商品。第三批几乎涵盖了除前两批清单外的所有美国从中国进口商品，是美方以提高关税为手段对双边谈判施压的最后筹码。

二是美方提高关税已经对中国出口造成了明显的负面影响。从历史数据看，"抢出口"阶段过去之后，多数商品被征收25%关税之后，出口增速降幅在25个百分点左右，少数商品甚至能够达到40个百分点以上。由于国有企业在已被征税的2500亿美元出口商品中占比高于尚未被征税的出口商品，加之国有企业应对外部风险的灵活性弱于外资企业和本土企业，因此下半年所受负面影响明显大于外资企业和本土企业。受悲观预期影响，未被征税商品同样存在"抢出口"和减少订单现象。

三是中美第一阶段经贸协议签订后，仍有众多企业的出口商品要承受高额关税的压力。受影响较大的是电气机械及器材制造业，通信设备、计算机及其他电子设备制造业，通用、专用设备制造业等行业，同时，木材加工及家具制造业商品仍有90%以上被征收25%的关税，交通运输设备制造业商品的96.3%、电气机械及器材制造业商品的75.7%、仪器仪表及文化办公用机械制造业商品的84.9%也仍被征收高额关税，这些行业/部门的对美出口仍然面临较大下行压力。

四是部分行业的外资企业受高额关税影响较大。从受关税影响的商品金额规模和本行业的外资占比两方面来看，通信设备、计算机及其他电子设备制造业的外资企业受关税冲击较大。另外，交通运输设备制造业，仪器仪表及文化办公用机械制造业，通用、专用设备制造业，电气机械及器材制造业等行业的外资企业也将继续面临高关税带来的负面影响。美资企业在中国对美出口中发挥着非常重要的作用，此次美方提高关税不仅对中国企业也对美资企业产生了明显的负面影响。

五是中美经贸摩擦使得全球消费和投资市场面临更大的不确定性，由悲观预期带来的间接影响大于中美双边贸易所带来的直接影响。本章在第三节中测算了美方对三批从中国进口的清单内商品加征关税给中国带来的直接负面影响，但实际造成的影响远不止于此，美中作为全球前两大经济体，双边经贸关系的稳定性不仅是双边贸易的指示器，也是全球经贸合作的风向标，中美经贸摩擦带来的贸易保护主义和逆全球化情绪蔓延，对全球消费和投资市场带来的悲观预期和全球化进程的不确定性，阻碍了全球经济复苏的整体进程。

第四篇
政策建议

第七章

"十四五"时期中国关税政策调整的建议

自 2001 年加入 WTO 组织以来，中国遵守承诺多次自主降低关税，2019 年最惠国关税税率水平已降至 7.5%，以贸易额加权的平均进口关税税率也从 2001 年的 14.1% 大幅下降至 2017 年的 3.8%，中国在降低进口产品关税壁垒方面取得重大进展，为推动经济全球化和贸易自由化做出了巨大贡献。然而随着中国在全球化进程中的身份从参与者转变为积极的推动者、引领者，各方对中国的要求也将更加严格。2018 年以来，美国单方面挑起的中美经贸摩擦，更是引发对中国新时期关税政策调整的思考。因此，本书在厘清关税概念及职能作用的基础上，从进口角度，梳理了"入世"以来中国关税减让的发展进程，并就中国当前关税水平与美欧日等发达经济体、印越等发展中经济体进行国际比较，结果表明：入世后中国积极履行关税减让承诺，整体关税税率尤其是实际关税水平大幅下降，中间品与资本品实际进口税率已降至 4% 以下；与发达经济体税率水平相比，中国整体进口关税水平仍较高，且中国出口商品面临的实际境外关税水平较低，中国进口关税尤其是非农产品的进口关税仍有较大下降空间。结合以上分析，本书提出以下建议："十四五"时期中国应分层次、分步骤进一步降低以中间品为主的部分商品进口税率，逐步放宽进口配额在国营和民营之间的比例限制，充分发挥边境政策的有效性；在英国脱欧的关键时刻加快中英、中欧双边贸易谈判，助力中国扩大开放；有理、有利的使用非关税壁垒，实现"关税放开、灵活管住"的贸易政策。

第一节　关税的概念、类型及职能作用

关税是由一国海关代表国家对进出关境的商品向本国的进出口商征收的一种税收（关国才，2007）。作为国际贸易的交易成本的一个组成部分，国家层面往往通过调整关税来改变进出口商品的价格，从而达到限制进口、鼓励出口的目的。根据《中华人民共和国海关法》，进口货物的收货人、出口货物的发货人、进境物品的所有人，是关税的纳税义务人，通常采用从价定率或从量定额两种基本方法计税。

根据海关总署公布的关税分类标准，以征税对象为标准，可以分为进口关税和出口关税。进口关税是指进口商品进入一国关境或从自由港、出口加工区、保税仓库进入国内市场时，由该国海关根据海关税则对本国进口商所征收的一种关税。各国进口税率的制定是基于多方面因素的考虑，从有效保护和经济发展出发，对不同商品制定不同的税率。出口关税是出口国家的海关在本国产品输往国外时，对出口商所征收的关税。由于征收出口关税会抬高出口商品的成本和国外售价，削弱其在国外市场的竞争力，不利于扩大出口，因此，目前大多数国家对绝大部分出口商品都不征收出口关税。

进口关税税种较为复杂，出口征税范围较小。中国对进口货物设有的税率种类较多，主要有最惠国税率（Most Favored Nation，MFN）、协定税率、特惠税率、普通税率、关税配额税率、进口暂定税率、附加税税率等，其中附加税税率主要是报复性关税税率、反补贴税率、反倾销税税率、保障措施关税税率（王鑫，2018）。其中，普通税率是最高税率，一般比优惠税率高1—5倍，少数商品甚至更高。目前仅有个别国家对极少数（一般是非建交）国家的出口商品实行这种税率，大多数只是将其作为其他优惠税率减税的基础，因此，普通税率并不是被普遍实施的税率。出口方面，在中国2020年进出口税则中，只设置了一种出口税率，但部分商品设有临时税率，同时，以HS8位编码的出口商品只有102条，且主要是矿产资源和高污染材料、废弃材料，远少于进口税则条目的8549条。（见表7.1）

表 7.1   五类主要进口税率的概念

大类	关税类别	定义及适用条件
正税税率	最惠国关税	是对签有最惠国待遇条款的贸易协定国家实行的关税。
	协定关税	是指一国通过与他国签订贸易条约或协定的方式共同制定的优惠关税，一般比最惠国税率低。
	特惠关税	是指某一国家对另一国家或某些国家对另外一些国家的进口商品给予特殊关税优惠待遇，其他国家不得享受的一种关税制度。
	普通关税	如果进口国未与该进口商品的来源国签订任何关税互惠贸易条约，则对该进口商品按普通关税税率征税。
	关税配额税率	关税配额内的，适用关税配额税率，通常税率较低；关税配额外的，按照适用性选择上述四类税率。
附加税税率	反倾销税率	进口产品以倾销方式进入中华人民共和国市场，并对已经建立的国内产业造成实质损害或者产生实质损害威胁，或者对建立国内产业造成实质阻碍的，采取征收反倾销税措施。
	反补贴税率	进口产品存在补贴，并对已经建立的国内产业造成实质损害或者产生实质损害威胁，或者对建立国内产业造成实质阻碍的，依照本条例的规定进行调查，采取征收反补贴税等措施。
	保障措施关税税率	进口产品数量增加，并对生产同类产品或者直接竞争产品的国内产业造成严重损害或者严重损害威胁的，采取征收保障措施关税等措施。

注：资料来源于国务院关税税则委员会办公室，www.gss.mof.gov.cn，下同。

进口关税与出口关税的职能与作用存在明显差异。增加财政收入和平衡国际收支职能早已不再是各国对进出口商品征税的主要目的。一国对进口产品征税最重要的目的在于，提升进口品价格，降低其在国内的竞争力，即价格效应；进而为本国同类商品提供更好的竞争环境，促进国内生产，即生产效应/保护效应；同时，进口品价格的提升减少了消费，引导消费者更多选择国内品，限制对非必需品或奢侈品的高消费，即消费效应。一国对出口商品征税，以中国为例，最重要的出发点是保护本国资源环境，控制部分高耗能、高污染、资源性产品的出口。（见表 7.2）

表 7.2　　　　　　　　　进口与出口关税的不同职能与作用

进口	出口
价格效应 贸易条件效应 消费效应 生产／保护效应 贸易效应 国际收支效应 收入效应 再分配效应 社会福利效应	增加本国财政收入； 保护本国资源环境； 保证本国市场供应； 满足其他政治或经济方面的需要

注：资料来源于国务院关税税则委员会办公室。

第二节　"入世"以来中国进口关税减让进程

一　"入世"后中国切实履行关税减让承诺

在 2001 年签订的《中华人民共和国加入世界贸易组织议定书》中，明确了入世后中国进口关税减让的商品、税率及时间节点，根据该减让表，中国关税总水平将由 2001 的 15.9% 降到 2005 年的约 10%，其中工业品将由 13% 降至约 9.3%，农产品将由 19.9% 降至约 15.5%。

截至 2010 年，中国货物降税承诺全部履行完毕，关税总水平由 2001 年的 15.3% 降至 9.8%。其中，工业品平均税率由 14.8% 降至 8.9%；农产品平均税率由 23.2% 降至 15.2%，约为世界农产品平均关税水平的四分之一，远低于发展中成员 56% 和发达成员 39% 的平均关税水平。农产品的最高约束关税为 65%，而美国、欧盟、日本分别为 440%、408%、1706%。

关税减让义务履行完毕后，中国关税制度更趋灵活。在没有 WTO 外部压力的情况下，中国继续自主降低关税税率，主要采用较低暂定税率、协定税率的方式降低实际关税水平。在《信息技术协定》（2015 年 12 月）的基础上，2016 年起，中国持续对信息技术产品的进口关税税率实施了减让，并对以消费品为主的大量进口商品实施低于最惠国关税的暂定关税税率。2018 年 11 月中国再次调减 1585 个条目的税率，整体关税水平进一步下降至 7.5%。

二 中国关税税率大幅下降，实际关税水平远低于名义水平

"入世"以来，中国关税税率大幅下降，贸易额加权的 MFN（MFN Weighted Average，MFN_W）降幅接近 10 个百分点。2001 年中国 MFN 简单平均值约为 15.9%，经过对大量商品进口关税的调减，2008 年之后中国的 MFN 平均值维持在 9.8% 的低位，2019 年进一步降至 7.5%。实际上，根据所有商品 MFN 计算的简单平均值并不能反映真实贸易过程中关税的征收水平，需要用真实贸易数据结合各类商品关税税率测算经贸易额加权的最惠国税率，数据显示，2001 年中国进口加权的最惠国税率为 14.1%，比简单平均值低 1.8 个百分点，至 2017 年加权后的最惠国税率只有 4.9%，比 2001 年下降了近 10 个百分点，也反映出中国关税减让工作取得了明显进展（见图 7.1）。

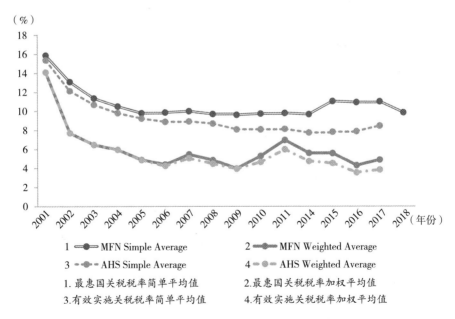

图7.1 "入世"以来中国进口平均税率变化

数据来源：WTO/WITS数据库，其中2012和2013年中国关税数据缺失，图中省略这两个年份。

中国有效实施关税税率大幅下降，且远低于最惠国关税水平。最惠国关税在 WTO 框架下通常是成员国之间约束性的最高关税，在实际操作中，根据中国与东盟、新西兰、新加坡等经济体签订的双边自由协定，以及 CEPA、ECFA 等合作框架，中国对从这些经济体进口商品按照协定税率征税，对埃塞俄比亚等 41 个最不发达经济体依照特惠税率征税，这两类税率通常都大幅低于最惠国税率，因此，有效实施关税税率（Effectively Applied，AHS）比 MFN 更能反映进口商品面临的关税税率，中国 AHS 的简单平均值从 2001 年的 15.4% 下降至 2017 年的 8.5%。同样的，考虑实际进口商品的规模，经贸易额加权后的 AHS 税率（AHS Weighted Average，AHS_W）则更贴近一国进口的关税水平，从图 7.1 可以看出，无论是简单平均还是贸易额加权的 AHS 税率都远低于 MFN 税率，中国进口的真实关税税率从 2001 年的 14.1% 大幅度降至 2017 年的 3.8%，降幅超过 10 个百分点，中国整体进口税率已处于较低水平。

中国消费品进口税率最高，中间品与资本品实际进口税率已降至较低的水平。从 MFN 简单平均税率来看，消费品进口税率从期初的 21.0% 大幅降至 2018 年的 13.9%，AHS_W 约为 10.2%；资本品与中间品 MFN 整体水平与变化趋势都较为同步，2018 年均在 7.7% 左右，而资本品的 AHS_W 低至 2.5%，中间品的 AHS_W 约为 3.2%（见图 7.2）。

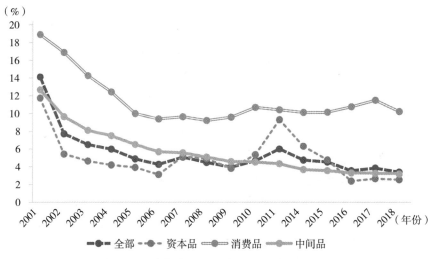

图7.2 三大类商品AHS贸易额加权平均税率

数据来源：WTO/WITS数据库。

从主要商品进口税率来看，食品、蔬菜、原材料等初级产品及鞋类、纺织服装类产品进口 MFN 税率较高，且加权后的有效实际税率远低于 MFN 水平，即 MFN 的实际使用或约束力有限，因此可以作为下一步降低 MFN 水平的备选项。中国贸易规模最大的机械和电子产品（Mach and Elec）有效实际税率比 MFN 低 6 个百分点，这类产品进口大多以中间投入品为主，即并不直接进入最终消费市场，而是进入企业作为零部件投入生产当中。已有研究表明，中间品关税的下降不仅有助于扩大一国贸易规模，加速国内产业结构升级（穆源坤，2019），还有助于增加企业利润，扩大企业研发空间（田巍，2014），同时，中间品关税减让有利于中国企业参与全球价值链体系，并且显著提升了中国企业在价值链体系中的分工地位，行业的资产专用性越高，中间品关税减让的提升作用越明显（刘斌等，2015）。因此，以机械、电子产品为代表的大量中间品也是中国进一步降低关税的主要产品领域（见表 7.3）。

表 7.3　　　　2018 年中国主要商品 AHS_W 与 MFN_S 税率对比　　　单位：%

商品	AHS_W	MFN_S	差额
鞋类	5.4	18.4	12.9
玻璃类	2.2	12.4	10.2
蔬菜	4.7	13.3	8.6
原材料	1.2	9.8	8.6
食品	10.0	17.1	7.1
杂项商品	4.7	11.0	6.3
机械及电子产品	2.1	8.1	6.1
毛皮类	6.9	13.0	6.1
动物	7.6	12.4	4.8
能源燃料	0.5	5.3	4.7
金属类商品	3.2	7.5	4.2
木材及木制品	0.9	5.1	4.1
纺织服装产品	7.6	11.3	3.7
化工产品	4.3	7.8	3.4
塑料橡胶	6.1	9.3	3.3
矿产品	0.1	2.9	2.8

注：数据来源于WTO/WITS数据库。

第三节　当前关税水平的国际比较

一　中国进口关税与美日欧等发达经济体仍存在一定差异

整体来看，与发达经济体相比，中国整体关税税率仍处于较高水平。根据 WTO 官方数据，2018 年中国最惠国关税税率的平均水平为 9.77%，而同期美国、日本、澳大利亚、欧盟的最惠国关税平均水平分别为 3.45%、4.36%、2.45% 和 5.23%。从 HS 编码的 97 章商品看，中国有 91 章商品的平均最惠国关税税率高于美国，有 94 章商品的平均最惠国关税税率高于欧盟，与发达经济体相比，中国绝大部分商品的最惠国关税税率都具有一定的下降空间（见表 7.4）。

表 7.4　　　　　2018 年主要经济体最惠国关税税率对比　　　　　单位：%

	平均最惠国关税	农产品	非农产品
中国	9.77	15.6	8.8
美国	3.45	5.3	3.1
日本	4.36	15.7	2.5
韩国	13.7	57.0	6.7
澳大利亚	2.45	1.2	2.7
欧盟 28 国	5.23	12.0	4.2

注：数据来源于 WTO，Tariff Download Facility，Simple average applied MFN tariff。

（一）农产品领域

从"饭碗端在自己手里"的战略角度看，中国农产品最惠国关税税率下调空间有限。在农产品领域，美国、澳大利亚作为全球主要农产品的出口国，其自身对农产品进口税率控制在较低水平，而作为全球三大粮食进口国之一的韩国，其农产品的最惠国关税平均税率则高达 57.0%，这一方面反映了粮食净进口国对本国农业的保护，另一方面也与各国粮食进口配额制度有一定关系。相比之下，作为全球最大的粮食进口国，中国目前对农产品设置的最惠国关税与日本和欧盟水平相当，并不属于特别高的水平。

从 97 章商品关税税率的差距来看，中国与美欧最惠国关税税率差异最大的商品主要为初级产品，属于劳动密集型且产品生产中进口品投入较少的商品，虽然中国农产品产量位居世界前列，但中国农业整体生产水平不高、全球竞争力不强、企业利润率偏低，出于对行业发展的保护，中国对这些商品设置的进口关税税率相对较高。鉴于韩国、欧盟、日本等经济体对自身产业也采取了进口配额等保护性政策，中国暂时不需要大范围降低这些商品的关税税率以实现与美国的对标（见表 7.5）。

表 7.5　　　　　　　　与美欧关税税率差距较大的主要商品情况　　　　　　单位：%

HS 章别	商品名称	中国 MFN	美国 MFN	欧盟 MFN	与美国关税差	与欧盟关税差
11	制粉工业产品等	26.8	3.8	12.2	23.1	14.6
17	糖及糖食	28.7	5.8	6.8	22.9	21.9
10	谷物	24.2	1.5	3.8	22.7	20.3
22	饮料、酒及醋	22.8	1.8	4.3	21.0	18.5
67	已加工羽毛、羽绒及其制品等	21.5	2.6	2.8	18.9	18.7
21	杂项食品	22.4	5.4	9.2	17.0	13.2
92	乐器及其零件、附件	19.6	3.4	3.2	16.2	16.4
43	毛皮、人造毛皮及其制品	18.0	2.1	1.2	15.9	16.8
96	杂项制品	19.2	4.3	3.3	14.9	16.0
65	帽类及其零件	17.3	2.8	2.3	14.6	15.0

注：数据来源于 WTO，Tariff Download Facility。按照与美国关税差由大到小排序.

（二）非农产品领域

中国非农产品的关税税率仍有较大的下调空间。绝大部分国家在非农产品领域的最惠国关税税率要显著低于农产品的税率，中国非农产品最惠国关税平均税率为 8.8%，分别高出美、日、欧三大发达经济体 5.7 个、6.3 个和 4.6 个百分点，但低于同为发展中国家的越南、印度。其中，工业制成品平均税率 7.5%，比美日欧分别高 4.8 个、5.6 个和 5.7 个百分点，比越南低 1.4 个百分点；机械和运输设备平均税率 5.9%，而日本已接近零税率水平，美国和欧盟也低至 0.9%，随着中国工业体系的进一步完善和升级，这类产品关税的减让空间仍然很大（见表 7.6 ）。

表 7.6　　　　　　　2018 年主要商品最惠国关税税率对比　　　　　　单位：%

产品种类	越南	中国	印度	日本	美国	欧盟 28 国
矿石与金属	2.0	2.9	4.4	0.8	1.0	0.8
工业制成品	8.9	7.5	7.5	1.9	2.7	1.7
化工产品	3.0	5.7	7.6	1.8	2.1	2.1
机械及运输设备	6.6	5.9	6.9	0.0	0.9	0.9
其他制造业产品	12.2	8.7	7.9	2.8	3.7	2.0

注：数据来源于 UNCTAD，Import tariff rates on non-agricultural and non-fuel products。

从中国进口商品的章别来看，电机电器设备及其零件、机械器具及其零件、光学设备医疗设备及精密仪器、车辆及其零附件、珍珠宝石贵金属类商品关税税率与欧盟相比偏高，这些商品的平均最惠国关税税率均高出美欧 5% 以上。电机电器设备及其零件是中国进口最多的商品，中间品是进口主体，降低进口关税有助于降低企业生产成本，提升国内产品竞争力。光学、医疗设备通常技术含量较高，扩大进口有助于提升中国整体光学、医疗行业水平，带动国内设备技术含量的提升，助推产业高质量发展。这些产品进口税率与欧美有 5% 以上的税率差距，存在调降空间。2018 年以来中国下调了以信息技术产品为主的部分商品进口税率，但从《中华人民共和国进出口税则（2020）》最新规定来看，这些商品与美欧相比关税税率仍较高。随着中国逐步进入工业化后期，经济转向高质量发展，更加注重创新驱动和技术水平的提升，因此，上述五大类商品也将属于中国"十四五"时期降低关税的重点商品范围（见表 7.7 ）。

表 7.7　　　　中国主要进口商品最惠国关税税率与美国的对比　　　　单位：%

HS 章别	商品名称	中国 MFN	美国 MFN	欧盟 MFN	与美国关税差	与欧盟关税差
85	电机电器设备及其零件	8.7	1.4	2.4	7.3	6.3
27	矿物燃料等	5.3	0.5	0.8	4.8	4.5
84	机械器具及其零件	8.0	1.2	1.8	6.7	6.2

续表

HS章别	商品名称	中国MFN	美国MFN	欧盟MFN	与美国关税差	与欧盟关税差
26	矿砂、矿渣及矿灰	1.4	0.1	0.0	1.4	1.4
90	光学、医疗设备等	6.5	0.9	1.4	5.6	5.1
87	车辆及其零附件	16.8	3.1	6.2	13.7	10.6
39	塑料及其制品	8.0	4.2	5.9	3.8	2.1
71	珍珠宝石贵金属类	9.9	2.1	0.6	7.8	9.3
29	有机化学品	5.7	2.8	4.5	3.0	1.2
74	铜及其制品	6.3	1.9	3.3	4.4	3.0

注：数据来源于WTO，Tariff Download Facility。其中，MFN_AVG为最惠国关税的平均值，按照商品进口额由大到小排序。

二　出口商品的实际境外关税税率较低

当前中国非农产品在国际市场上实际承受的境外关税水平低于中国对进口商品的征税水平，关税已不再是国际贸易中最主要的壁垒方式。从表7.8可以看出，2017年中国对主要贸易伙伴出口非农产品被征收关税的税率均较低，除在CEPA框架下，中国内地与香港货物贸易基本实现免税外，美国、欧盟、日本对我征收关税加权值均低于3%，韩国略高也只有5.5%。农产品领域，美国对我征税水平仅有3.2%，欧盟略高为6.8%，且2019年农产品仅占中国出口总额的3.1%，因此，总体来看，中国出口商品承受的境外关税水平整体不高。在关税不再是世界主要经济体选择的主要壁垒方式的情况下，为进一步扩大进口、建设全面对外开放新格局，中国也应将非农产品关税"逐步放开"，采取更加灵活的管控方式。

表 7.8　　　2017年中国对主要贸易伙伴出口承受的关税水平　　　单位：%

	Simple	Weighted
农产品		
日本	16.5	11.3

	Simple	Weighted
农产品		
欧盟	13.6	6.8
中国香港	0.0	0.0
美国	4.1	3.2
韩国	54.1	75.7
非农产品		
美国	3.9	2.6
欧盟	4.6	3.0
中国香港	0.0	0.0
日本	3.7	2.0
韩国	6.7	5.5

数据来源：WTO Integrated Trade Intelligence Portal，下同。

三 中国的双边贸易协定与发达经济体之间的差异——以中韩 FTA 与 CPTPP 为例

近年来中国先后与韩国、东盟、智利、澳大利亚等国家和地区签署了自贸协定，不断对标国际高标准规则促进双边和多边合作的自由化。以中韩自由贸易协定为例，与 CPTPP 协议对比，在关税减让领域呈现以下三个主要特点：

第一，协议文本模式相似性较高。中韩 FTA 与 CPTPP 均采取"条款＋关税减让表"的形式对每一个缔约国应该履行的关税减让义务做出了明确规定，商品细至 HS8 位编码，每种商品关税减让的幅度、模式都详细列出，对各缔约国依照规定完成关税减让提供了保障。

第二，CPTPP 的关税减让幅度远大于中韩 FTA。根据 CPTPP 中的各缔约国关税减让表与中韩双方关税减让表的对比来看，虽然中韩 FTA 中两国的关税减让表中覆盖了 1—97 章的绝大多数产品，但商品关税减让多以"5 年、10 年、20 年内等降至 0"为主，且仍有不少商品保持基准税率，而 CPTPP 中各缔约国的关税减让表，实际为关税取消表，所有商品都在短期内快速降至 0 关税水平，其中绝大多数商品在协议实施后关税立刻降至 0，且几乎覆盖所有贸易商品，关税减让幅度极大。相比之下，以中韩 FTA 为代表的中国签署的双边和多边贸易协定，在关税减让幅度和减让速度上与 CPTPP 相比仍有较大差距，这也为中国未来进一步降低关税提供了详细的参考。

第三，CPTPP 协议对各缔约国拥有更强的包容性。CPTPP 中各缔约国之间的关税减让政策存在着一定的差异，以日本为例，除了正常的商品关税减让表之外，还有专门的农业保护措施、林业保护措施及关税配额规定细则，多方之间的非对等关税减让政策体现了 CPTPP 协议对各缔约国的较强包容性。在中韩 FTA 中，只是在关税减让表中对部分农产品等保护类商品关税不减让或减让幅度较小，暂无其他关于本国有可能采取的行业保护措施的说明细则，一是不利于本国保护农业等弱势产业，二是在对方国家采取贸易保护措施的时候缺少可依循的应对机制。

第四节 "十四五"时期中国关税政策调整的建议

一 分层次、分步骤进一步降低部分商品的进口 MFN 税率

一方面，在当前全球化进程受阻、外部环境复杂多变的大背景下，进一步降低进口关税税率，主动扩大进口是中国对外开放的重要战略举措。主动扩大进口能够充分利用国内国外经济的双向循环，实现投资和消费的良性互动，助推国内产业升级（周晓波，2020）。另一方面，中国关税实际水平与 MFN 名义水平落差巨大，MFN 的实际约束力并不强，因此仍存在进一步降税空间，考虑到 MFN 的国际通用性、可对比性及比 AHS 更易计算，本书在对比 HS6 位编码分类下当前中国与美欧等发达经济体之间 MFN 税率差异的基础上，参考中国与韩国、东盟等经济体自由贸易协定中商品的协定税率，提出了"十四五"时期可进一步降低 MFN 关税税率的商品及建议税率，433 种商品代码、商品名称及建议税率详见附表 1。

降低关税商品及关税选择原则:

1. 中国 MFN 税率超出美国 10% 以上;

2. 排除所有食品、饮料、烟酒、化妆品、钟表宝石奢侈品等进口限制类商品;

3. 中韩、中国—东盟双边协定关税减让表中逐渐降低关税至 0 的商品;

4. 税率不低于中韩、中国—东盟双边协定关税第一年减让后的税率水平。

二 逐步放宽进口配额使用权

进口配额以国有贸易为主,配额分配机制有待改善。进口关税配额管理是针对限制进口管理货物采取的一种管理方式,关税配额内进口的货物,一般实行低关税;超过配额则不准进口,或者缴纳较高的进口关税。中国自 1996 年 4 月 1 开始实施关税配额内税率,加入 WTO 后,中国自 2005 年 1 月起按"入世"承诺取消了协议中规定的所有进口配额、进口许可证和特定招标等非关税措施,只对小麦、玉米、大米、食糖、棉花、羊毛、毛条和化肥等关系国计民生的大宗商品实行关税配额管理。2004—2020 年,由商务部和国家发改委共同公布的粮食进口配额已 17 年未变:小麦 963.6 万吨,玉米 720 万吨,大米 532 万吨,三者合计关税进口配额总量为 2215 万吨,占中国粮食总量比重不足 5%。然而实际进口来看,2017 年中国小麦累计进口 442 万吨,稻米累计进口 403 万吨,玉米累计进口 283 万吨,总计 1128 万吨;2018 年中国的小麦进口 310 万吨,稻米进口 308 万吨,玉米进口 352 万吨,总计 970 万吨,均没有用完进口配额。进口配额的国有贸易比重过高是一个重要原因,按照规定,小麦配额的国有贸易比例高达 90%,玉米配额的国有贸易比例也有 60%,随着国有企业体制改革的推进和民营企业市场活力的增强,未来应逐步放宽进口配额使用权,例如将国营贸易比例放宽至 70% 和 50%,由边境控制转向加强边境后监管,在提升民营活力的情况下,保障国家粮食战略物资安全。

三　加快中英、中欧等双边贸易谈判，助力扩大开放

当前是英欧就未来双边经贸关系谈判的关键期，英国于5月份公布了新版"英国全球关税"（UKGT），并表示未来将在三年内达成涵盖英国80%贸易的协定，且英美贸易谈判已启动，中国应加快与英国、欧盟的双边贸易谈判，为"十四五"时期扩大开放奠定基础。具体措施包括：增加牛肉、家禽、猪肉等英国畜产品进口，扩大对英国畜产品市场准入范围并制定统一互认的进出口检验检疫标准；在金融、能源、医药、汽车、零售、基础设施建设等领域制定双边重大投资项目清单；推动两国在技术标准、绿色标准、经贸规则等领域达成互认共识，增强两国在多边经贸体系中的国际标准关联度等。

四　更加灵活地使用非关税壁垒措施

非关税壁垒不仅会直接导致双边贸易额下降（鲍晓华，2014；王孝松，2014），还会间接导致出口国对其他贸易伙伴的出口减少及生产率的下降（Chandra，2016）。加入WTO以来，中国出口遭受的非关税壁垒措施逐年上升，由于非关税壁垒拥有更强的灵活性、针对性、精准性，多样化的非关税壁垒已经成为发达经济体最重要的贸易管控措施之一，同样地，在对接以发达经济体为主构建的国际经贸规则过程中，非关税壁垒也可以成为中国关税政策的重要补充。因此，应深入研究、熟练掌握各类非关税壁垒的适用性和效果，做到有理、有利的使用非关税壁垒措施，构建"关税放开、灵活管住"的全新贸易政策体系。

附　表

降低关税商品列表及"十四五"末建议税率

单位：%

HS6	商品描述	建议税率
321210	Stamping foils of a kind used in the printing of book bindings or hatband leather	10
340119	Soap and organic surface-active products and preparations, in the form of bars, cakes, moulded pieces or shapes, and paper, wadding, felt and nonwovens, impregnated, coated or covered with soap or detergent (excl. those for toilet use, incl. medicated products)	10
340120	Soap in the form of flakes, granules, powder, paste or in aqueous solution	10
350300	Gelatin, whether or not in square or rectangular sheets, whether or not surface-worked or coloured, and gelatin derivatives; isinglass; other glues of animal origin (excl. those packaged as glue for retail sale and weighing net ≤ 1 kg, and casein glues of heading 3501)	10
350510	Dextrins and other modified starches, e.g. pregelatinised or esterified starches	10
350520	Glues based on starches, dextrins or other modified starches (excl. those put up for retail sale and weighing net ≤ 1 kg)	15
370110	Photographic plates and film in the flat, sensitised, unexposed, for X-ray (excl. of paper, paperboard and textiles)	15
370191	Photographic plates and film in the flat, sensitised, unexposed, of any material other than paper, paperboard or textiles, for colour photography "polychrome" (excl. instant print film)	20
370199	Photographic plates and film in the flat for monochrome photography, sensitised, unexposed, of any material other than paper, paperboard or textiles (excl. X-ray film and photographic plates, film in the flat with any side > 255 mm, and instant print film)	10
370310	Photographic paper, paperboard and textiles, sensitised, unexposed, in rolls > 610 mm wide	15
370320	Photographic paper, paperboard and textiles, sensitised, unexposed, for colour photography "polychrome" (excl. products in rolls > 610 mm wide)	25

续表

HS6	商品描述	建议税率
370390	Photographic paper, paperboard and textiles, sensitised, unexposed, for monochrome photography (excl. products in rolls > 610 mm wide)	25
370400	Photographic plates, film, paper, paperboard and textiles, exposed but not developed	10
382311	Stearic acid, industrial	15
382312	Oleic acid, industrial	15
382313	Tall oil fatty acids, industrial	15
382319	Fatty acids, industrial, monocarboxylic; acid oils from refining (excl. stearic acid, oleic acid and tall oil fatty acids)	15
390530	Poly "vinyl alcohol", in primary forms, whether or not containing unhydrolyzed acetate groups	10
400110	Natural rubber latex, whether or not prevulcanised	15
400121	Smoked sheets of natural rubber	15
400122	Technically specified natural rubber "TSNR"	15
400129	Natural rubber in primary forms or in plates, sheets or strip (excl. smoked sheets, technically specified natural rubber "TSNR" and natural rubber latex, whether or not prevulcanised)	15
400130	Balata, gutta-percha, guayule, chicle and similar natural gums, in primary forms or in plates, sheets or strip (excl. natural rubber, whether or not prevulcanised)	15
400700	Vulcanised rubber thread and cord (excl. ungimped single thread with a diameter of > 5 mm and textiles combined with rubber thread, e.g. textile-covered thread and cord)	10
401140	New pneumatic tyres, of rubber, of a kind used for motorcycles	10
401150	New pneumatic tyres, of rubber, of a kind used for bicycles	15
401170	New pneumatic tyres, of rubber, of a kind used on agricultural or forestry vehicles and machines	20
401180	New pneumatic tyres, of rubber, of a kind used on construction, mining or industrial handling vehicles and machines	20
401190	New pneumatic tyres, of rubber (excl. of a kind used on agricultural, forestry, construction, mining or industrial handling vehicles and machines, for motor cars, station wagons, racing cars, buses, lorries, aircraft, motorcycles and bicycles)	20
401211	Retreaded pneumatic tyres, of rubber, of a kind used on motor cars "incl. station wagons and racing cars"	15
401212	Retreaded pneumatic tyres, of rubber, of a kind used on buses or lorries	15

HS6	商品描述	建议税率
401213	Retreaded pneumatic tyres, of rubber, of a kind used on aircraft	15
401219	Retreaded pneumatic tyres, of rubber (excl. of a kind used on motor cars, station wagons, racing cars, buses, lorries and aircraft)	15
401220	Used pneumatic tyres of rubber	20
401290	Solid or cushion tyres, interchangeable tyre treads and tyre flaps, of rubber	15
401310	Inner tubes, of rubber, of a kind used on motor cars, incl. station wagons and racing cars, buses and lorries	10
401320	Inner tubes, of rubber, of a kind used for bicycles	10
401490	Hygienic or pharmaceutical articles, incl. teats, of vulcanised rubber (excl. hard rubber), with or without fittings of hard rubber, n.e.s. (excl. sheath contraceptives and articles of apparel and clothing accessories, incl. gloves, for all purposes)	15
401519	Gloves, mittens and mitts, of vulcanised rubber (excl. surgical gloves)	15
401610	Articles of cellular rubber, n.e.s.	10
401691	Floor coverings and mats, of vulcanised rubber (excl. hard rubber), with chamfered sides, rounded corners or shaped edges or otherwise worked (excl. those simply cut to rectangular or square shape and goods of cellular rubber)	15
401692	Erasers, of vulcanised rubber (excl. hard rubber), conditioned (excl. those simply cut to rectangular or square shape)	15
401694	Boat or dock fenders, whether or not inflatable, of vulcanised rubber (excl. hard rubber and those of cellular rubber)	15
401695	Inflatable mattresses and cushions and other inflatable articles, of vulcanised rubber (excl. hard rubber and fenders, boats, rafts and other floating devices, and hygienic or pharmaceutical articles)	15
401700	Hard rubber, e.g. ebonite, in all forms, incl. waste and scrap; articles of hard rubber, n.e.s.	10
510310	Noils of wool or of fine animal hair (excl. garnetted stock)	20
510320	Waste of wool or of fine animal hair, incl. yarn waste (excl. noils and garnetted stock)	10
570110	Carpets and other textile floor coverings, of wool or fine animal hair, knotted, whether or not made up	10
570190	Carpets and other textile floor coverings, of textile materials, knotted, whether or not made up (excl. those of wool or fine animal hair)	10
570210	Kelem, Schumacks, Karamanie and similar hand-woven rugs, whether or not made up	10
570220	Floor coverings of coconut fibres "coir", woven, whether or not made up	10

续表

HS6	商品描述	建议税率
570239	Carpets and other floor coverings, of vegetable textile materials or coarse animal hair, woven, not tufted or flocked, of pile construction, not made up (excl. Kelem, Schumacks, Karamanie and similar hand-woven rugs, and floor coverings of coconut fibres "coir")	10
570249	Carpets and other floor coverings, of vegetable textile materials or coarse animal hair, woven, not tufted or flocked, of pile construction, made up (excl. Kelem, Schumacks, Karamanie and similar hand-woven rugs, and floor coverings of coconut fibres "coir")	10
570291	Carpets and other floor coverings, of wool or fine animal hair, woven, not tufted or flocked, not of pile construction, made up (excl. Kelem, Schumacks, Karamanie and similar hand-woven rugs)	10
570292	Carpets and other floor coverings, of man-made textile materials, woven, not tufted or flocked, not of pile construction, made up (excl. Kelem, Schumacks, Karamanie and similar hand-woven rugs)	15
570390	Carpet tiles of vegetable textile materials or coarse animal hair, tufted "needle punched", whether or not made up	10
570500	Carpets and other textile floor coverings, whether or not made up (excl. knotted, woven or tufted "needle punched", and of felt)	10
580500	Hand-woven tapestries of the type Gobelin, Flanders, Aubusson, Beauvais and the like, and needle-worked tapestries, e.g. petit point, cross-stitch, whether or not made up (excl. Kelem, Schumacks, Karamanie and the like, and tapestries > 100 years old)	10
590410	Linoleum, whether or not cut to shape	10
590490	Floor coverings consisting of a coating or covering applied on a textile backing, whether or not cut to shape (excl. linoleum)	10
610190	Overcoats, car coats, capes, cloaks, anoraks, incl. ski jackets, windcheaters, wind-jackets and similar articles of textile materials, for men or boys, knitted or crocheted (excl. of cotton and man-made fibres, suits, ensembles, jackets, blazers, bib and brace overalls and trousers)	20
610210	Women's or girls' overcoats, car coats, capes, cloaks, anoraks, incl. ski jackets, windcheaters, wind-jackets and similar articles, of wool or fine animal hair, knitted or crocheted (excl. suits, ensembles, jackets, blazers, dresses, skirts, divided skirts, trousers, bib and brace overalls)	20
610290	Women's or girls' overcoats, car coats, capes, cloaks, anoraks, incl. ski jackets, windcheaters, wind-jackets and similar articles, of textile materials, knitted or crocheted (excl. of wool, fine animal hair, cotton and man-made fibres, suits, ensembles, jackets, blazers, dresses, skirts, divided skirts, trousers, bib and brace overalls)	15

HS6	商品描述	建议税率
610310	Men's or boys' suits of textile materials, knitted or crocheted (excl. tracksuits, ski suits and swimwear)	20
610322	Men's or boys' ensembles of cotton, knitted or crocheted (excl. ski ensembles and swimwear)	15
610323	Men's or boys' ensembles of synthetic fibres, knitted or crocheted (excl. ski ensembles and swimwear)	20
610329	Men's or boys' ensembles of textile materials (excl. wool, fine animal hair, cotton or synthetic fibres, ski ensembles and swimwear)	20
610331	Men's or boys' jackets and blazers of wool or fine animal hair, knitted or crocheted (excl. wind-jackets and similar articles)	15
610413	Women's or girls' suits of synthetic fibres, knitted or crocheted (excl. ski overalls and swimwear)	20
610419	Women's or girls' suits of textile materials, knitted or crocheted (excl. of synthetic fibres, and ski overalls and swimwear)	15
610422	Women's or girls' ensembles of cotton, knitted or crocheted (excl. ski ensembles and swimwear)	15
610423	Women's or girls' ensembles of synthetic fibres, knitted or crocheted (excl. ski ensembles and swimwear)	20
610429	Women's or girls' ensembles of textile materials (excl. of cotton or synthetic fibres, ski ensembles and swimwear)	15
610431	Women's or girls' jackets and blazers of wool or fine animal hair, knitted or crocheted (excl. wind-jackets and similar articles)	15
610449	Women's or girls' dresses of textile materials, knitted or crocheted (excl. of wool, fine animal hair, cotton, man-made fibres and petticoats)	15
610719	Men's or boys' underpants and briefs of other textile materials, knitted or crocheted (excl. of cotton or man-made fibres)	10
610819	Women's or girls' slips and petticoats of textile materials, knitted or crocheted (excl. man-made fibres, T-shirts and vests)	10
611090	Jerseys, pullovers, cardigans, waistcoats and similar articles, of textile materials, knitted or crocheted (excl. of wool, fine animal hair, cotton or man-made fibres, and wadded waistcoats)	10
611300	Garments, knitted or crocheted, rubberised or impregnated, coated or covered with plastics or other materials (excl. babies' garments and clothing accessories)	15
611691	Gloves, mittens and mitts, of wool or fine animal hair, knitted or crocheted (excl. for babies)	10
620111	Men's or boys' overcoats, raincoats, car coats, capes, cloaks and similar articles, of wool or fine animal hair (excl. knitted or crocheted)	15

续表

HS6	商品描述	建议税率
620119	Men's or boys' overcoats, raincoats, car coats, capes, cloaks and similar articles, of textile materials (excl. of wool or fine animal hair, cotton or man-made fibres, knitted or crocheted)	15
620199	Men's or boys' anoraks, incl. ski jackets, windcheaters, wind-jackets and similar articles of textile materials (excl. of wool, fine animal hair, cotton or man-made fibres, knitted or crocheted, suits, ensembles, jackets, blazers and trousers)	15
620211	Women's or girls' overcoats, raincoats, car coats, capes, cloaks and similar articles, of wool or fine animal hair (excl. knitted or crocheted)	15
620219	Women's or girls' overcoats, raincoats, car coats, capes, cloaks and similar articles, of textile materials (excl. of wool or fine animal hair, cotton or man-made fibres, knitted or crocheted)	15
620299	Women's or girls' anoraks, incl. ski jackets, windcheaters, wind-jackets and similar articles, of textile materials (excl. of wool, fine animal hair, cotton or man-made fibres, knitted or crocheted, suits, ensembles, jackets, blazers and trousers)	15
620323	Men's or boys' ensembles of synthetic fibres (excl. knitted or crocheted, ski ensembles and swimwear)	15
620329	Men's or boys' ensembles of textile materials (excl. of cotton or synthetic fibres, knitted or crocheted, ski ensembles and swimwear)	15
620421	Women's or girls' ensembles of wool or fine animal hair (excl. knitted or crocheted, ski overalls and swimwear)	15
620423	Women's or girls' ensembles of synthetic fibres (excl. knitted or crocheted, ski overalls and swimwear)	15
620429	Women's or girls' ensembles of textile materials (excl. of wool, fine animal hair, cotton or synthetic fibres, knitted or crocheted, ski overalls and swimwear)	15
621020	Garments of the type described in subheading 6201,11 to 6201,19, rubberised or impregnated, coated, covered or laminated with plastics or other substances	15
621030	Garments of the type described in subheading 6202,11 to 6202,19, rubberised or impregnated, coated, covered or laminated with plastics or other substances	15
621040	Men's or boys' garments of textile fabrics, rubberised or impregnated, coated, covered or laminated with plastics or other substances (excl. of the type described in subheading 6201,11 to 6201,19, and babies' garments and clothing accessories)	15

HS6	商品描述	建议税率
621050	Women's or girls' garments of textile fabrics, rubberised or impregnated, coated, covered or laminated with plastics or other substances (excl. of the type described in subheading 6202,11 to 6202,19, and babies' garments and clothing accessories)	15
621139	Men's or boys' tracksuits and other garments, n.e.s. of textile materials (excl. of cotton or man-made fibres, knitted or crocheted)	15
621410	Shawls, scarves, mufflers, mantillas, veils and similar articles of silk or silk waste (excl. knitted or crocheted)	10
621430	Shawls, scarves, mufflers, mantillas, veils and similar articles of synthetic fibres (excl. knitted or crocheted)	15
621520	Ties, bow ties and cravats of man-made fibres (excl. knitted or crocheted)	15
630120	Blankets and travelling rugs of wool or fine animal hair (excl. electric, table covers, bedspreads and articles of bedding and similar furnishing of heading 9404)	15
630299	Toilet linen and kitchen linen of textile materials (excl. of cotton or man-made fibres, floorcloths, polishing cloths, dishcloths and dusters)	10
630622	Tents of synthetic fibres (excl. umbrella and play tents)	15
630630	Sails for boats, sailboards or landcraft, of textile materials	10
630640	Pneumatic mattresses of textile materials	10
630690	Camping goods of textile materials (excl. tents, awnings and sunblinds, sails, pneumatic mattresses, rucksacks, knapsacks and similar receptacles, filled sleeping bags, mattresses and cushions)	10
630790	Made-up articles of textile materials, incl. dress patterns, n.e.s.	10
630900	Worn clothing and clothing accessories, blankets and travelling rugs, household linen and articles for interior furnishing, of all types of textile materials, incl. all types of footwear and headgear, showing signs of appreciable wear and presented in bulk or in bales, sacks or similar packings (excl. carpets, other floor coverings and tapestries)	10
631010	Used or new rags, scrap twine, cordage, rope and cables and worn-out articles thereof, of textile materials, sorted	10
631090	Used or new rags, scrap twine, cordage, rope and cables and worn-out articles thereof, of textile materials (excl. sorted)	10
640219	Sports footwear with outer soles and uppers of rubber or plastics (excl. waterproof footwear of heading 6401, ski-boots, cross-country ski footwear, snowboard boots and skating boots with ice or roller skates attached)	20
640220	Footwear with outer soles and uppers of rubber or plastics, with upper straps or thongs assembled to the sole by means of plugs (excl. toy footwear)	20

续表

HS6	商品描述	建议税率
640312	Ski-boots, cross-country ski footwear and snowboard boots, with outer soles of rubber, plastics, leather or composition leather and uppers of leather	20
640319	Sports footwear, with outer soles of rubber, plastics, leather or composition leather and uppers of leather (excl. ski-boots, cross-country ski footwear, snowboard boots and skating boots with ice or roller skates attached)	10
640320	Footwear with outer soles of leather, and uppers which consist of leather straps across the instep and around the big toe	20
640340	Footwear, incorporating a protective metal toecap, with outer soles of rubber, plastics, leather or composition leather and uppers of leather (excl. sports footwear and orthopaedic footwear)	20
640510	Footwear with uppers of leather or composition leather (excl. with outer soles of rubber, plastics, leather or composition leather and uppers of leather, orthopaedic footwear and toy footwear)	20
640520	Footwear with uppers of textile materials (excl. with outer soles of rubber, plastics, leather or composition leather, orthopaedic footwear and toy footwear)	20
640620	Outer soles and heels, of rubber or plastics	10
640690	Parts of footwear; removable in-soles, heel cushions and similar articles; gaiters, leggings and similar articles, and parts thereof (excl. outer soles and heels of rubber or plastics, uppers and parts thereof other than stiffeners, and general parts made of asbestos)	10
650100	Hat-forms, hat bodies and hoods of felt, neither blocked to shape nor with made brims; plateaux and manchons, incl. slit manchons, of felt	20
650200	Hat-shapes, plaited or made by assembling strips of any material (excl. blocked to shape, with made brims, lined, or trimmed)	15
650400	Hats and other headgear, plaited or made by assembling strips of any material, whether or not lined or trimmed (excl. headgear for animals, and toy and carnival headgear)	15
650500	Hats and other headgear, knitted or crocheted, or made up from lace, felt or other textile fabric, in the piece (but not in strips), whether or not lined or trimmed; hairnets of any material, whether or not lined or trimmed (excl. headgear for animals, and toy and carnival headgear)	15
650700	Headbands, linings, covers, hat foundations, hat frames, peaks and chinstraps, for headgear (excl. headbands used by sportsmen as sweatbands, knitted or crocheted)	20

续表

HS6	商品描述	建议税率
660390	Parts, trimmings and accessories for umbrellas and sun umbrellas of heading 6601 or for walking sticks, seat-sticks, whips, riding-crops and the like of heading 6602 (excl. umbrella frames, incl. frames mounted on shafts "sticks")	10
670100	Skins and other parts of birds with their feathers or down, feathers, parts of feathers, down and articles thereof (excl. goods of heading 0505, worked quills and scapes, footwear and headgear, articles of bedding and similar furnishing of heading 9404, toys, games and sports requisites, and collectors' pieces)	15
670210	Artificial flowers, foliage and fruit and parts thereof, and articles made of artificial flowers, foliage or fruit, by binding, glueing, fitting into one another or similar methods, of plastics	15
670290	Artificial flowers, foliage and fruit and parts thereof, and articles made of artificial flowers, foliage or fruit, by binding, glueing, fitting into one another or similar methods (excl. of plastics)	20
670300	Human hair, dressed, thinned, bleached or otherwise worked; wool, other animal hair or other textile materials, prepared for use in making wigs or the like (excl. natural plaits of human hair, whether or not washed and degreased, but not otherwise processed)	15
670411	Complete wigs of synthetic textile materials	20
670419	False beards, eyebrows and eyelashes, switches and the like, of synthetic textile materials (excl. complete wigs)	20
670420	Wigs, false beards, eyebrows and eyelashes, switches and the like, of human hair, and articles of human hair, n.e.s.	10
670490	Wigs, false beards, eyebrows and eyelashes, switches and the like, of animal hair or textile materials (excl. synthetic textile materials)	20
680210	Tiles, cubes and other processed articles of natural stone, incl. slate, for mosaics and the like, whether or not rectangular or square, the largest surface area of which is capable of being enclosed in a square of side of < 7 cm; artificially coloured granules, chippings and powder of natural stone, incl. slate	20
680221	Marble, travertine and alabaster articles thereof, simply cut or sawn, with a flat or even surface (excl. with a completely or partly planed, sand-dressed, coarsely or finely ground or polished surface, tiles, cubes and similar articles of subheading 6802,10, setts, curbstones and flagstones)	15
680229	Monumental or building stone and articles thereof, simply cut or sawn, with a flat or even surface (excl. marble, travertine, alabaster, granite and slate, those with a completely or partly planed, sand-dressed, coarsely or finely ground or polished surface, tiles, cubes and similar articles of subheading 6802 10 00, setts, curbstones and flagstones)	15

续表

HS6	商品描述	建议税率
680291	Marble, travertine and alabaster, in any form (excl. tiles, cubes and similar articles of subheading 6802.10, imitation jewellery, clocks, lamps and lighting fittings and parts thereof, buttons, original sculptures and statuary, setts, curbstones and flagstones)	15
680292	Calcareous stone, in any form (excl. marble, travertine and alabaster, tiles, cubes and similar articles of subheading 6802.10, imitation jewellery, clocks, lamps and lighting fittings and parts thereof, original sculptures and statuary, setts, curbstones and flagstones)	15
680293	Granite, in any form, polished, decorated or otherwise worked (excl. tiles, cubes and similar articles of subheading 6802.10, imitation jewellery, clocks, lamps and lighting fittings and parts thereof, original sculptures and statuary, setts, curbstones and flagstones)	15
680299	Monumental or building stone, in any form, polished, decorated or otherwise worked (excl. calcareous stone, granite and slate, tiles, cubes and similar articles of subheading 6802.10, articles of fused basalt, articles of natural steatite, ceramically calcined, imitation jewellery, clocks, lamps and lighting fittings and parts thereof, original sculptures and statuary, setts, curbstones and flagstones)	20
680300	Worked slate and articles of slate or of agglomerated slate (excl. slate granules, chippings and powder, mosaic cubes and the like, slate pencils, and ready-to-use slates or boards with writing or drawing surfaces)	15
680620	Exfoliated vermiculite, expanded clays, foamed slag and similar expanded mineral materials, incl. intermixtures thereof	10
680710	Articles of asphalt or of similar materials, e.g. petroleum bitumen or coal tar pitch, in rolls	10
680800	Panels, boards, tiles, blocks and similar articles of vegetable fibre, of straw or of shavings, chips, particles, sawdust or other waste of wood, agglomerated with cement, plaster or other mineral binders (excl. articles of asbestos-cement, cellulose fibre-cement or the like)	10
680911	Boards, sheets, panels, tiles and similar articles, of plaster or compositions based on plaster, faced or reinforced with paper or paperboard only (excl. ornamented and with plaster agglomerated articles for heat-insulation, sound-insulation or sound absorption)	25
680919	Boards, sheets, panels, tiles and similar articles, of plaster or compositions based on plaster (excl. ornamented, faced or reinforced with paper or paperboard only, and with plaster agglomerated articles for heat-insulation, sound-insulation or sound absorption)	20

HS6	商品描述	建议税率
680990	Articles of plaster or of compositions based on plaster (excl. plaster bandages for straightening fractures, put up for retail sale; plaster splints for the treatment of fractures; lightweight with plaster agglomerated building boards or articles for heat-insulation, sound-insulation or sound absorption; anatomic and other models for demonstration purposes; non-ornamented boards, sheets, panels, tiles andsimilar articles)	20
681091	Prefabricated structural components for building or civil engineering of cement, concrete or artificial stone, whether or not reinforced	10
681182	Sheets, panels, paving, tiles and similar articles, of cellulose fibre-cement or the like, not containing asbestos (excl. corrugated sheets)	10
681292	Paper, millboard and felt of asbestos or of mixtures with a basis of asbestos or a basis of asbestos and magnesium carbonate (excl. containing < 35% by weight of asbestos and of crocidolite asbestos)	10
681293	Compressed asbestos fibre jointing, in sheets or rolls (excl. of crocidolite asbestos)	10
681320	Friction material and articles thereof, e.g. sheets, rolls, strips, segments, discs, washers and pads, for clutches and the like, not mounted, containing asbestos, whether or not combined with textile or other materials	10
681389	Friction material and articles thereof, e.g. sheets, rolls, strips, segments, discs, washers and pads, for clutches and the like, with a basis of mineral substances or cellulose, whether or not combined with textile or other materials (excl. containing asbestos, and brake linings and pads)	10
681510	Articles of graphite or other carbon, incl. carbon fibres, for non-electrical purposes	10
681520	Articles of peat (excl. textile products from peat fibres)	10
681591	Articles of stone or other mineral substances, n.e.s. containing magnesite, dolomite or chromite	10
681599	Articles of stone or other mineral substances, n.e.s. (excl. containing magnesite, dolomite or chromite and articles of graphite or other carbon)	15
690410	Building bricks (excl. those of siliceous fossil meals or similar siliceous earths, and refractory bricks of heading 6902)	10
690490	Ceramic flooring blocks, support or filler tiles and the like (excl. those of siliceous fossil meals or similar siliceous earths, refractory bricks of heading 6902, and flags and pavings, hearth and wall tiles of heading 6907 and 6908, and building bricks)	20
690510	Roofing tiles	20

续表

HS6	商品描述	建议税率
690590	Ceramic chimney pots, cowls, chimney liners, architectural ornaments and other ceramic constructional goods (excl. of siliceous fossil meals or similar siliceous earths, refractory ceramic constructional components, pipes and other components for drainage and similar purposes, and roofing tiles)	20
690600	Ceramic pipes, conduits, guttering and pipe fittings (excl. of siliceous fossil meals or similar siliceous earths, refractory ceramic goods, chimney liners, pipes specifically manufactured for laboratories, insulating tubing and fittings and other piping for electrotechnical purposes)	10
690990	Ceramic troughs, tubs and similar receptacles of a kind used in agriculture; ceramic pots, jars and similar articles of a kind used for the conveyance or packing of goods (excl. general-purpose storage vessels for laboratories, containers for shops and household articles)	20
691190	Household and toilet articles, of porcelain or china (excl. tableware and kitchenware, baths, bidets, sinks and similar sanitary fixtures, statuettes and other ornamental articles, pots, jars, carboys and similar receptacles for the conveyance or packing of goods, and coffee grinders and spice mills with receptacles made of ceramics and working parts of metal)	20
691310	Statuettes and other ornamental articles of porcelain or china, n.e.s.	10
691390	Statuettes and other ornamental ceramic articles, n.e.s. (excl. of porcelain or china)	10
691410	Ceramic articles of porcelain or china, n.e.s.	20
730900	Reservoirs, tanks, vats and similar containers, of iron or steel, for any material "other than compressed or liquefied gas", of a capacity of > 300 l, not fitted with mechanical or thermal equipment, whether or not lined or heat-insulated (excl. containers specifically constructed or equipped for one or more types of transport)	10
731010	Tanks, casks, drums, cans, boxes and similar containers, of iron or steel, for any material, of a capacity of ⩾ 50 l but ⩽ 300 l, n.e.s. (excl. containers for compressed or liquefied gas, or containers fitted with mechanical or thermal equipment)	10
731021	Cans of iron or steel, of a capacity of < 50 l, which are to be closed by soldering or crimping (excl. containers for compressed or liquefied gas)	15
731029	Tanks, casks, drums, cans, boxes and similar containers, of iron or steel, for any material, of a capacity of < 50 l, n.e.s. (excl. containers for compressed or liquefied gas, or containers fitted with mechanical or thermal equipment, and cans which are to be closed by soldering or crimping)	15
731100	Containers of iron or steel, for compressed or liquefied gas (excl. containers specifically constructed or equipped for one or more types of transport)	10
731412	Endless bands of stainless steel wire, for machinery	10

HS6	商品描述	建议税率
731414	Woven cloth, incl. endless bands, of stainless steel wire (excl. woven products of metal fibres of a kind used for cladding, lining or similar purposes and endless bands for machinery)	10
731511	Roller chain of iron or steel	10
731512	Articulated link chain of iron or steel (excl. roller chain)	10
731519	Parts of articulated link chain, of iron or steel	10
731520	Skid chain for motor vehicles, of iron or steel	10
731581	Stud-link of iron or steel	10
731582	Welded link chain of iron or steel (excl. articulated link chain, skid chain and stud-link chain)	10
731589	Chain of iron or steel (excl. articulated link chain, skid chain, stud-link chain, welded link chain and parts thereof; watch chains, necklace chains and the like, cutting and saw chain, skid chain, scraper chain for conveyors, toothed chain for textile machinery and the like, safety devices with chains for securing doors, and measuring chains)	10
732111	Appliances for baking, frying, grilling and cooking and plate warmers, for domestic use, of iron or steel, for gas fuel or for both gas and other fuels (excl. large cooking appliances)	10
732112	Appliances for baking, frying, grilling and cooking and plate warmers, for domestic use, of iron or steel, for liquid fuel (excl. large cooking appliances)	20
732119	Appliances for baking, frying, grilling and cooking and plate warmers, for domestic use, of iron or steel, for solid fuel or other non-electric source of energy (excl. liquid or gaseous fuel, and large cooking appliances)	20
732181	Stoves, heaters, grates, fires, wash boilers, braziers and similar appliances, of iron or steel, for gas fuel or for both gas and other fuels (excl. cooking appliances, whether or not with oven, separate ovens, plate warmers, central heating boilers, geysers and hot water cylinders and large cooking appliances)	20
732182	Stoves, heaters, grates, fires, wash boilers, braziers and similar appliances, of iron or steel, for liquid fuel (excl. cooking appliances, whether or not with oven, separate ovens, plate warmers, central heating boilers, geysers, hot water cylinders and large cooking appliances)	20
732189	Stoves, heaters, grates, fires, wash boilers, braziers and similar domestic appliances, of iron or steel, for solid fuel or other non-electricsource of energy (excl. liquid or gaseous fuel, and cooking appliances, whether or not with oven, separate ovens, plate warmers, central heating boilers, hot water cylinders and large cooking appliances)	20
732190	Parts of domestic appliances non-electrically heated of heading 7321, n.e.s.	10

HS6	商品描述	建议税率
732211	Radiators for central heating, non-electrically heated, and parts thereof, of iron or steel (excl. parts, elsewhere specified or included, and central-heating boilers)	20
732219	Radiators for central heating, non-electrically heated, and parts thereof, of iron other than cast iron or steel (excl. parts, elsewhere specified or included, and central-heating boilers)	20
732290	Air heaters and hot-air distributors, incl. distributors which can also distribute fresh or conditioned air, non-electrically heated, incorporating a motor-driven fan or blower, and parts thereof, of iron or steel	15
732310	Iron or steel wool; pot scourers and scouring or polishing pads, gloves and the like, of iron or steel	10
732391	Table, kitchen or other household articles, and parts thereof, of cast iron, not enamelled (excl. cans, boxes and similar containers of heading 7310; waste baskets; shovels, corkscrews and other articles of the nature of a work implement; articles of cutlery, spoons, ladles, forks etc. of heading 8211 to 8215; ornamental articles; sanitary ware)	15
732392	Table, kitchen or other household articles, and parts thereof, of cast iron, enamelled (excl. cans, boxes and similar containers of heading 7310; waste baskets; shovels, corkscrews and other articles of the nature of a work implement; articles of cutlery, spoons, ladles, forks etc. of heading 8211 to 8215; ornamental articles; sanitary ware)	15
732394	Table, kitchen or other household articles, and parts thereof, of iron other than cast iron or steel other than stainless, enamelled (excl. cans, boxes and similar containers of heading 7310; waste baskets; shovels, corkscrews and other articles of the nature of a work implement; articles of cutlery, spoons, ladles, forks etc. of heading 8211 to 8215; ornamental articles; sanitary ware; articles for table use)	15
732399	Table, kitchen or other household articles, and parts thereof, of iron other than cast iron or steel other than stainless (excl. enamelled articles; cans, boxes and similar containers of heading 7310; waste baskets; shovels and other articles of the nature of a work implement; cutlery, spoons, ladles etc. of heading 8211 to 8215; ornamental articles; sanitary ware)	15
732410	Sinks and washbasins, of stainless steel	15
732429	Baths of steel sheet	25
732490	Sanitary ware, incl. parts thereof (excl. cans, boxes and similar containers of heading 7310, small wall cabinets for medical supplies or toiletries and other furniture of chapter 94, and fittings, complete sinks and washbasins, of stainless steel, complete baths and fittings)	20
732510	Articles of non-malleable cast iron, n.e.s.	10

HS6	商品描述	建议税率
732599	Cast articles of iron or steel, n.e.s. (excl. articles of non-malleable cast iron, and grinding balls and similar articles for mills)	15
732611	Grinding balls and similar articles for mills, of iron or steel, forged or stamped, but not further worked	10
732619	Articles of iron or steel, forged or stamped, but not further worked, n.e.s. (excl. grinding balls and similar articles for mills)	15
732620	Articles of iron or steel wire, n.e.s.	10
741810	Table, kitchen or other household articles and parts thereof, and pot scourers and scouring or polishing pads, gloves and the like, of copper (excl. cans, boxes and similar containers of heading 7419, articles of the nature of a work implement, articles of cutlery, spoons, ladles, etc., ornamental articles and sanitary ware)	15
741820	Sanitary ware and parts thereof, of copper (excl. cans, boxes and similar containers of heading 7419, and fittings)	15
741910	Chain and parts thereof, of copper (excl. watch chains, necklace chains and the like)	10
741991	Articles of copper, cast, moulded, stamped or forged, but not further worked, n.e.s.	10
741999	Articles of copper, n.e.s.	10
761010	Doors, windows and their frames and thresholds for door, of aluminium (excl. door furniture)	20
761290	Casks, drums, cans, boxes and similar containers, incl. rigid tubular containers, of aluminium, for any material (other than compressed or liquefied gas), of a capacity of ≤ 300 l, n.e.s.	20
761510	Table, kitchen or other household articles and parts thereof, and pot scourers and scouring or polishing pads, gloves and the like, of aluminium (excl. cans, boxes and similar containers of heading 7612, articles of the nature of a work implement, spoons, ladles, forks and other articles of heading 8211 to 8215, ornamental articles, fittings and sanitary ware)	15
761520	Sanitary ware and parts thereof, of aluminium (excl. cans, boxes and similar containers of heading 7612, and fittings)	15
761699	Articles of aluminium, n.e.s.	10
820310	Files, rasps and similar hand tools of base metal	10
820330	Metal-cutting shears and similar hand tools, of base metal	10
820590	Anvils; portable forges; hand- or pedal-operated grinding wheels with frameworks; sets of articles of two or more subheadings of heading 8205	10
820600	Sets of two or more tools of heading 8202 to 8205, put up in sets for retail sale	10

续表

HS6	商品描述	建议税率
821000	Hand-operated mechanical devices, of base metal, weighing ≤ 10 kg, used in the preparation, conditioning or serving of food or drink	15
821110	Sets of assorted articles of knives of heading 8211; sets in which there is a higher number of knives of heading 8211 than of any other article	15
821191	Table knives having fixed blades of base metal, incl. handles (excl. butter knives and fish knives)	15
821193	Knives having other than fixed blades, incl. pruning knives, of base metal (excl. razors)	15
821194	Blades of base metal for table knives, pocket knives and other knives of heading 8211	10
821195	Handles of base metal for table knives, pocket knives and other knives of heading 8211	10
821210	Non-electric razors of base metal	10
821220	Safety razor blades of base metal, incl. razor blade blanks in strips	10
821290	Parts of non-electric razors of base metal (excl. safety razor blades and razor blade blanks in strips)	10
821300	Scissors, tailors' shears and similar shears, and blades therefor, of base metal (excl. hedge shears, two-handed pruning shears and similar two-handed shears, secateurs and similar one-handed pruners and shears and hoof nippers for farriers)	10
821410	Paperknives, letter openers, erasing knives, pencil sharpeners and blades therefor, of base metal (excl. machinery and mechanical appliances of chapter 84)	10
821420	Manicure or pedicure sets and instruments, incl. nail files, of base metal (excl. ordinary scissors)	15
821490	Hair clippers, butchers' or kitchen cleavers and other articles of cutlery of base metal, n.e.s.	15
821510	Sets of spoons, forks or other articles of heading 8215, which may also contain up to an equivalent number of knives, of base metal, containing at least one article plated with precious metal	15
821520	Sets consisting of one or more knives of heading 8211 and at least an equal number of spoons, forks or other articles of heading 8215, of base metal, containing no articles plated with precious metal	15
821591	Spoons, forks, ladles, skimmers, cake-servers, fish-knives, butter-knives, sugar tongs and similar kitchen or tableware of base metal, plated with precious metal (excl. sets of articles such as lobster cutters and poultry shears)	15

续表

HS6	商品描述	建议税率
821599	Spoons, forks, ladles, skimmers, cake-servers, fish-knives, butter-knives, sugar tongs and similar kitchen or tableware of base metal, not plated with precious metal (excl. sets of articles such as lobster cutters and poultry shears)	15
830150	Clasps and frames with clasps, incorporating locks, of base metal	10
830241	Base metal mountings and fittings suitable for buildings (excl. locks with keys and hinges)	10
830242	Base metal mountings, fittings and similar articles suitable for furniture (excl. locks with keys, hinges and castors)	10
830250	Hat-racks, hat-pegs, brackets and similar fixtures of base metal	10
830300	Armoured or reinforced safes, strongboxes and doors and safe deposit lockers for strongrooms, cash or deed boxes and the like, of base metal	10
830520	Staples in strips, of base metal	10
830810	Hooks, eyes and eyelets, of base metal, of a kind used for clothing, footwear, awnings, handbags, travel goods or other made-up articles	10
830820	Tubular or bifurcated rivets, of base metal	10
830910	Crown corks of base metal	15
831000	Sign-plates, nameplates, address-plates and similar plates, numbers, letters and other symbols, of base metal, incl. traffic signs (excl. those of heading 9405, type and the like, and signal boards, signal discs and signal arms for traffic of heading 8608)	15
840220	Superheated water boilers	15
840510	Producer gas or water gas generators, with or without their purifiers; acetylene gas generators and similar water process gas generators, with or without their purifiers (excl. coke ovens, electrolytic process gas generators and carbide lamps)	10
840790	Spark-ignition reciprocating or rotary internal combustion piston engine (excl. those for aircraft or marine propulsion and reciprocating piston engine of a kind used for vehicles of chapter 87)	10
840820	Compression-ignition internal combustion piston engine "diesel or semi-diesel engine", for the propulsion of vehicles of chapter 87	15
841181	Gas turbines of a power ≤ 5.000 kW (excl. turbojets and turbopropellers)	10
841221	Hydraulic power engines and motors, linear acting "cylinders"	10
841229	Hydraulic power engines and motors (excl. hydraulic turbines and water wheels of heading 8410, steam turbines and hydraulic power engines and motors, linear acting)	10
841231	Pneumatic power engines and motors, linear-acting, "cylinders"	10

续表

HS6	商品描述	建议税率
841239	Pneumatic power engines and motors (excl. linear acting)	10
841451	Table, floor, wall, window, ceiling or roof fans, with a self-contained electric motor of an output ≤ 125 W	10
841510	Window or wall air conditioning machines, self-contained or "split-system"	10
841520	Air conditioning machines of a kind used for persons, in motor vehicles	15
841581	Air conditioning machines incorporating a refrigerating unit and a valve for reversal of the cooling-heat cycle "reversible heat pumps" (excl. of a kind used for persons in motor vehicles and self-contained or "split-system" window or wall air conditioning machines)	15
841582	Air conditioning machines incorporating a refrigerating unit but without a valve for reversal of the cooling-heat cycle (excl. of a kind used for persons in motor vehicles, and self-contained or "split-system" window or wall air conditioning machines)	15
841620	Furnace burners for pulverised solid fuel or gas, incl. combination burners	10
841810	Combined refrigerator-freezers, with separate external doors	10
841829	Household refrigerators, absorption-type	20
841830	Freezers of the chest type, of a capacity ≤ 800l	20
841840	Freezers of the upright type, of a capacity ≤ 900l	15
841861	Heat pumps (excl. air conditioning machines of heading 8415)	10
841891	Furniture designed to receive refrigerating or freezing equipment	15
842112	Centrifugal clothes-dryers	10
842121	Machinery and apparatus for filtering or purifying water	10
842122	Machinery and apparatus for filtering or purifying beverages (excl.water)	10
842219	Dishwashing machines (excl. those of the household type)	10
842230	Machinery for filling, closing, sealing or labelling bottles, cans, boxes, bags or other containers; machinery for capsuling bottles, jars, tubes and similar containers; machinery for aerating beverages	10
842310	Personal weighing machines, incl. baby scales; household scales	10
842649	Mobile cranes and works trucks fitted with a crane, self-propelled (excl. those on tyres and straddle carriers)	10
844010	Bookbinding machinery, incl. book-sewing machines (excl. machinery of heading 8441, general-purpose presses, printing machinery of heading 8443 and machines of uses ancillary to printing)	10
844110	Cutting machines for making up paper pulp, paper or paperboard (excl. bookbinding machinery of heading 8440)	10

HS6	商品描述	建议税率
844120	Machines for making bags, sacks or envelopes out of paper pulp, paper or paperboard (excl. sewing machines and eyeletting machines)	10
844130	Machines for making cartons, boxes, cases, tubes, drums or similar containers (other than by moulding) out of paper pulp, paper or paperboard (excl. drying equipment and sewing machines)	10
844140	Machines for moulding articles in paper pulp, paper or paperboard (excl. drying equipment)	10
844180	Machinery for making up paper pulp, paper or paperboard, n.e.s.	10
844312	Offset printing machinery, sheet fed [office type], using sheets of a side $\leq 22 \times 36$ cm in the unfolded state	10
844315	Letterpress printing machinery (excl. flexographic printing and reel fed machinery)	10
844317	Gravure printing machinery	15
844520	Textile spinning machines (excl. extruding and drawing or roving machines)	10
845012	Household or laundry-type washing machines, with built-in centrifugal drier (excl. fully-automatic machines)	25
845019	Household or laundry-type washing machines, of a dry linen capacity $\leq$ 6 kg (excl. fully-automatic machines and washing machines with built-in centrifugal drier)	25
845110	Dry-cleaning machines for made-up textile articles	20
845121	Drying machines, of a dry linen capacity $\leq$ 10 kg (excl. centrifugal driers)	10
845210	Sewing machines of the household type	20
845221	Automatic sewing machines, industrial type	10
845229	Sewing machines, industrial type (excl. automatic units)	10
845230	Sewing machine needles	10
845290	Furniture, bases and covers for sewing machines and parts thereof; other parts of sewing machines	10
845430	Casting machines of a kind used in metallurgy or in metal foundries	10
845510	Mills for rolling metal tubes	10
845521	Hot or combination hot and cold metal-rolling mills (excl. tubes mills)	10
845522	Cold-rolling mills for metal (excl. tube mills)	10
845910	Way-type unit head machines for drilling, boring, milling, threading or tapping metal	10
845929	Drilling machines for working metal, not numerically controlled (excl. way-type unit head machines and hand-operated machines)	10

续表

HS6	商品描述	建议税率
845949	Boring machines for metals, not numerically controlled (excl. way-type unit head machines and boring-milling machines)	10
845959	Milling machines for metals, knee-type, not numerically controlled	10
846019	Flat-surface grinding machines for finishing metal, not numerically controlled	10
846039	Sharpening "tool or cutter grinding" machines, not numerically controlled	10
846090	Machines for deburring, polishing or otherwise finishing metal or cermets (excl. grinding, sharpening, honing and lapping machines and machines for working in the hand)	10
846120	Shaping or slotting machines, for working metals, metal carbides or cermets	10
846320	Thread rolling machines, for working metal	10
846820	Gas-operated machinery and apparatus for soldering, brazing, welding or surface tempering (excl. hand-held blow pipes)	10
846880	Machinery and apparatus for welding, not gas-operated (excl. electric machines and apparatus of heading 8515)	10
847230	Machines for sorting or folding mail or for inserting mail in envelopes or bands, machines for opening, closing or sealing mail and machines for affixing or cancelling postage stamps	10
847621	Automatic beverage-vending machines incorporating heating or refrigerating devices	10
847629	Automatic beverage-vending machines, without heating or refrigerating devices	10
847681	Automatic goods-vending machines incorporating heating or refrigerating devices (excl. automatic beverage-vending machines)	10
847689	Automatic goods-vending machines, without heating or refrigerating devices; money changing machines (excl. automatic beverage-vending machines)	10
850131	DC motors of an output > 37.5 W but ≤ 750 W and DC generators of an output ≤ 750 W	10
850134	DC motors and DC generators of an output > 375 kW	10
850153	AC motors, multi-phase, of an output > 75 kW	10
850162	AC generators "alternators", of an output > 75 kVA but ≤ 375 kVA	10
850163	AC generators "alternators", of an output > 375 kVA but ≤ 750 kVA	10
850421	Liquid dielectric transformers, having a power handling capacity ≤ 650 kVA	10
850422	Liquid dielectric transformers, having a power handling capacity > 650 kVA but ≤ 10.000 kVA	10

续表

HS6	商品描述	建议税率
850434	Transformers having a power handling capacity > 500 kVA (excl. liquid dielectric transformers)	10
850610	Manganese dioxide cells and batteries (excl. spent)	15
850630	Mercuric oxide cells and batteries (excl. spent)	10
850640	Silver oxide cells and batteries (excl. spent)	10
850650	Lithium cells and batteries (excl. spent)	10
850660	Air-zinc cells and batteries (excl. spent)	10
850680	Primary cells and primary batteries, electric (excl. spent, and those of silver oxide, mercuric oxide, manganese dioxide, lithium and air-zinc)	10
850750	Nickel-metal hydride accumulators (excl. spent)	10
850760	Lithium-ion accumulators (excl. spent)	10
850980	Electromechanical domestic appliances, with self-contained electric motor (excl. vacuum cleaners, dry and wet vacuum cleaners, food grinders and mixers, fruit or vegetable juice extractors, and hair-removing appliances)	25
851010	Shavers, electric	25
851020	Hair clippers with self-contained electric motor	25
851030	Hair-removing appliances with self-contained electric motor	15
851090	Parts of electric shavers, hair clippers and hair-removing appliances, with self-contained electric motor, n.e.s.	20
851650	Microwave ovens	10
851660	Electric ovens, cookers, cooking plates and boiling rings, electric grillers and roasters, for domestic use (excl. space-heating stoves and microwave ovens)	10
851920	Sound recording or sound reproducing apparatus, operated by coins, banknotes, bank cards, tokens or by other means of payment [juke boxes]	15
851930	Turntables "record-decks"	25
851981	Sound recording or sound reproducing apparatus, using magnetic, optical or semiconductor media (excl. those operated by coins, banknotes, bank cards, tokens or by other means of payment, turntables and telephone answering machines)	10
851989	Sound recording or sound reproducing apparatus (excl. using magnetic, optical or semiconductor media, those operated by coins, banknotes, bank cards, tokens or by other means of payment, turntables and telephone answering machines)	15
852190	Video recording or reproducing apparatus, whether or not incorporating a video tuner (excl. magnetic tape-type and video camera recorders)	10

HS6	商品描述	建议税率
852290	Parts and accessories suitable for use solely or principally with sound reproducing and recording apparatus and with video equipment for recording and reproducing pictures and sound (excl. pick-up devices for grooved recording media)	20
852321	Cards incorporating a magnetic stripe for the recording of sound or of other phenomena	10
852712	Pocket-size radiocassette players [dimensions ≤ 170 mm x 100 mm x 45 mm], with built-in amplifier, without built-in loudspeakers, capable of operating without an external source of electric power	10
852721	Radio-broadcast receivers not capable of operating without an external source of power, of a kind used in motor vehicles, combined with sound recording or reproducing apparatus	10
852799	Radio-broadcast receivers, for mains operation only, not combined with sound recording or reproducing apparatus and not combined with a clock (excl. those of a kind used in motor vehicles)	15
852849	Cathode-ray tube monitors "CRT" (excl. computer monitors, with TV receiver)	15
852852	Monitors capable of directly connecting to and designed for use with an automatic data processing machine of heading 8471 (excl. CRT, with TV receiver)	15
852859	Monitors (excl. with TV receiver, CRT and those designed for computer use)	20
852862	Projectors capable of directly connecting to and designed for use with an automatic data processing machine of heading 8471 (excl. with TV receiver)	10
852869	Projectors (excl. with TV receiver, designed for computer use)	20
852871	Reception apparatus for television, whether or not incorporating radio-broadcast receivers or sound or video recording or reproducing apparatus, not designed to incorporate a video display or screen	15
852872	Reception apparatus for television, colour, whether or not incorporating radio-broadcast receivers or sound or video recording or reproducing apparatus, designed to incorporate a video display or screen	25
853180	Electric sound or visual signalling apparatus (excl. indicator panels with liquid crystal devices or light emitting diodes, burglar or fire alarms and similar apparatus and apparatus for cycles, motor vehicles and traffic signalling)	10
853510	Fuses for a voltage > 1.000 V	10
853521	Automatic circuit breakers for a voltage > 1.000 V but < 72.5 kV	10
853540	Lightning arresters, voltage limiters and surge suppressors, for a voltage > 1.000 V	15

HS6	商品描述	建议税率
854012	Cathode ray television picture tubes, incl. video monitor cathode ray tubes, black and white or other monochrome, with a screen width-to-height ratio of < 1.5 and a diagonal measurement of the screen > 72 cm	10
854419	Winding wire for electrical purposes, of material other than copper, insulated	15
854519	Electrodes of graphite or other carbon, for electrical purposes (excl. those used for furnaces)	10
854520	Carbon brushes for electrical purposes	10
854590	Articles of graphite or other carbon, for electrical purposes (excl. electrodes and carbon brushes)	10
860900	Containers, incl. containers for the transport of fluids, specially designed and equipped for carriage by one or more modes of transport	10
900140	Spectacle lenses of glass	15
900150	Spectacle lenses of materials other than glass	15
900211	Objective lenses for cameras, projectors or photographic enlargers or reducers	10
900219	Objective lenses (excl. for cameras, projectors or photographic enlargers or reducers)	10
900220	Filters, optical, being parts of or fittings for instruments, apparatus and appliances, framed or mounted	10
900290	Lenses, prisms, mirrors and other optical elements, mounted, of any material, being parts of or fittings for instruments or apparatus (excl. objective lenses for cameras, projectors or photographic enlargers or reducers, such elements of glass not optically worked, and filters)	10
900311	Frames and mountings for spectacles, goggles or the like, of plastics	15
900410	Sunglasses	15
900490	Spectacles, goggles and the like, corrective, protective or other (excl. spectacles for testing eyesight, sunglasses, contact lenses, spectacle lenses and frames and mountings for spectacles)	15
900510	Binoculars	10
900651	Cameras with a through-the-lens viewfinder [single lens reflex "SLR"] for roll film of a width of ≤ 35 mm (excl. instant print cameras and special camereas of subheading 9006.10 or 9006.30)	20
900652	Cameras for roll film of a width of < 35 mm (excl. instant print cameras, single lens reflex "SLR" cameras and special cameras of subheading 9006.10 or 9006.30)	15

HS6	商品描述	建议税率
900653	Cameras for roll film of a width of 35 mm (excl. instant print cameras, single lens reflex cameras and special cameras of subheading 9006.10 or 9006.30)	15
900659	Cameras for roll film of a width of > 35 mm or for film in the flat (excl. instant print cameras and cameras specially designed for underwater use, for aerial survey or for medical or surgical examination of internal organs, and comparison cameras for forensic or criminological laboratories)	10
900661	Electronic discharge lamp flashlight apparatus for photographic purposes	15
900669	Photographic flashlights and flashlight apparatus (excl. with electronic discharge lamps)	15
900710	Cinematographic cameras	10
900720	Cinematographic projectors	10
900850	Image projectors, and photographic enlargers and reducers (excl. cinematographic and parts)	15
900890	Parts and accessories for image projectors, photographic enlargers and reducers, n.e.s.	10
901010	Apparatus and equipment for automatically developing photographic or cinematographic film or paper in rolls or for automatically exposing developed film to rolls of photographic paper	15
902580	Hydrometers, areometers and similar floating instruments, barometers, hygrometers and psychrometers, whether or not combined with each other or with thermometers	10
902910	Revolution counters, production counters, taximeters, milometers, pedometers and the like (excl. gas, liquid and electricity meters)	10
903033	Instruments and apparatus for measuring or checking voltage, current, resistance or electrical power, without recording device (excl. multimeters, and oscilloscopes and oscillographs)	10
920110	Upright pianos	15
920120	Grand pianos	15
920190	Harpsichords and other keyboard stringed instruments (excl. pianos)	15
920210	Violins and other string instruments	15
920290	Guitars, harps and other string musical instruments (excl. with keyboard and those played with a bow)	15
920510	Brass-wind instruments	15
920590	Wind musical instruments (excl. brass-wind instruments)	15
920600	Percussion musical instruments, e.g. drums, xylophones, cymbals, castanets, maracas	15

HS6	商品描述	建议税率
920710	Keyboard instruments, the sound of which is produced, or must be amplified, electrically (excl. accordions)	25
920790	Accordions and musical instruments without keyboards, the sound of which is produced, or must be amplified, electrically	25
920810	Musical boxes	20
920890	Fairground organs, mechanical street organs, mechanical singing birds, musical saws and other musical instruments not falling within any other heading in chapter 92; decoy calls of all kinds; whistles, call horns and other mouth-blown sound signalling instruments	20
920930	Musical instrument strings	15
920991	Parts and accessories for pianos, n.e.s.	15
920992	Parts and accessories for string musical instruments without keyboards, n.e.s. (excl. strings and those for musical instruments, the sound of which is produced, or must be amplified, electrically)	15
920994	Parts and accessories for musical instruments, the sound of which is produced, or must be amplified, electrically, n.e.s.	15
920999	Parts and accessories for musical instruments "e.g. mechanisms for musical boxes, cards, discs and rolls for mechanical instruments" n.e.s.; metronomes, tuning forks and pitch pipes of all kinds (excl. musical instrument strings and arts and accessories for pianos and for string musical instruments without keyboards)	15
930110	Artillery weapons "e.g. guns, howitzers and mortars"	10
930120	Rocket launchers; flame-throwers; grenade launchers; torpedo tubes and similar projectors	10
930190	Military weapons, incl. sub-machine guns (excl. artillery weapons, rocket launchers, flame-throwers, grenade launchers, torpedo tubes and similar projectors, revolvers and pistols of heading 9302 and cutting and thrusting weapons of heading 9307)	10
930200	Revolvers and pistols (excl. those of heading 9303 or 9304 and sub-machine guns for military purposes)	10
930310	Muzzle-loading firearms, neither designed nor suitable for projecting cartridges	10
930320	Sporting, hunting or target-shooting shotguns, with at least one smooth barrel (excl. muzzle-loading firearms and spring, air or gas guns)	10
930330	Sporting, hunting and target-shooting shotguns with one or more rifled bores (other than spring, air or gas guns)	10

续表

HS6	商品描述	建议税率
930390	Firearms and similar devices which operate by the firing of an explosive charge (excl. sporting, hunting or target-shooting rifles, revolvers and pistols of heading 9302 and military weapons)	10
930510	Parts and accessories for revolvers or pistols, n.e.s.	10
930520	Parts and accessories of shotguns or rifles of heading 9303, n.e.s.	10
930591	Parts and accessories of military weapons of heading 9301, n.e.s.	10
930599	Parts and accessories for weapons and the like of heading 9303 or 9304, n.e.s. (excl. of shotguns or rifles of heading 9303)	10
930621	Cartridges for smooth-barrelled shotguns	10
930629	Parts of cartridges for smooth-barrelled shotguns; lead shot for air rifles and pistols	10
930630	Cartridges for smooth-barrelled shotguns, revolvers and pistols and cartridges for riveting or similar tools or for captive-bolt humane killers, and parts thereof	10
930690	Bombs, grenades, torpedos, mines, missiles, and other ammunition and projectiles, and parts thereof, n.e.s. (excl. cartridges)	10
930700	Swords, cutlasses, bayonets, lances and similar arms and parts thereof, and scabbards and sheaths therefor (excl. of precious metal or of metal clad with precious metal, blunt weapons for fencing, hunting knives and daggers, camping knives and other knives of heading 8211, sword belts and the like of leather or textile materials, and sword knots)	10
940410	Mattress supports for bed frames (excl. spring interiors for seats)	15
940421	Mattresses of cellular rubber or plastics, whether or not covered	15
940429	Mattresses, fitted with springs or stuffed or internally filled with any material (excl. cellular rubber or plastics, pneumatic or water mattresses and pillows)	15
940430	Sleeping bags, whether or non-electrically heated	15
940490	Articles of bedding and similar furnishing, fitted with springs or stuffed or internally filled with any material or of cellular rubber or plastics (excl. mattress supports, mattresses, sleeping bags, pneumatic or water mattresses and pillows, blankets and covers)	15
940520	Electric table, desk, bedside or floor-standing lamps	15
940540	Electric lamps and lighting fittings, n.e.s.	10
940550	Non-electrical lamps and lighting fittings, n.e.s.	15
940560	Illuminated signs, illuminated nameplates and the like, with a permanently fixed light source	15

HS6	商品描述	建议税率
940591	Parts of lamps and lighting fittings, illuminated signs and nameplates and the like, of glass, n.e.s.	15
940592	Parts of lamps and lighting fittings, illuminated signs and nameplates and the like, of plastics, n.e.s.	15
940599	Parts of lamps and lighting fittings, illuminated signs and nameplates and the like, n.e.s.	15

Aghion, P., Howitt, P., "A model of growth through creative destruction", *Econometrica*, 1992, Vol. 60, No. 2, pp. 323-351.

Amiti, M., Konings, J., "Trade liberalization, intermediate inputs, and productivity: evidence from Indonesia", *American Economic Review*, 2007, Vol. 97, No. 5, pp. 1611-1638.

Andrew, R., Peters, G., "A multi-region input-output table based on the global trade analysis project database (GTAP-MRIO)", *Economic Systems Research*, 2013, Vol. 25, No. 1, pp. 99-121.

Mette Asmild, Tomas Bale Žentis, Jens Leth Hougaard. *Asmild, M., Bale?entis, T., Hougaard J L.*, "Multi-directional productivity change：MEA-malmquist", *Journal of Productivity Analysis*, 2016, Vol. 46, No. 2-3, pp. 109-119.

Baldwin, J. R., Yan, B., "Global value chains and the productivity of Canadian manufacturing firms", *Statistics Canada*, 2014.

Bernard, A. B., Jensen, J. B., Lawrence, R. Z., "Exporters, jobs, and wages in U.S. manufacturing：1976-1987", *Brookings papers on economic activity, Microeconomics*, Vol.1995, 1995, pp: 67-119.

Bernard, A. B., Jensen, J. B., Redding, S. J., et al., "Firms in international trade", *Journal of Economic Perspectives*, 2008, Vol. 21, No. 3, pp. 105-130.

Bernard, A. B., Jensen, J. B., "Entry, Expansion, and intensity in the U.S. export boom, 1987-1992", *Review of International Economics*, 2004, Vol. 12, No.4, pp. 662-675.

Blalock, G., Veloso, F. M., "Imports, productivity growth, and supply chain learning", *World Development*, 2007, Vol. 35, No. 7, pp. 1134-1151.

Broda, C., Greenfield, J., Weinstein, D. E., "From groundnuts to globalization: A structural estimate of trade and growth", *Research in Economics*, 2017, Vol. 71, No. 4, pp. 759-783.

Castellani, D., Serti, F., Tomasi C., "Firms in international trade: importers' and exporters' heterogeneity in Italian manufacturing industry", *World Economy*, 2010, Vol. 33, No. 3, pp. 424-457.

Chandra, Piyush, "Impact of temporary trade barriers: Evidence from China", *China Economic Review*, 2016, 38:24-48.

Chen, X., Cheng, L. K., Fung, K. C., et al., "Domestic value added and employment generated by Chinese exports: A quantitative estimation", *China Economic Review*, 2012, Vol. 23, No. 4, pp. 850-864.

Chen, X., Cheng, L. K., Fung, K. C., "The estimation of domestic value-added and employment induced by exports: an application to Chinese exports to the United States", *China and Asia, Routledge*, 2008: 82-100.

Chou, W. L., "Exchange Rate Variability and China's Exports", *Journal of Comparative Economics*, 2000, Vol. 28, No. 1, pp. 61-79.

Clerides, S. K., Lach, S., Tybout, J. R., "Is learning by exporting important? micro-dynamic evidence from Colombia, Mexico, and Morocco", *Quarterly Journal of Economics*, 1996, Vol. 113, No. 3, pp. 903-947.

Coe, D. T., Helpman, E., "International R&D Spillovers", *European Economic Review*, 1995, Vol. 39, No. 5, pp. 859-887.

Connolly, M., "The dual nature of trade: measuring its impact on imitation and growth", *Journal of Development Economics*, 2003, Vol. 72, No. 1, pp. 31-55.

Dietzenbacher, E., Hoen, A. R., Los, B., "Labor productivity in Western Europe 1975-1985: An intercountry, interindustry analysis", *Journal of Regional Science*, 2000, Vol. 40, No. 3, pp. 425-452.

Dietzenbacher, E., Lahr, M. L., Los, B., "The decline in labor compensation's share of GDP: A structural decomposition analysis for the United States, 1982 to 1997", *Wassily Leontief and Input-Output Economics*,

2004, pp. 138-185.

Dietzenbacher, E., Los, B., Stehrer, R., Timmer, M., Vries, G., "The construction of world input-output tables in the wiod project", *Economic Systems Research*, 2013, Vol. 25, No. 1, pp. 71-98.

Dietzenbacher, E., Los, B., "Structural decomposition techniques : sense and sensitivity", *Economic Systems Research*, 1998, Vol. 10, No. 4, pp. 307-324.

Dietzenbacher, E., "Processing trade biases the measurement of vertical specialization in china", *Economic Systems Research*, 2015, Vol. 27, No. 1, pp. 60-76.

Egger, H., Egger, P., "International outsourcing and the productivity of low‐skilled labor in the EU", *Economic Inquiry*, 2006, Vol. 44, No. 1, pp. 98-108.

Forlani, E., "Irish Firms' Productivity and Imported Inputs", *The Manchester School*, 2017, Vol. 85, No. 6, pp. 710-743.

Grossman, G. M., Helpman, E., "Innovation and Growth in the Global Economy", Innovation and Growth in the Global Economy, MIT Press, 1991: 323-324.

László Halpern Gábor Körösi Halpern, L., Korosi, G., "Efficiency and market share in the Hungarian corporate sector", *Economics of Transition*, 2001, Vol. 9, No. 3, pp. 559-592.

Halpern, L., Koren, M., "Pricing to firm: an analysis of firm‐and product‐level import prices", *Review of International Economics*, 2007, Vol. 15, No. 3, pp. 574-591.

Henderson, R., Jaffe, A. B., Trajtenberg, M., "Universities as a source of commercial technology: a detailed analysis of university patenting, 1965-1988", *Review of Economics and Statistics*, 1998, Vol. 80, No. 1, pp. 119-127.

Kasahara, H., Rodrigue, J., "Does the use of imported intermediates increase productivity? Plant-level evidence", *Journal of development economics*, 2008, Vol. 87, No. 1, pp. 106-118.

Koopman, R., Wang, Z., Wei, S. J., "Estimating domestic content in exports when processing trade is pervasive", *Journal of Development Economics*, 2012, Vol. 99, No. 1, pp. 178-189.

Koopman, R., Wang, Z., "Tracing Value-Added and Double Counting in Gross Exports", *Social Science Electronic Publishing*, 2014, Vol. 104, No. 2, pp. 459-494.

Lau, L. J., Chen, X., Yang, C. H., et al.,《非竞争型投入占用产出模型及其应用：中美贸易顺差透视》, 2007, No. 5, pp. 91-103。

Lau, L. J., Chen, X., Cheng, K. H., et al., "Estimates of US-China trade balances in terms of domestic value-added", *Stanford Center for International Development, Working Paper #295*, 2006.

Lau, L. J., "Input‐occupancy‐output models of the non‐competitive type and their application-an examination of the China‐US trade surplus", *Social Sciences in China*, 2010, Vol. 31, No. 1, pp. 35-54.

Lenzen, M., Moran, D., Kanemoto, K., Geschke, A., "Building eora: a global multi-region input-output database at high country and sector resolution", *Economic Systems Research*, 2013, Vol. 25, No. 1, pp. 20-49.

Leontief, W. W., "Quantitative input and output relations in the economic system of the United States", *The Review of Economics and Statistics*, 1936, Vol. 18, No. 3, pp. 105-125.

New York Oxford Uniuersity Press. Leontief, W. W., "The structure of American economy, 1919-1939: an empirical application of equilibrium analysis", 1951.

Loecker, J. D., "Do exports generate higher productivity? Evidence from Slovenia", *Journal of International Economics*, 2007, Vol. 73, No. 1, pp. 69-98.

Melitz, M. J., "The impact of trade on intra‐industry reallocations and aggregate industry productivity", *Econometrica*, 2003, Vol. 71, No. 6, pp. 1695-1725.

Meng, B., Zhang, Y., Inomata, S., "compilation and application of IED-JETRO's international input-output tables", *Economic Systems Research*, 2013, Vol. 25, No. 1, pp. 122-142.

Minniti, A., Venturini, F., "R&D policy, productivity growth and distance to frontier", *Economics Letters*, 2017, Vol. 156, pp. 92-94.

Ouyang, Y. Y., Chen, L. N., Gao, J., "The effect of industrial structure on industrial and service employment: Based on the empirical test of 58 countries", *Systems Engineering Theory & Practice*, 2016, Vol. 36, No. 10, pp. 2514-2524.

Rivera-Batiz, L. A., Romer, P. M., "International trade with endogenous technological change", *European Economic Review*, 1991, Vol. 35, No. 4, pp. 971-1001.

Romer, P. M., "Growth based on increasing returns due to specialization", *American Economic Review*, 2001, Vol. 77, No. 2, pp. 56-62.

Siliverstovs, B., "R&D and non-linear productivity growth", *Research Policy*, 2016, Vol. 45, No. 3, pp. 634-646.

Sveikauskas, L., "R&D and productivity growth: a review of the literature", Bureau of Labor Statistics Working Paper #408, 2007.

Vogel, A., Wagner, J., "Higher productivity in importing German manufacturing firms: self-selection, learning from importing, or both?", *Review of World Economics*, 2010, Vol. 145, No. 4, pp. 641-665.

Yang, C. H., Dietzenbacher, E., Pei, J. S., et al., "Processing Trade Biases the Measurement of Vertical Specialization in China", *Economic Systems Research*, 2015, Vol. 27, No. 1, pp. 60-76.

白重恩、张琼:《中国生产率估计及其波动分解》,《世界经济》2015年第12期。

包群、许和连、赖明勇:《出口贸易如何促进经济增长?——基于全要素生产率的实证研究》,《上海经济研究》2003年第3期。

鲍晓华、朱达明:《技术性贸易壁垒与出口的边际效应——基于产业贸易流量的检验》,《经济学》(季刊)2014年第3期。

陈维涛、严伟涛、张国峰:《贸易开放、进口竞争与中国工业行业生产率》,《经济学家》2017年第8期。

陈锡康、王会娟:《投入占用产出技术理论综述》,《管理学报》2010年第11期。

陈锡康、杨翠红等：《投入产出技术》，科学出版社 2011 年版。

陈锡康：《当代中国投入产出理论与实践》，中国广播出版社 1988 年版。

陈锡康：《投入占用产出理论及其应用》，《当代中国投入产出实践与研究》，中国统计出版社 1999 年版。

陈勇兵、仉荣、曹亮：《中间品进口会促进企业生产率增长吗——基于中国企业微观数据的分析》，《财贸经济》2012 年第 3 期。

陈昭、欧阳秋珍：《技术溢出的主渠道：外商直接投资还是进口？——一个文献综述与评论》，《经济评论》2009 年第 5 期。

陈桢：《经济增长与就业增长关系的实证研究》，《经济学家》2008 年第 2 期。

戴觅、余淼杰、Madhura Maitra：《中国出口企业生产率之谜：加工贸易的作用》，《经济学》（季刊）2014 年第 2 期。

戴觅、余淼杰：《企业出口前研发投入、出口及生产率进步——来自中国制造业企业的证据》，《经济学》（季刊）2012 年第 1 期。

都阳、曲玥：《劳动报酬、劳动生产率与劳动力成本优势——对 2000-2007 年中国制造业企业的经验研究》，《中国工业经济》2009 年第 5 期。

段玉婉、祝坤福、陈锡康、杨翠红：《区分内外资企业和贸易方式的非竞争型投入产出模型》，《系统工程理论与实践》2013 年第 9 期。

段玉婉、祝坤福、陈锡康等：《区分内外资企业和贸易方式的非竞争型投入产出模型》，《系统工程理论与实践》2013 年第 9 期。

段玉婉：《基于投入产出模型的中国 FDI 和加工贸易的经济效应研究》，博士学位论文，中国科学院大学，2014 年。

范剑勇、冯猛：《中国制造业出口企业生产率悖论之谜：基于出口密度差别上的检验》，《管理世界》2013 年第 8 期。

范剑勇：《产业集聚与地区间劳动生产率差异》，《经济研究》2006 年第 11 期。

葛明、赵素萍、林玲：《中美双边贸易利益分配格局解构——基于 GVC 分解的视角》，《世界经济研究》2016 年第 2 期。

关国才：《WTO 框架下的关税减让制度研究》，硕士学位论文，黑龙江大学，2007年。

黄先海、石东楠：《对外贸易对中国全要素生产率影响的测度与分析》，《世界经济研究》2005年第1期。

金祥荣、胡赛：《融资约束、生产率与企业出口：基于中国企业不同贸易方式的分析》，《国际贸易问题》2017年第2期。

金旭：《中美贸易不平衡的症结》，《国际经济评论》2007年第4期。

李春顶、尹翔硕：《中国出口企业的"生产率悖论"及其解释》，《财贸经济》2009年第11期。

李春顶、赵美英：《出口贸易是否提高了中国企业的生产率？——基于中国2007年制造业企业数据的检验》，《财经研究》2010年第4期。

李春顶：《中国出口企业是否存在"生产率悖论"：基于中国制造业企业数据的检验》，《世界经济》2010年第7期。

李春顶：《中国企业"出口—生产率悖论"研究综述》，《世界经济》2015年第5期。

李红松：《中国经济增长与就业弹性研究》，《财经研究》2003年第4期。

李景华：《SDA模型的加权平均分解法及在中国第三产业经济发展分析的应用》，《系统工程》2004年第9期。

李俊峰、王代敬、宋小军：《经济增长与就业增长的关系研究——两者相关性的重新判定》，《中国软科学》2005年第1期。

李清如：《发展中国家贸易开放与生产率研究》，博士学位论文，对外经济贸易大学，2014年。

李淑云、慕绣如：《中间品进口与企业生产率——基于进口产品异质性的新检验》，《国际经贸探索》2017年第11期。

李小平、卢现祥、朱钟棣：《国际贸易、技术进步和中国工业行业的生产率增长》，《经济学》（季刊）2008年第2期。

李小平、朱钟棣：《国际贸易、R&D溢出和生产率增长》，《经济研究》2006年第2期。

林斐婷：《中美贸易不平衡争议的文献综述》，《国际贸易问题》2007年第5期。

林毅夫：《潮涌现象与发展中国家宏观经济理论的重新构建》，《经济研究》2007 年第 1 期。

刘斌、王乃嘉、魏倩：《中间品关税减让与企业价值链参与》，《中国软科学》2015 年第 8 期。

刘竹青、佟家栋：《要素市场扭曲、异质性因素与中国企业的出口—生产率关系》，《世界经济》2017 年第 12 期。

刘遵义、陈锡康、杨翠红等：《非竞争型投入占用产出模型及其应用——中美贸易顺差透视》，《中国社会科学》2007 年第 5 期。

柳卸林、何郁冰：《基础研究是中国产业核心技术创新的源泉》，《中国软科学》2011 年第 4 期。

马林梅、张群群：《企业生产率与出口模式选择——零出口、间接出口与直接出口》，《国际经贸探索》2016 年第 6 期。

穆源坤：《降低关税总水平背景下的宏观经济效应实证分析——基于 GTAP 模型的模拟》，《商场现代化》2019 年第 005 期。

欧阳艳艳、陈浪南、高洁：《产业结构演变对工业和服务业就业的影响——基于 58 个国家的实证检验》，《系统工程理论与实践》2016 年第 10 期。

潘文卿：《外商投资对中国工业部门的外溢效应：基于面板数据的分析》，《世界经济》2003 年第 6 期。

钱学锋、王胜、黄云湖等：《进口种类与中国制造业全要素生产率》，《世界经济》2011 年第 5 期。

邵敏：《出口贸易是否促进了中国劳动生产率的持续增长——基于工业企业微观数据的实证检验》，《数量经济技术经济研究》2012 年第 2 期。

沈国兵：《贸易统计差异与中美贸易平衡问题》，《经济研究》2005 年第 6 期。

苏启林、赵永亮、杨子晖：《市场冲击、要素扭曲配置与生产率损失——基于出口企业订单波动的经验研究》，《经济研究》2016 年第 8 期。

孙俊新、蓝乐琴：《制造业企业出口和生产率的关系——新新贸易理论框架下对中国工业企业的微观分析》，《经济与管理》2011 年第 3 期。

孙晓华、王昀：《企业规模对生产率及其差异的影响——来自工业企业微观数据的实证研究》，《中国工业经济》2014 年第 5 期。

孙学敏、王杰：《全球价值链嵌入的"生产率效应"——基于中国微观企业数据的实证研究》，《国际贸易问题》2016 年第 3 期。

汤二子、刘海洋：《中国出口企业的"生产率悖论"与"生产率陷阱"——基于 2008 年中国制造业企业数据实证分析》，《国际贸易问题》2011 年第 9 期。

唐东波：《垂直专业分工与劳动生产率：一个全球化视角的研究》，《世界经济》2014 年第 11 期。

田巍、余淼杰：《企业生产率和企业"走出去"对外直接投资：基于企业层面数据的实证研究》，《经济学》(季刊)2012 年第 1 期。

田巍、余淼杰：《中间品贸易自由化和企业研发：基于中国数据的经验分析》，《世界经济》2014 年第 6 期。

涂正革、肖耿：《中国工业增长模式的转变——大中型企业劳动生产率的非参数生产前沿动态分析》，《管理世界》2006 年第 10 期。

王春法：《FDI 与内生技术能力培育》，《国际经济评论》2004 年第 2 期。

王会娟、陈锡康：《探寻中国非农就业人数增加的背后因素》，《系统工程学报》2011 年第 5 期。

王仕军、李向阳：《高增长低就业问题研究综述》，《开放导报》2009 年第 2 期。

王孝松、施炳展、谢申祥等：《贸易壁垒如何影响了中国的出口边际？——以反倾销为例的经验研究》，《经济研究》2014 年第 11 期。

王鑫：《中韩关税制度比较研究》，硕士学位论文，上海海关学院，2018 年。

吴林海、杜文献：《中国 R&D 投入与经济增长的关系——基于 1991 ~ 2005 年间中国科技统计数据的协整分析》，《科学管理研究》2008 年第 2 期。

吴小松、范金、胡汉辉：《中国就业增长与结构变迁的影响因素：基于 SDA 的分析》，《经济科学》2007 年第 1 期。

杨汝岱：《香港转口贸易及其对中美贸易平衡的影响》，《经济科学》

2008 年第 2 期。

姚顺利：《出口与外资优惠政策挂钩：中美贸易不平衡的症结之一》，
《国际经济评论》2007 年第 4 期。

叶欣：《加入 WTO 后中国关税政策调整的评估与展望》，对外经济贸
易大学。

余淼杰：《生产率、信贷约束与企业出口：基于中国企业层面的分
析》，《经济研究》2013 年第 6 期。

余淼杰：《中国的贸易自由化与制造业企业生产率》，《经济研究》
2010 年第 12 期。

张海洋、刘海云：《外资溢出效应与竞争效应对中国工业部门的影
响》，《国际贸易问题》2004 年第 3 期。

张杰、陈志远、刘元春：《中国出口国内附加值的测算与变化机制》，
《经济研究》2013 年第 10 期。

张杰、张帆、陈志远：《出口与企业生产率关系的新检验：中国经
验》，《世界经济》2016 年第 6 期。

张杰、郑文平、陈志远：《进口与企业生产率——中国的经验证据》，
《经济学》（季刊）2015 年第 3 期。

张金昌：《中国的劳动生产率：是高还是低？——兼论劳动生产率的计
算方法》，《中国工业经济》2002 年第 4 期。

张坤、侯维忠、刘璐：《中国企业存在"出口—生产率悖论"吗？——
基于不同贸易状态的比较分析》，《产业经济研究》2016 年第 1 期。

赵春明、江小敏、李宏兵：《中间品贸易自由化、增加值出口与生产
率进步》，《经济与管理研究》2017 年第 9 期。

赵放、冯晓玲：《从内部经济失衡和产业转移看中美贸易失衡》，《世
界经济与政治论坛》2006 年第 3 期。

赵鹏豪、王保双：《出口贸易对异质性企业生产率的影响——基于不
同行业类别和企业类别的实证研究》，《经济经纬》2016 年第 4 期。

赵永亮、李文光：《"邻居"异质性对出口企业生产率的影响——基于
知识溢出效应的分析》，《国际贸易问题》2017 年第 5 期。

赵永亮、杨子晖、苏启林：《出口集聚企业"双重成长环境"下的学

习能力与生产率之谜——新—新贸易理论与新—新经济地理的共同视角》，《管理世界》2014 年第 1 期。

赵玉奇、柯善咨：《市场分割、出口企业的生产率准入门槛与"中国制造"》，《世界经济》2016 年第 9 期。

周晓波、陈璋：《主动扩大进口的战略内涵及其经济影响》，《现代经济探讨》2020 年第 2 期。